Coleção

TEMAS DE DIREITO ADMINISTRATIVO

DA INTERVENÇÃO DO ESTADO NO DOMÍNIO SOCIAL

Coleção
TEMAS DE DIREITO ADMINISTRATIVO

Publicada sob os auspícios do IDAP-INSTITUTO DE DIREITO ADMINISTRATIVO PAULISTA
e sob a Direção de
CELSO ANTÔNIO BANDEIRA DE MELLO

1. DA CONVALIDAÇÃO E DA INVALIDAÇÃO DOS ATOS ADMINISTRATIVOS – *Weida Zancaner* (3ª ed.)
2. CONCESSÃO DE SERVIÇO PÚBLICO NO REGIME DA LEI 8.987/1995. Conceitos e Princípios – *Benedicto Porto Neto*
3. OBRIGAÇÕES DO ESTADO DERIVADAS DE CONTRATOS INVÁLIDOS – *Jacintho de Arruda Câmara*
4. SANÇÕES ADMINISTRATIVAS – *Daniel Ferreira*
5. REVOGAÇÃO DO ATO ADMINISTRATIVO – *Daniele Coutinho Talamini*
6. O SERVIÇO PÚBLICO E A CONSTITUIÇÃO BRASILEIRA DE 1988 – *Dinorá Adelaide Mussetti Grotti*
7. TERCEIRO SETOR – *Sílvio Luís Ferreira da Rocha* (2ª ed.)
8. A SANÇÃO NO DIREITO ADMINISTRATIVO – *Heraldo Garcia Vitta*
9. LICITAÇÃO NA MODALIDADE DE PREGÃO (Lei 10.520, de 17 de julho de 2002) – *Vera Scarpinella*
10. O PROCESSO ADMINISTRATIVO E A INVALIDAÇÃO DE ATOS VICIADOS – *Mônica Martins Toscano Simões*
11. REMUNERAÇÃO DOS SERVIÇOS PÚBLICOS – *Joana Paula Batista*
12. AS AGÊNCIAS REGULADORAS. O Estado Democrático de Direito no Brasil e sua Atividade Normativa – *Marcelo Figueiredo*
13. AGÊNCIAS REGULADORAS – *Alexandre Mazza*
14. FUNÇÃO SOCIAL DA PROPRIEDADE PÚBLICA – *Sílvio Luís Ferreira da Rocha*
15. DESAPROPRIAÇÃO DE BENS PÚBLICOS (À LUZ DO PRINCÍPIO FEDERATIVO) – *Letícia Queiroz de Andrade*
16. OS PRINCÍPIOS DA RAZOABILIDADE E DA PROPORCIONALIDADE NO DIREITO ADMINISTRATIVO BRASILEIRO – *José Roberto Pimenta Oliveira*
17. PRINCÍPIOS CONSTITUCIONAIS DE DIREITO ADMINISTRATIVO SANCIONADOR. As Sanções Administrativas à Luz da Constituição Federal de 1988 – *Rafael Munhoz de Mello*
18. ESTRUTURA E MOTIVAÇÃO DO ATO ADMINISTRATIVO – *Vladimir da Rocha França*
19. EFEITOS DOS VÍCIOS DO ATO ADMINISTRATIVO – *Ricardo Marcondes Martins*
20. MANUTENÇÃO E RETIRADA DOS CONTRATOS ADMINISTRATIVOS INVÁLIDOS – *André Luiz Freire*
21. DA INTERVENÇÃO DO ESTADO NO DOMÍNIO SOCIAL – *Carolina Zancaner Zockun*

CAROLINA ZANCANER ZOCKUN

DA INTERVENÇÃO DO ESTADO NO DOMÍNIO SOCIAL

(atualização legislativa até 1.1.2009)

DA INTERVENÇÃO DO ESTADO NO DOMÍNIO SOCIAL
© CAROLINA ZANCANER ZOCKUN

ISBN: 978-85-7420-948-7

Direitos reservados desta edição por
MALHEIROS EDITORES LTDA.
Rua Paes de Araújo, 29, conjunto 171
CEP 04531-940 – São Paulo – SP
Tel.: (11) 3078-7205 – Fax: (11) 3168-5495
URL: www.malheiroseditores.com.br
e-mail: malheiroseditores@terra.com.br

Composição
Scripta

Capa
Nádia Basso

Impresso no Brasil
Printed in Brazil
04.2009

Dedico este trabalho

*A Celso Antônio Bandeira de Mello,
pai na acepção mais completa do termo, meu maior Mestre,
cidadão número 1 deste país, exemplo de integridade humana,
cujos ensinamentos de cidadania e Direito são as vigas-mestras
deste e de todos os outros trabalhos que eu vier a produzir.*

*À minha mãe, Weida Zancaner,
pelo amor incondicional, incentivadora de todas as horas,
professora inigualável, sem a qual nada seria possível.*

*À minha querida irmã, Gabriela Zancaner,
companheira de estudos e minha mais preciosa amiga,
com todo o meu amor.*

*Ao meu maior e eterno amor, Maurício Zockun,
por quem nutro um sentimento impossível de ser convertido em palavras,
a razão pela qual durmo e acordo sorrindo, dedico este trabalho,
bem como toda a minha vida.*

*"O serviço público é o patrimônio
dos que não têm patrimônio"* (IGNACE RAMONET)

*"Não há pessoa que seja pobre, mas aquela que está pobre.
O problema não lhe é exclusivo, é da sociedade,
na qual ela se insere ou busca inserir-se (...)"*
(CÁRMEN LÚCIA ANTUNES ROCHA)

AGRADECIMENTOS

Ao meu Orientador, professor Dr. Márcio Cammarosano, paradigma de professor, exemplo de dedicação, competência e amor ao Direito, agradeço pelas lições de valor inestimável, pela amizade sincera, paciência e apoio constantes, mas, sobretudo, por acreditar e confiar em mim, conferindo-me a chance de iniciar minha vida acadêmica ao seu lado.

Ao querido professor Celso Antônio Bandeira de Mello, por todo o carinho e apoio incondicional.

Ao querido padrinho e professor Sérgio Ferraz, pela amizade, pelo incentivo, pelo incalculável trabalho de leitura minuciosa desta dissertação, pelas observações científicas, pelas advertências, pelas correções e sugestões, que deram substância a este estudo.

Ao meu marido, professor Maurício Zockun, pelo amor, dedicação, paciência, apoio, leitura e correção deste trabalho. Seu esforço em criar um ambiente favorável para os meus estudos, sobrecarregando-se com meus afazeres, para livrar-me de todas e quaisquer preocupações, foi mais uma prova de amor, imprescindível para o término desta dissertação. Ainda, suas considerações perspicazes permitiram-me corrigir os desvios e encontrar soluções para problemas que pareciam irresolúveis.

Ao professor Vidal Serrano Nunes Jr., pelas conversas, sugestões e material fornecido, especialmente no tocante à problemática do "mínimo existencial *versus* reserva do possível".

Aos professores Clovis Beznos, Dinorá Grotti e Sílvio Luís Ferreira da Rocha, exemplos a serem seguidos, pela amizade sincera, pelo incentivo e pelo constante estímulo científico.

Ao professor Gilberto Bercovici, que, juntamente com o meu Orientador e com o professor Sílvio Luís Ferreira da Rocha, fez parte da minha banca.

Aos meus caríssimos amigos e colegas de Mestrado, que muito me auxiliaram ao longo de todos os créditos, Ângelo Augusto Costa, Francisco Octavio de Almeida Prado Filho e, em especial, André Luiz Freire, que, com extrema paciência, revisou este trabalho antes de sua publicação.

A todos os meus colegas da Procuradoria Seccional da Fazenda Nacional em Guarulhos, na pessoa de meu chefe, Dr. Ricardo Cesar Sampaio, pela amizade, pela dedicação, determinação, companheirismo e apoio nas horas mais difíceis.

Às minhas amigas Flávia Cammarosano e Mariana Mencio, pelo estímulo, solidariedade e apoio concreto.

PREFÁCIO

A Pontifícia Universidade Católica de São Paulo tem sido, nas últimas décadas, sob a liderança de Celso Antônio Bandeira de Mello, um manancial de administrativistas dos mais talentosos.

Com esta preciosa monografia, Carolina Zancaner Zockun, professora de Direito Administrativo da PUC/SP, no Curso de Graduação e Especialização, passa a integrar uma plêiade de novos juristas da referida Instituição.

Fala-se mesmo, e com propriedade, na Escola de Direito Administrativo da PUC/SP, comprometida com o desenvolvimento da Ciência do Direito, sobretudo com a observância das disposições constitucionais que plasmam o Estado Brasileiro e presidem as atividades da Administração Pública.

Dentre as inúmeras responsabilidades cometidas ao Estado, ganham relevo as formas de intervenção na ordem social, cuja finalidade – como enfatiza a jovem autora – é "assegurar a concretização dos direitos sociais", esculpidos no art. 6º da nossa Lei Maior.

Elegendo assim seu objeto de estudo, a professora Carolina Zancaner Zockun também aborda questões relativas às atividades de fomento, transitando pela responsabilidade do Estado e das entidades que compõem o Terceiro Setor, não se furtando de encarecer a relevância dos serviços públicos concretizadores dos direitos sociais. E o faz com rigor científico, revelando seriedade e proficiência acadêmica de elevado grau – o que era mesmo de se esperar da talentosa autora, que tive o privilégio de orientar.

A partir da consideração de que, por força da Constituição de 1988, o Estado Brasileiro tem o perfil de um Estado eminentemente de *Bem-Estar Social*, a professora Carolina vai realizando sua investigação, desenvolvendo seu raciocínio, para culminar seu estudo formulando conclusões de grande alcance. Dentre elas as pertinentes à relação entre o *mínimo existencial* e a *reserva do possível*, da mais candente atualidade e inçada de dificuldades.

Este livro, que tenho a honra de prefaciar, é a dissertação com que a autora obteve, com nota máxima e invulgar brilho, o título de Mestre em Direito, sendo, pois, de consulta obrigatória para os estudiosos da matéria.

Trata-se, em rigor, de indelével contribuição para efetivação do sistema jurídico positivo voltado à garantia dos direito sociais, imperativo constitucional que implica superação de qualquer modelo liberal ou neoliberal de organização do Estado, que, definitivamente, não encontra guarida entre nós, independentemente das concepções ideológicas professadas por quem quer que seja.

Mesmo para quem postule leitura ideológica das disposições jurídico-normativas, essa leitura há de ter como norte inafastável os valores albergados na Constituição da República. E é essa leitura que vislumbramos nesta obra, merecedora dos maiores encômios.

MÁRCIO CAMMAROSANO
Professor de Direito Administrativo da PUC/SP

SUMÁRIO

Prefácio 9

Capítulo I – **Da Ordem Social**
  I-1 Do Estado Liberal ao Estado Social 15
  I-2 Das Constituições brasileiras 22
  I-3 Da Constituição de 1988 25
  I-4 Da ordem social na Constituição de 1988 30

Capítulo II – **Dos Direitos Sociais**
  II-1 Dos direitos fundamentais 37
  II-2 Do "mínimo existencial" versus *"reserva do possível"* 50
  II-3 Da educação 61
  II-4 Da saúde 69
  II-5 Da previdência social 76
    II-5.1 Dos benefícios previdenciários
      (a) *Aposentadoria por invalidez* 82
      (b) *Aposentadoria por idade* 84
      (c) *Aposentadoria por tempo de contribuição* 85
      (d) *Aposentadoria especial* 88
      (e) *Auxílio-doença* 89
      (f) *Salário-família* 91
      (g) *Salário-maternidade* 92
      (h) *Auxílio-acidente* 94
      (i) *Pensão por morte* 94
      (j) *Auxílio-reclusão* 95
    II-5.2 Dos serviços previdenciários 97
    II-5.3 O mínimo existencial na previdência social 99
  II-6 Da assistência social 100
  II-7 Da proteção à maternidade e à infância
    II-7.1 Proteção à maternidade 114
    II-7.2 Proteção à infância 122
  II-8 Do lazer 127
  II-9 Da moradia 133
  II-10 Do trabalho 140
  II-11 Da segurança 151

12 DA INTERVENÇÃO DO ESTADO NO DOMÍNIO SOCIAL

Capítulo III – Da Intervenção do Estado no Domínio Social por meio dos Serviços Públicos 160
- III-1 Breve histórico 161
- III-2 Do serviço público e seu regime jurídico 167
- III-3 Dos serviços públicos na Constituição de 1988 176

Capítulo IV – Da Intervenção do Estado no Domínio Social por meio da Atividade de Fomento
- IV-1 Da atividade de fomento à iniciativa privada 186
- IV-2 Da concessão de títulos 190
  - IV-2.1 Do título de utilidade pública federal 191
- IV-3 Dos instrumentos fornecidos pela Lei 4.320/1964 197
  - IV-3.1 Das subvenções 197
  - IV-3.2 Dos auxílios e das contribuições 200
- IV-4 Dos convênios 201
- IV-5 Das organizações sociais 204
- IV-6 Das organizações da sociedade civil de interesse público/OCIPs 216

Capítulo V – Da Responsabilidade do Estado e das Entidades do Terceiro Setor
- V-1 Da responsabilidade do Estado 223
- V-2 Teoria subjetiva da responsabilização estatal 224
- V-3 Teoria objetiva da responsabilização estatal 226
- V-4 Da responsabilidade estatal na Constituição de 1988 227
- V-5 Do dano indenizável 231
- V-6 Da responsabilidade do Estado pela omissão na prestação dos serviços públicos concretizadores dos direitos sociais 232
- V-7 Da responsabilidade do Estado pelos danos causados na prestação dos serviços públicos concretizadores dos direitos sociais 234
- V-8 Da responsabilidade pela má prestação dos serviços que forem fomentados pelo Estado
  - V-8.1 Da responsabilidade das entidades do Terceiro Setor 235
  - V-8.2 Da responsabilidade das organizações sociais pela má prestação dos seus serviços 236
  - V-8.3 Da responsabilidade estatal frente aos danos causados pelos serviços prestados pelas organizações sociais 241

Conclusões 244

Bibliografia 252

Índice Alfabético-Remissivo 268

INTRODUÇÃO[1]

O presente estudo tem por finalidade analisar as formas de intervenção do Estado na ordem social, fornecendo um panorama geral sobre essa matéria.

Iniciaremos nosso estudo com brevíssima síntese sobre a evolução histórica do Estado Social até chegarmos ao atual estágio da Constituição de 1988.

Após, aclarando a noção de ordem ou domínio social dada pela Constituição de 1988, buscaremos identificar o sentido, o conteúdo e o alcance dos direitos sociais, previstos no art. 6º da Lei Maior, bem como das eventuais limitações à sua efetivação.

Partindo-se, pois, da premissa de que a intervenção estatal na ordem social tem por objetivo assegurar a concretização dos direitos sociais, apontaremos os meios pelos quais esta efetivação é realizada.

Assim, abordaremos o serviço público e seu regime jurídico, procurando demonstrar que os serviços públicos que concretizam os direitos de educação, saúde, previdência social, assistência social, proteção à maternidade e à infância, lazer, moradia, trabalho e segurança são deveres constitucionalmente impostos ao Estado, dos quais ele não pode se desvencilhar.

Igualmente, analisaremos a atividade estatal de fomento ao Terceiro Setor, realizada por meio de diversos instrumentos jurídicos, ponderando que o Estado tem a faculdade de fomentar as entidades beneficentes, sem que haja, contudo, dever estatal neste sentido.

---

1. Esta brevíssima síntese histórica tem por objetivo apenas remarcar as passagens importantes relacionadas com o objeto de nosso estudo, sem preocupações com qualquer aprofundamento neste sentido. Logo, embora estejamos transmitindo uma idéia de continuidade evolutiva, isto – é claro – jamais ocorreu, já que os períodos históricos são repletos de "altos" e "baixos". Assim sendo, para maiores esclarecimentos sobre a transição do Estado Absolutista para o Estado Constitucionalista v. Paulo Bonavides, *Teoria do Estado*, 7ª ed., São Paulo, Malheiros Editores, 2008, pp. 41-69.

Após, indicaremos as formas de responsabilização estatal e das entidades do Terceiro Setor pelos danos causados aos administrados, por ação ou omissão, quando da realização de atividades que concretizem os direitos sociais.

Não há pretensões de esgotar a matéria em questão, mesmo porque este tema não tem sido objeto de estudos aprofundados na doutrina pátria ou alienígena e nossa intenção, como de início averbamos, foi a de oferecer um panorama geral sobre a intervenção do Estado no domínio social.

Os textos estrangeiros citados foram traduzidos para o Português pela autora, respeitado seu sentido original, sujeito, no entanto, às limitações inerentes às traduções desta natureza.

Capítulo I

DA ORDEM SOCIAL

I-1 Do Estado Liberal ao Estado Social. I-2 Das Constituições brasileiras. I-3 Da Constituição de 1988. I-4 Da ordem social na Constituição de 1988.

I-1 Do Estado Liberal ao Estado Social

1. O Estado de Direito surgiu para confrontar a total insegurança que existia no Estado Absolutista, onde o monarca ditava e retirava as regras a seu talante. Na França imperava o brocardo *Le roi ne peut mal faire*, equivalente ao *The king can do not wrong* da Inglaterra, que confirmavam a concentração integral dos poderes estatais nas mãos de uma única pessoa.[1]

O Estado de Direito surgiu justamente para submeter os governantes e todas as suas atividades à lei, o que pode ser sintetizado pela máxima do Direito Anglo-Saxão: *Rule of law, not of man*.[2]

---

1. Há séculos e séculos, Teseu, em passagem das *Suplicantes* de Eurípedes (422 a.C.), caracterizou tirania como o pior dos males políticos, afirmando: "Nada para um Estado é mais perigoso do que um tirano. Em primeiro lugar, com ele, as leis não são comuns a todos: um só homem governa, detendo a lei em suas próprias mãos, e já não há então igualdade. Ao contrário, quando as leis são escritas, o fraco e o rico gozam de um direito igual".

2. O professor J. J. Gomes Canotilho esclarece que a interpretação do sentido da fórmula *rule of law* variou ao longo da História, sendo possível atribuir-lhe quatro dimensões básicas: "em primeiro lugar, na seqüência da *Magna Charta* de 1215, a obrigatoriedade da observância de um *processo justo* legalmente regulado, quando se tiver de julgar e punir os cidadãos, privando-os da sua liberdade e propriedade. Em segundo lugar, *rule of law* significa a proeminência das leis e costumes do 'país' perante a discricionariedade do poder real. Em terceiro lugar, *rule of law* aponta por a sujeição de todos os actos do Executivo à soberania do Parlamento. Por fim, *rule of law* terá o sentido de igualdade de acesso aos tribunais por parte dos cidadãos a fim de estes aí defenderem os seus direitos segundo os princípios de direito comum dos ingleses (*common law*) e perante qualquer entidade (in-

É certo que a idéia de um Estado de Direito já havia surgido há tempos: Heródoto, o "Pai da História", no ano de 445 a.c. transcreve o seguinte discurso de um persa célebre de nome Otanes: "Em minha opinião o governo não deve caber a um único homem; isso nem é agradável nem é bom. (...). Como seria possível haver equilíbrio no governo de um homem só, se nele o governante pode fazer o que lhe apraz e não tem de prestar contas de seus atos? (...). O governo do povo, ao contrário, traz primeiro consigo o mais belo de todos os nomes: 'igualdade perante a lei'".[3]

As idéias de igualdade perante a lei e a necessidade de se controlar o poder foram evoluindo através dos séculos, até surgirem sintetizadas nas idéias de Jean Jacques Rousseau e do Barão de Montesquieu.

2. O projeto político idealizador do Estado de Direito foi, então, consolidado pelas idéias de Montesquieu, para quem a preservação da liberdade dos homens contra abusos e opressões dos governantes dependia da quebra da concentração dos poderes concebíveis, pois todo homem que detém o poder tende a dele abusar.[4]

Essa quebra de concentração dos poderes foi arquitetada por Montesquieu por meio da tripartição de funções estatais.

Com base nesse ideal político de Montesquieu, portanto, pretendeu-se evitar a centralização de poder por meio do seu fracionamento. Essa divisão de poder tem um propósito nitidamente determinado: controlar o poder – pois só o poder controla o poder. Com isso, surge a tripartição de funções, onde quem faz as leis não as executa nem julga, quem julga não faz as leis nem as executa, e quem executa não faz as leis, nem julga.

divíduos ou Poderes Públicos)" (*Direito Constitucional e Teoria da Constituição*, 7ª ed., Coimbra, Livraria Almedina, 2003, pp. 93-94).

3. Heródoto de Halicarnasso, *História* – Tradução do Grego e notas de Mário da Gama Kuri, Brasília, UnB, 1985, pp. 176-177.

4. Nas palavras do filósofo (no original): "(...) c'est une expérience eternelle que toute homme qui a du pouvoir est porté à en abuser; il va jusqu'à ce qu'il trouve des limites. Qui le diroit! La vertu même a besoin de limites. Pour qu'on ne puisse abuser du pouvoir il faut que, par la disposition des choses, le pouvoir arrête le pouvoir". E, pouco adiante: "Lorsque dans la même persone ou dans le même corps de magistrature la puissance législative est réunie à la puissance exécutrice, il n'ya point de liberté, parce qu'on peut craindre que le même monarque ou le même sénat ne fasse des lois tyranniques par les exécuter tyranniquement. Il n'ya a point de liberté si la puissance de juger n'est pas séparée de la puissance législative et de l'exécutrice. Si elle était jointe à la puissance législative, le pouvoir sur la vie et la liberté des citoyens seroit arbitraire; car le juge seroit législateur. Si elle était jointe à la puissance exécutrice, le juge pourroit avoir la force d'un opresseur" (Montesquieu, *L'Esprit des Lois*, 9ª ed. (avec des "Notes" de Voltaire, de Crevier, de Mably, de La Harpe etc.), Paris, Garnier Fréres, Libraires-Éditeurs, 1869, Livro XI, Capítulo IV, p. 142).

A visão de Montesquieu, apesar de sua indiscutível consagração jurídica, não traduz uma verdade, algo inalterável, mas sim uma extraordinária construção política que foi albergada em inúmeros documentos constitucionais.[5-6]

Tanto isto é verdade que inúmeros autores – nacionais e estrangeiros – entendem que as funções estatais não são de três espécies, mas sim de duas, quatro ou mais.[7]

De toda sorte, a tripartição de funções e a submissão do Estado à lei deflagraram avanços gigantescos para a época, especialmente porque

---

5. Celso Antônio Bandeira de Mello esclarece que a tripartição de funções estatais "não reflete uma verdade, uma essência, algo inexorável proveniente da natureza das coisas. É pura e simplesmente uma construção *política* invulgarmente notável e muito bem sucedida, pois recebeu amplíssima *consagração jurídica*. Foi composta em vista de um claro propósito ideológico do Barão de Montesquieu, pensador ilustre que deu forma explícita à idéia da tripartição. A saber: impedir a concentração de poderes para preservar a liberdade dos homens contra abusos e tiranias dos governantes" (*Curso de Direito Administrativo*, 26ª ed., São Paulo, Malheiros Editores, 2009, p. 31).

6. Paul Bénoît inclusive demonstrou claramente que as idéias de Montesquieu influenciaram tanto os juristas que o sucederam que estes não conseguiam mais distinguir a "visão artística" dessa teoria da realidade jurídica vigente em França. Nas palavras do autor: "Le drame est que, après Montesquieu, les juristes ne se sont pas bornés à analyser e à decrire l'influence de ses idées sur les institutions constitutionnelles et administratives de la France. Ils ont constamment raisonné comme si ces idées étaient l'expression de vérités scientifiques. Une constatatinon identique doit être faite en ce qui concerne toute l'idéologie politique révolutionnaire qui, elle aussi, s'est trouvée promue au même rang" (*Le Droit Administratif Français*, Paris, Dalloz, 1968, p. 33).

7. Kelsen afirma que as funções estatais são duas: legislar e executar – sendo que esta última é realizada tanto pelo Poder Executivo quanto pelo Poder Judiciário (*Teoría General del Derecho y del Estado*, trad. de Eduardo García Maynez, México, Imprensa Universitária, 1950, pp. 268-269). Oswaldo Aranha Bandeira de Mello adota também a dicotomia das funções estatais, mas, diferentemente de Kelsen, constrói seu raciocínio demonstrando que as ações legislativa e executiva correspondem a uma única função do Estado – qual seja, a função administrativa –, sendo a outra função a jurisdicional (*Princípios Gerais de Direito Administrativo*, 3ª ed., vol. I, São Paulo, Malheiros Editores, 2007, pp. 49-58x). Otto Mayer não fala em "funções" do Estado, mas em "atividades", e afirma haver quatro atividades principais do Estado: além das três conhecidas, acresce a atividade de governo, que consiste na atividade de direção maior do Estado. Além destas, acrescenta oito outras atividades que não se enquadram em qualquer das quatro ditas "principais". São elas: (i) atividade auxiliar do direito constitucional; (ii) atividades em que o Estado sai da sua esfera de ordem jurídica (tratados internacionais, por exemplo); (iii) guerra e guerra civil; (iv) luta contra um motim; (v) exercício do comando militar; (vi) direito de suprema necessidade; (vii) medidas extraordinárias; e (viii) medidas individuais tomadas debaixo da forma da lei (*Le Droit Administratif Allemand*, vol. I, Paris, Giard & E. Brière, Libraires Éditeurs, 1903, pp. 1-14).

a superioridade da lei, como pregava Rousseau, impedia favoritismos e perseguições, além de constituir a legítima expressão da vontade geral.

Foi a partir daí que se desenvolveu uma teoria de direitos fundamentais de primeira geração, com o claro objetivo de instituir direitos dos indivíduos frente ao poder opressor do Estado Absolutista.

3. Nasce, então, o denominado Estado Liberal ou Estado Mínimo, no qual inexistia a intervenção estatal nos negócios particulares, senão na medida indispensável para impedir que a liberdade de uns interferisse com a de outros.

4. Na concepção clássica do constitucionalismo liberal, os direitos fundamentais eram reconhecidos como instrumentos de defesa do indivíduo contra o arbítrio e as ingerências indevidas do Estado, que tinha como finalidade manter-se em uma posição simplesmente abstencionista.

5. Pode-se dizer que a atuação estatal no Estado Liberal é notadamente negativa, restando consagrados como direitos fundamentais da época apenas os denominados direitos civis e políticos (direito à vida, à liberdade, à propriedade, à igualdade formal, os direitos de participação política e algumas garantias processuais de natureza individual).

A preocupação primordial da época era a de criar barreiras que impedissem a intervenção estatal, para que o Estado não "atrapalhasse" as atividades dos particulares, mantendo-se quase sempre alheio às relações de natureza privada.

Os valores individualistas preconizados pelo Estado Liberal fizeram com que o capitalismo atingisse seu ápice, causando sérios problemas sociais, "já que na autonomia da vontade o capital sempre tinha mais força do que a mão-de-obra".[8]

A famosa indagação de Proudhon[9] sintetiza bem a drástica situação vivida pelo proletariado da época: *Où est la liberté du non propriétaire?*.

6. O Estado Mínimo Liberal, no afã de cumprir seu papel de mero expectador da vida social, não assegurava condições dignas à maior parte da população, que foi percebendo a necessidade de mudança daquela conjuntura sócio-política.

Além disto, a transformação trazida pela Revolução Industrial acentuou as desigualdades sociais, gerando uma massa de pessoas desempre-

---

8. Sandoval Alves da Silva, *Direitos Sociais – Leis Orçamentárias como Instrumento de Implementação*, Curitiba, Juruá, 2007, p. 22.
9. Proudhon, *apud* Plauto Faraco de Azevedo, *Direito, Justiça Social e Neoliberalismo*, São Paulo, Ed. RT, 1999, p. 81.

gadas, sem amparo, sem estudo, sem saúde e que, inserida em um sistema de capitalismo selvagem, não tinha a quem recorrer para garantir sua sobrevivência diante daquela constante situação de miserabilidade.

Com isto, "a exploração capitalista de atividades privadas e a competição predatória entre grupos se extremou em abusos lesivos a interesses indefesos e sem representação eficaz, sensibilizando a opinião pública e inspirando o legislador, o juiz e o administrador na proteção ao economicamente fraco".[10]

Assim, uma mobilização das massas pela reivindicação de direitos trabalhistas, notadamente no final do século XIX e início do século XX, passou a exigir do Estado uma interferência positiva na ordem social, para a garantia de condições mínimas de existência digna do cidadão.

7. Daí surgiu uma nova categoria de direitos, a dos direitos fundamentais *sociais*. Dentre esses "novos" direitos, destaquem-se: o direito à greve, à sindicalização, a melhores condições de trabalho, à educação, à saúde e à habitação.

Cármen Lúcia Antunes Rocha[11] explana que, se os direitos individuais exigiam uma atuação negativa do Estado, impedindo sua interferência naquele espaço de liberdade constitucionalmente assegurada ao indivíduo, os direitos sociais, ao contrário, determinam que o Estado aja positivamente naquele espaço de igualdade constitucionalmente garantida a todos.

É, pois, com fundamento no princípio da igualdade material que se alavanca uma profunda alteração na estrutura do Estado, passando este a adotar uma postura ativa, intervindo na ordem social mediante a implementação de políticas públicas que visam a fornecer medidas concretas para a melhoria das condições de vida da população.

É como bem acentuou Geraldo Ataliba: "(...). A simples atitude de abstenção do Estado diante das gritantes desigualdades sociais e do uso do *poder econômico* pelos grupos que o detêm termina por operar como fator de desigualação, com conseqüências – até políticas – alarmantes. Daí impor-se ação positiva e concreta do Estado na promoção efetiva da igualdade, ao lado de legislação compensatória das desigualdades".[12]

10. Caio Tácito, *Temas de Direito Público (Estudos e Pareceres)*, 1º vol., Rio de Janeiro, Renovar, 1997, pp. 378-379.
11. Cármen Lúcia Antunes Rocha, *Princípios Constitucionais dos Servidores Públicos*, São Paulo, Saraiva, 1999, p. 58.
12. Geraldo Ataliba, *República e Constituição*, 2ª ed., 4ª tir. (atualizada por Rosoléa Miranda Folgosi), São Paulo, Malheiros Editores, 2007, p. 163.

Com efeito, a idéia de igualdade, tal qual preconizada pelo Estado Liberal, adquiriu novos contornos, deixando de ser uma igualdade meramente formal – a denominada pela doutrina estrangeira de igualdade *perante a lei* –, para se tornar uma igualdade material, nomeada de igualdade *na lei*, isto é, vinculada às noções de justiça social e de redistribuição de rendas, conferindo aos cidadãos menos favorecidos condições mínimas para uma sobrevivência digna.

Assim, no Estado Social tem-se como cerne a idéia de igualdade, mas não a de igualdade jurídica formal, e sim a de que todos tenham as mesmas oportunidades de participação.

8. Este Estado intervencionista foi denominado de Estado do Bem-Estar Social (Estado Social, *Welfare State*, *Wohlfahrstaat*, Estado Providência ou de Prestações).

As primeiras Constituições a consagrá-lo foram as do México de 1917 e a de Weimar de 1919, em substituição às Constituições liberais. Estas Cartas asseguravam um rol de direitos fundamentais sociais, influenciando documentos constitucionais de todos os países, inclusive do Brasil.

9. O Estado do Bem-Estar Social é, portanto, aquele em que se estabelecem obrigações positivas para que o Estado aja em prol de seus cidadãos, corrigindo os naturais desvios do individualismo clássico liberal, para que se possa alcançar a verdadeira justiça social.

Assim, se o Estado Liberal é profundamente marcado por valores individualistas, que não conseguem assegurar a justiça social, por enfocarem fundamentalmente a proteção do indivíduo contra a interferência do Estado em sua órbita de liberdade, deixando à própria sociedade (comumente reduzida ao mercado) o desenvolvimento de mecanismos de auto-regulação (política do *laissez-faire*), no Estado Social surgem instrumentos jurídicos de um Estado intervencionista, com uma postura ativa para a realização de programas de ação voltados ao bem-estar social.[13]

13. Nesta seara, Fábio Konder Comparato explana que: "A verdade é que a orientação finalística da ação governamental, em que pese às proclamações ideológicas dos defensores do mercado livre, existe até mesmo nos Estados mais fundamente marcados pelo neoliberalismo triunfante. Basta lembrar que hoje é unânime o reconhecimento, entre os economistas liberais, de que toda política econômica estatal deve orientar-se para a realização das quatro metas constitutivas do 'quadrilátero mágico': a estabilidade monetária, o equilíbrio cambial, o crescimento constante da produção nacional e o pleno emprego" ("Ensaios sobre o juízo de constitucionalidade de políticas públicas", in Celso Antônio Bandeira de Mello (org.), *Estudos em Homenagem a Geraldo Ataliba 2: Direito Administrativo e Constitucional*, São Paulo, Malheiros Editores, 1997, p. 350). Esclareça-se, contudo, que segundo o próprio jurista, o neoliberalismo contemporâneo teria perdido as esperanças de alcançar a realização do pleno emprego.

O Estado Social é, pois, aquele que "busca realmente, como Estado de coordenação e colaboração, amortecer a luta de classes e promover, entre os homens, a justiça social, a paz econômica".[14]

Destaque-se, a propósito, o entendimento do jurista argentino Agustín Gordillo ao esclarecer que:

"A diferença básica entre a concepção clássica do liberalismo e a do Estado de Bem-Estar é que enquanto naquela se trata tão-somente de colocar barreiras ao Estado, esquecendo de fixar-lhe também obrigações positivas, aqui, sem deixar de manter as barreiras, se lhe agregam finalidades e tarefas às quais antes não se sentia obrigado. A identidade básica entre Estado de Direito e Estado de Bem-Estar, por sua vez, reside em que o segundo toma e mantém do primeiro o respeito aos direitos individuais e é sobre esta base que constrói seus próprios princípios. (...).

"O fato de que a idéia do Estado de Bem-Estar implique alcançar certos objetivos de bem comum tampouco é demonstração de que seria antitética à noção de Estado de Direito, pois esta também admite a limitação dos direitos individuais com finalidade de interesse público."[15]

Com isto quer-se dizer que não há uma contraposição completa das idéias liberais com o advento do Estado Social, pois o último é mais um degrau alcançado na evolução da Humanidade. O que ocorreu foi "uma conservação dos elementos positivos, *[do Estado Liberal]* acompanhada de uma substituição dos negativos, sem que haja, portanto, negação pura e simples do passado".[16]

O Estado Social deve, pois, intervir na sociedade para garantir a justiça social e reduzir as desigualdades sociais, fornecendo prestações positivas a toda a coletividade, especialmente a quem delas necessitar.[17]

---

14. Paulo Bonavides, *Do Estado Liberal ao Estado Social*, 8ª ed., São Paulo, Malheiros Editores, 2007, p. 187.
15. Agustín Gordillo, *Princípios Gerais de Direito Público*, trad. de Marco Aurélio Greco, São Paulo, Ed. RT, 1977, pp. 74-75.
16. Fábio Konder Comparato, *Direito Público. Estudos e Pareceres*, São Paulo, Saraiva, 1996, p. 10.
17. "Un Estado que intervenga en la sociedad, que asuma funciones de procura asistencial y de redistribución; un Estado que opere activamente contra la desigualdad social, para que la igualdad jurídica y la libertad individual, incluidas en las garantías del Estado de Derecho, no se conviertan en una fórmula vacía para un número de ciudadanos cada vez más amplio" (Ernst-Wolfgang Böeckenförde, *Estudios sobre el Estado de Derecho y la Democracia*, Madri, Trotta, 2000, p. 35).

Transformar um Estado em Estado Social não é, entretanto, tarefa fácil. Para o mestre maior Paulo Bonavides[18] este é o verdadeiro problema do direito constitucional de nossa época: descobrir como juridicizar o Estado Social, como estabelecer e inaugurar novas técnicas ou institutos processuais para garantir os direitos sociais básicos, a fim de torná-los efetivos.

I-2 Das Constituições brasileiras

10. No Brasil, a primeira Constituição a disciplinar a ordem econômica e social foi a de 1934, que, seguindo uma tendência européia do pós-I Guerra que só viria a se concretizar com o fim da II Guerra Mundial, adotou alguns preceitos do *Welfare State*.

Deveras, pela primeira vez na história brasileira o texto constitucional apresentou disposições a respeito da ordem econômica e social.

Antes disto havia disposições esparsas que tratavam sobre direitos e garantias do cidadão, com propósitos eminentemente individualistas.

A primeira Constituição brasileira foi a Carta Imperial de 1824, que não refletiu o real liberalismo, pois não havia garantia de que o Estado não interferiria na esfera de liberdade do cidadão. As idéias liberais só se firmaram plenamente com o advento da República.

A Constituição de 1891 foi, do ponto de vista ideológico, a consagração do liberalismo no Brasil.

A mudança de mentalidade veio, como dito, com a Constituição de 1934, que, acompanhando o espírito que permeava a Europa do pós-I Guerra, albergou alguns preceitos do "Estado do Bem-Estar Social".

Com efeito, além da introdução de uma ordem econômica e social, o constituinte inseriu também disposições sobre a família, a educação e a cultura, bem como fez, em seu art. 121, § 1º,[19] menção expressa à legisla-

---

18. Paulo Bonavides, *Curso de Direito Constitucional*, 23ª ed., São Paulo, Malheiros Editores, 2008, p. 373.

19. V., a propósito, a redação do art. 121:

"A lei promoverá o amparo da produção e estabelecerá as condições do trabalho, na cidade e nos campos, tendo em vista a proteção social do trabalhador e os interesses econômicos do país.

"§ 1º. A legislação do trabalho observará os seguintes preceitos, além de outros que colimem melhorar as condições do trabalhador: a) proibição de diferença de salário para um mesmo trabalho, por motivo de idade, sexo, nacionalidade ou estado civil; b) salário mínimo, capaz de satisfazer, conforme as condições de cada região, às necessidades normais do trabalhador; c) trabalho diário não excedente de 8 (oito) horas, reduzíveis, mas só pror-

ção do trabalho e à melhoria das condições dos trabalhadores, mediante o estabelecimento de salário mínimo, férias anuais remuneradas, indenização por dispensa sem justa causa, previdência social, jornada diária de oito horas de trabalho etc.

Ainda, o direito de propriedade, inviolável, conforme o *caput* do art. 113, não poderia ser exercido contra o interesse social ou coletivo (item 17).

A Constituição de 1934 foi "a nossa mais breve Constituição – 3 anos, 3 meses e 26 dias de vigência. Conflitos ideológicos, rivalidades regionais, as resistências à sucessão presidencial, o temor do assalto ao poder e outros fatores estranhos aos mecanismos constitucionais acabaram conduzindo, por maquiavélica manipulação, à destruição da Constituição de 1934, que sucumbiu diante do Golpe de Estado desfechado nas instituições democráticas, em 10.11.1937".[20]

A Carta de 1937, também conhecida como "a Polaca", por ter se inspirado em elementos da índole autoritária[21] que assolava a Europa da época, buscou privilegiar um princípio básico, qual seja, a organização.

rogáveis nos casos previstos em lei; d) proibição de trabalho a menores de 14 (catorze) anos; de trabalho noturno a menores de 16 (dezesseis) e em indústrias insalubres, a menores de 18 (dezoito) anos e a mulheres; e) repouso hebdomadário, de preferência aos domingos; f) férias anuais remuneradas; g) indenização ao trabalhador dispensado sem justa causa; h) assistência médica e sanitária ao trabalhador e à gestante, assegurando a esta descanso antes e depois do parto, sem prejuízo do salário e do emprego, e instituição de previdência, mediante contribuição igual da União, do empregador e do empregado, a favor da velhice, da invalidez, da maternidade e nos casos de acidentes de trabalho ou de morte; i) regulamentação do exercício de todas as profissões; e j) reconhecimento das convenções coletivas, de trabalho."

20. Raul Machado Horta, *Direito Constitucional*, 4ª ed., Belo Horizonte, Del Rey, 2003, p. 63.

21. V., a propósito, o teor autoritário dos seguintes artigos da Carta de 1937:

"Art. 9º. O Governo Federal intervirá nos Estados, mediante a nomeação pelo Presidente da República de um interventor, que assumirá no Estado as funções que, pela sua Constituição, competirem ao Poder Executivo, ou as que, *de acordo com as conveniências e necessidades de cada caso, lhe forem atribuídas pelo Presidente da República*: (...) c) para administrar o Estado, quando, por qualquer motivo, um dos seus Poderes estiver impedido de funcionar; (...)".

"Art. 13. O Presidente da República, nos períodos de recesso do Parlamento ou de dissolução da Câmara dos Deputados, poderá, se o exigirem as necessidades do Estado, *expedir decretos-leis sobre as matérias de competência legislativa da União* (...)."

"Art. 170. Durante o estado de emergência ou o estado de guerra, dos atos praticados em virtude deles não poderão conhecer os juízes e tribunais."

"Art. 171. *Na vigência do estado de guerra deixará de vigorar a Constituição nas partes indicadas pelo Presidente da República*" (grifos nossos).

Com exceção dos dispositivos autoritários que serviam aos interesses do poder, a Carta de 1937 não teve aplicação.

Tanto isto é verdade que a mais simples de suas disposições e a primeira que deveria ter sido posta em prática – o plebiscito que permitiria o *referendum* popular – não chegou sequer a ser cogitada.[22]

A Constituição de 1946 veio como uma resposta à arbitrariedade que imperava no Estado Novo, reinstalando-se a liberdade dantes sufocada.

O lado social também não foi esquecido pelo constituinte, que instituiu a participação obrigatória do trabalhador nos lucros da empresa, o repouso semanal remunerado, o reconhecimento do direito de greve, a inserção da Justiça do Trabalho no âmbito do Poder Judiciário e a aposentadoria facultativa do funcionário com 35 anos de serviço.[23]

Além disto, a valorização do trabalho humano torna-se, conjuntamente com a livre iniciativa, fundamento da ordem econômica e social, consagrando-se, outrossim, a repressão ao abuso do poder econômico.

Assim foi que a Constituição de 1946 garantiu a criação de um Estado Social de Direito, predominantemente liberal, mas com ideologia anti-individualista e preocupado, principalmente, com a realização da justiça social.[24]

Com a tomada de poder pelos militares, no período de abril/1964 a dezembro/1966, foram editados 4 atos institucionais[25] e 15 emendas constitucionais, cujo escopo principal era a centralização e o fortalecimento do Poder Executivo. Esses atos institucionais foram, na verdade, a Constituição daquele período.

22. Paulo Bonavides e Paes de Andrade, *História Constitucional do Brasil*, 4ª ed., Brasília, OAB Editora, 2002, p. 348.
23. Idem, p. 418.
24. Idem, ibidem.
25. O Ato Institucional 1, dentre outras coisas, suspendeu as garantias constitucionais e legais de vitaliciedade e estabilidade, bem como permitiu a cassação de mandatos legislativos federais, estaduais e municipais, vedada a apreciação judicial.

O Ato Institucional 2 extinguiu os partidos políticos, conferindo ao Presidente da República a possibilidade de emanar atos complementares bem como decretos-lei sobre matérias de segurança nacional (termo cuja elasticidade é aquela que lhe queira dar a autoridade competente). Estabeleceu, outrossim, o direito de decretar, em estado de sítio ou fora dele, o recesso do Congresso Nacional, das Assembléias Legislativas e das Câmaras de Vereadores, sendo que, nesse caso, o Poder Executivo respectivo ficaria autorizado a legislar sobre todas as matérias previstas na Constituição e leis orgânicas, por meio de decretos-leis.

O Ato Institucional 3 estendeu a eleição indireta da esfera federal para a esfera estadual, ao passo que o Ato Institucional 4 convocou o Congresso Nacional para discutir e votar um novo texto constitucional.

O Ato Institucional 4 convocou o Congresso Nacional para reunir-se a fim de discutir e votar um novo texto constitucional. O projeto enviado pelo Governo chegou ao Congresso em 12.12.1966 e a Carta foi promulgada em 24.1.1967.

O último ato institucional foi o de n. 5 (AI-5), de 13.12.1968, que, além de abranger o conteúdo de todos os atos institucionais precedentes, inseriu a possibilidade de se intervir em Estados e Municípios, bem como descreveu minuciosamente as conseqüências atribuídas aos que tivessem cassados seus direitos políticos, suspendendo a utilização do instrumento de *habeas corpus* e conferindo poder total ao Presidente da República para a decretação do estado de sítio e sua prorrogação.

Como disse Raul Machado Horta,[26] os atos institucionais paralisaram o funcionamento da Constituição, aniquilaram o princípio da independência e da harmonia dos Poderes, tudo submetendo ao arbítrio e à vontade incontrolável do Presidente da República, transformando o regime presidencial em ditadura presidencial.

O período de transição da ditadura militar instaurada em 1964 para o atual estágio constitucional foi marcada por tristes memórias.

Entretanto, em 1984 foi realizada uma movimentação nacional integrada a favor das "Diretas já", que contou com apoio da OAB, sindicatos de trabalhadores e outras organizações associativas.

No dia 15.11.1986 a população foi às urnas para eleger os membros da Assembléia Constituinte, a ser formada por 487 deputados e 72 Senadores. A Constituinte foi, então, instaurada em 1.2.1987.

Após as discussões e votações, foi promulgada em 5.10.1988 a sétima Constituição nacional: a Constituição da República Federativa do Brasil de 1988.

I-3 Da Constituição de 1988

A Constituição de 1988 afastou de uma vez por todas o viés autoritário que existia na Carta precedente.

Ao abrir o texto constitucional de 1988 o leitor se depara, logo no art. 1º, com a disposição de que a República Federativa do Brasil se constitui em um Estado Democrático de Direito.

11. Trata-se de um Estado de Direito porquanto se subsome (governantes e cidadãos) a uma ordem normativa previamente estabelecida,

---

26. Raul Machado Horta, *Direito Constitucional*, cit., 4ª ed., p. 63.

cabendo obedecer a ela até que venha, legitimamente, a ser alterada pelos procedimentos que estiverem consignados na Constituição ou até que essa seja rompida através de revoluções e outra seja iniciada.

12. Ainda, nosso Estado de Direito adotou a tripartição de funções,[27] tal qual modelo proposto por Montesquieu, em que o poder estatal se manifesta por meio de funções estatais harmônicas e independentes entre si, impedindo a concentração de poder em uma única pessoa ou grupo de pessoas.

13. É também um Estado Democrático, porque fundado no princípio da soberania popular, que impõe a participação efetiva e operante do povo na coisa pública.[28]

Com efeito, o parágrafo único do art. 1º dispõe: "Todo o poder emana do povo, que o exerce por meio de representantes eleitos ou diretamente, nos termos desta Constituição".

Assim sendo, a participação popular foi prestigiada, por meio da fixação (i) de uma democracia representativa, que se dá pela forma indireta, isto é, pela eleição dos representantes do povo, e (ii) de uma democracia participativa, por meio da iniciativa popular, do referendo, do plebiscito, da ação popular, dentre outros.[29]

J. J. Gomes Canotilho afirma: "O Estado constitucional não é nem deve ser apenas um Estado de Direito. (...). Ele tem de estruturar-se como *Estado de Direito Democrático*, isto é, como uma ordem de domínio legitimada pelo povo"[30] (grifos do autor).

14. Além de Democrático e de Direito, o Brasil é, por determinação constitucional, um Estado Social, em virtude do disposto, dentre outros, nos arts. 1º, III, 3º, I, III e IV, 5º, LV, LXIX, LXXIII, LXXIV e LXXVI, 6º, 7º, I, II, III, IV, VI, X, XI e XII, 23 e 170, II, III, VII e VIII.[31]

---

27. Ainda que – reconheçamos – não se trate de uma separação absoluta das funções estatais, tal como já apregoamos em outro momento (Carolina Zancaner Zockun e Maurício Zockun, "Natureza e limites da atuação dos tribunais administrativos", *Revista Interesse Público* 44/144-145, Belo Horizonte, Fórum, julho-agosto/2007).

28. José Afonso da Silva, *Curso de Direito Constitucional Positivo*, 32ª ed., São Paulo, Malheiros Editores, 2009, p. 117.

29. Idem, pp. 141-142.

30. J. J. Gomes Canotilho, *Direito Constitucional e Teoria da Constituição*, cit., 7ª ed., p. 98.

31. Weida Zancaner, "Razoabilidade e moralidade", in Celso Antônio Bandeira de Mello (org.), *Estudos em Homenagem a Geraldo Ataliba 2: Direito Administrativo e Constitucional*, cit., p. 621.

Vê-se que a Constituição de 1988 adotou o modelo de um Estado Social e Democrático de Direito, especialmente preocupado com a realização da justiça social, razão pela qual não serão admitidas medidas que visem a extirpar as garantias advindas do Estado Democrático, do Estado de Direito e principalmente do Estado Social que se fundem no Estado Brasileiro.

De fato, o Estado Brasileiro tem o perfil de um Estado eminentemente de Bem-Estar Social, na medida em que estão insculpidos entre seus fundamentos, princípios e objetivos: a cidadania (art. 2º, II), a dignidade da pessoa humana (art. 2º, III), a construção de uma sociedade *livre, justa e solidária* (art. 3º, I), a *erradicação da pobreza* e da marginalização e a redução das desigualdades sociais e regionais (art. 3º, III), a promoção do bem de todos, sem distinção (art. 3º, IV), a função social da propriedade (arts. 5º, XXIII, e 170, III), a existência digna, conforme os ditames da justiça social (art. 170, *caput*), *a busca do pleno emprego*, dentre outros inúmeros dispositivos.

Além disto, a Constituição de 1988 colocou o Estado como provedor dos direitos fundamentais de segunda geração, que serão objeto de nosso estudo no próximo capítulo.

O Estado tem, portanto, o dever de fornecer os direitos denominados sociais, que em nossa Constituição se encontram albergados no art. 6º.

15. Nesta seara, faz-se necessário esclarecer que adotamos a distinção entre (i) dever e obrigação e (ii) direito e poder, nos termos propostos por Santi Romano,[32] também acolhida por Celso Antônio Bandeira de Mello,[33] Régis Fernandes de Oliveira[34] e Maurício Zockun.[35]

Santi Romano ensina que "se dá às vezes um dever sem que haja um beneficiário dele que tenha a qualidade de pessoa e se possa, portanto, considerá-lo como sujeito de um direito correlato. A consistência deste dever deve, então, ser buscada no poder, de que está investido algum outro sujeito, de pretender o seu cumprimento. Dito poder não é um direito, e menos ainda está com o dever em relação de correlação: poder não é,

---

32. Santi Romano, *Frammenti di un Dizionario Giuridico*, Milão, Dott. A. Giuffrè Editore, 1953.
33. Celso Antônio Bandeira de Mello, "Teoria Geral do Direito", in *Interpretação no Direito Tributário*, São Paulo, Saraiva, 1975, p. 42.
34. Régis Fernandes de Oliveira, *Ato Administrativo*, São Paulo, Ed. RT, 1978, p. 99.
35. Maurício Zockun, *Regime Jurídico da Obrigação Tributária Acessória*, São Paulo, Malheiros Editores, 2005, pp. 73-79.

nesta hipótese, mais que uma garantia de observância do dever e o sujeito dele não tem a ver com o sujeito do dever em uma relação jurídica, pelo menos no sentido que a tal expressão se deve atribuir quando se tem a figura do direito subjetivo".[36]

Quanto aos poderes, o jurista italiano explica: os poderes em sentido amplo são divididos em (i) poderes em sentido estrito, que "se desdobrariam em direções genéricas, isto é, que não teriam objetos singularmente determinados, que não se resolveriam em pretensões frente a outros sujeitos, que, por isso, não seriam correlatos a obrigações, o qual quer dizer que não seriam elementos de relações jurídicas concretas, e *[(ii)]* os poderes que, ao invés, se desdobrariam em relações individuais e particulares com uma determinada coisa ou outro objeto ou frente a determinadas pessoas, que teriam obrigações correspondentes, isto é, os poderes que assumem as características de direito positivo".[37]

Assim, para Santi Romano deveres e poderes irradiam seus efeitos, prescindindo do surgimento de uma relação jurídica individual e concreta (como ocorre no caso do poder de ir e vir, poder de liberdade de expressão, poder de propriedade etc.).

Daí por que não se confundem os conceitos de *poder* e de *dever* (sem destinatário específico) com os de *direito* e de *obrigação* (com destinatário específico). São conceitos que apontam para realidades distintas e inequívocas entre si.

Como toda relação jurídica é interpessoal,[38] a previsão de um direito para uma pessoa implica a existência de uma obrigação jurídica para outra.

---

36. No original: "(...) si dà talvolta un dovere senza che ci sia un beneficiario di esso che abbia la qualità di persona e si possa quindi considerare come soggetto di un diritto correlativo. La consistenza di questo dovere deve allora ricercarsi nel potere, di cui è investito qualque altro soggetto, di pretendere il suo adempimento. Siffatto potere non è un diritto e, tanto meno, è col dovere in una relazione di correlatività: il potere non è, in questa ipotesi, che una garanzia dell'osservanza del dovere in un rapporto giuridico, almeno nel senso che a tale espressione si da attribuirsi quando si ha la figura del diritto soggettivo" (Santi Romano, *Frammenti di un Dizionario Giuridico*, cit., pp. 96-97).

37. No original: "(...) si svolgerebbero in direzioni generiche, che cioè non avrebbero oggetti singolarmente determinati, che non si risolverebbero in pretese verso altri soggetti, che perciò non sarebbero correlativi ad obblighi, il che vuol dire che non sarebbero elementi di concreti rapporti giuridici, e i poteri che invece si svolgerebbero in particolari e singoli rapporti con una data cosa o altro oggetto o verso date persone le quali avrebbero obblighi corrispondenti, cioè i poteri che assumono il carattere di diritti soggettivi" (Santi Romano, *Frammenti di un Dizionario Giuridico*, cit., p. 104).

38. Lourival Vilanova explica que: "A relação jurídica é interpessoal, é relação intersubjetiva. Os sujeitos são os termos da relação jurídica, ainda que só o sujeito da obrigação

Em relação aos denominados direitos sociais a situação é peculiar. Ora eles se apresentam como uma relação de *dever-direito*, ora como *obrigação-direito*. Ou seja, ora estamos diante do *dever social* do Estado, ora defronte de sua *obrigação social*. Já o particular sempre terá, em face do Estado, o *direito subjetivo social*. Explicamos esse cipoal de nomenclaturas e sua procedência lógico-jurídica.

Celso Antônio Bandeira de Mello[39] adverte, com precisão, que o Estado, no desempenho da função administrativa, tem o *dever-poder* e não o *poder-dever*. Com efeito, a Constituição assinala ao Poder Público uma finalidade (dever), garantindo-lhe os meios (poder) para satisfazê-la.

16. De fato, o jurista explana que os poderes conferidos ao Estado são meramente instrumentais à satisfação de interesses alheios (da coletividade). Sem os poderes o agente público não teria como desincumbir-se do dever posto a seu cargo. "Donde, quem os titulariza maneja, na verdade, 'deveres-poderes', no interesse alheio."

Desta forma, quando o Texto Maior imputa aos entes federados o desempenho de certas atividades no campo social, ele comina uma finalidade estatal (e não os meios para sua satisfação). Trata-se, sob essa ótica, de um *dever*. Mas não é só.

Pelo pensamento de Santi Romano esse *munus* estatal também seria, em regra, um *dever*. Deveras, ao fixar esse encargo a Constituição impõe ao Estado o desempenho de uma atividade sem que saiba, de antemão, quem ou quais serão seus destinatários. Logo, esse encargo estatal se tipifica como um *dever*.

17. Por seu turno, os indetermináveis particulares gozam da prerrogativa de exigir do Estado (esse, sim, antecipadamente determinado) o desempenho das referidas atividades. E, por essa razão, titularizam um *direito* em face do Estado. Nesse caso há, pois, um liame de *dever-direito* entre o Estado e a coletividade.

18. Por esse mesmo raciocínio, podemos concluir que poderá surgir entre o Estado e o particular uma relação de *obrigação* e *direito* (e não mais de *dever* e *direito*). Quando houver uma situação em que o Estado se veja às voltas com o encargo de desempenhar essas atividades em prol de um ou mais particulares, todos os envolvidos passam a ser determinados. Os

---

fique determinado (como na declaração unilateral de vontade nos títulos ao portador, na promessa de recompensa etc.), e indeterminado fique o sujeito pretensor. Também, ordinariamente, são sujeitos de direito distintos" (*As Estruturas Lógicas e o Sistema do Direito Positivo*, São Paulo, Max Limonad, 1997, p. 75).

39. Celso Antônio Bandeira de Mello, *Curso de Direito Administrativo*, cit., 26ª ed., pp. 71-72 e 142.

particulares, adiantando um passo na multidão disforme e indeterminada, colocam-se defronte ao Estado e, concretamente, lhe exigem o implemento dos ditames constitucionais. Nesse momento, todos os interessados passam a ser determinados. O Estado passa a ter a *obrigação* de desempenhar a atividade em prol dos particulares, que, por seu turno, sempre tiveram o *direito subjetivo* de exigi-la.

A seguinte metáfora explica o raciocínio.[40] Há uma multidão esperando que o Poder Público desempenhe essa atividade. O Poder Público, no entanto, é incapaz de singularizar um específico interessado nessa multidão. Ao contrário, cada indivíduo participante da multidão consegue, perfeitamente, identificar o Estado, já que ele se encontra como que colocado em um pórtico diante dessa multidão. Assim, o Estado se vê na contingência de desempenhar essa atividade a um número indeterminado de pessoas (traduzindo-se, pois, em um *dever*); já a multidão (ainda que uniforme para o Estado) identifica no Poder Público a pessoa (perfeitamente determinada) de quem essa atividade pode ser exigida (traduzindo-se, pois, em um *direito* por parte de cada cidadão).

A inação do Estado no desempenho dessa função dá ao particular o direito subjetivo de exigir que o Poder Público implemente concretamente essas atividades.

In concreto, surge uma *relação obrigacional*, em que ao Estado cumpre garantir a efetivação do direito social pleiteado pelo particular e *in abstracto* o Estado tem o *dever* de fornecer aos particulares os direitos sociais previstos no art. 6º da Lei Maior.

Para poder assegurar o adequado fornecimento dos direitos sociais o Estado tem o *dever* de intervir na ordem social.

Vê-se, então, que a intervenção estatal na ordem social não é uma faculdade, um poder, atribuído ao Estado; mas, sim, um dever estatal.

Os poderes conferidos ao Estado para intervir na ordem social são apenas instrumentos para a satisfação dos deveres públicos – e, no caso, dos direitos sociais dos cidadãos.

I-4 Da ordem social na Constituição de 1988

19. Constatado que juridicamente o Brasil é um Estado Social e Democrático de Direito, passar-se-á a analisar a configuração da ordem ou domínio social em nosso Diploma Maior.

---

40. Esta metáfora é da lavra do professor Maurício Zockun, que em artigo ainda inédito analisa o pensamento de Santi Romano e sua aplicação aos direitos fundamentais.

Primeiramente, faz-se necessário o esclarecimento de alguns conceitos.

20. Geraldo Ataliba nos explica que o caráter orgânico das realidades que compõem o mundo e o caráter lógico do pensamento humano levam o homem a tratar as realidades que deseja estudar, sob critérios unitários, com proveito científico e conveniência pedagógica, distinguindo a composição coesa e harmônica de diversos elementos em um todo unitário, integrado em uma realidade maior. "A esta composição de elementos, sob perspectiva unitária, se denomina sistema."[41]

O sistema é, portanto, "uma unidade global organizada de inter-relações entre elementos, ações ou indivíduos".[42]

21. A ordem consiste em uma divisão interna de um sistema. "A ordem é, pois, um pré-requisito funcional sempre presente, uma disposição interna que viabiliza a organização de um sistema."[43]

A organização do sistema dá-se por meio de ordens, que visam a apartar elementos com características próprias para verificar quais são as regras e princípios comuns aos elementos estudados.

22. Nesta seara, cabe lembrar que os princípios tiveram de conquistar o *status* de norma jurídica, desmistificando a noção, dantes existente, que lhes conferia estatura puramente axiológica, ética, sem eficácia jurídica ou aplicabilidade direta e imediata. A dogmática atual posiciona-se no sentido de que as normas em geral e as normas constitucionais em particular enquadram-se em duas grandes categorias diversas: os princípios e as regras.[44]

Regras são prescrições objetivas, descritivas de determinados comportamentos e aplicáveis a um conjunto limitado de situações. Se ocorrer a hipótese prevista no seu relato, a regra deve ser aplicada, pela tradicional fórmula da subsunção – qual seja, os fatos são enquadrados na previsão abstrata e, a seguir, produz-se uma conclusão (mandamento). "A aplicação de uma regra opera-se na modalidade tudo-ou-nada: ou ela regula a

---

41. Geraldo Ataliba, *Sistema Constitucional Tributário Brasileiro*, São Paulo, Ed. RT, 1968, p. 4.

42. Edgar Morin, *La Méthode 1*, Paris, Éditions du Seuil, 1977, p. 99.

43. Diogo de Figueiredo Moreira Neto e Ney Prado, "Uma análise sistêmica do conceito de ordem econômica e social", *Revista de Informação Legislativa* 86/124, Ano 24, Senado Federal/Subsecretaria de Edições Técnicas, outubro-dezembro/1987.

44. Luís Roberto Barroso e Ana Paula de Barcellos, "O começo da história. A nova interpretação constitucional e o papel dos princípios no Direito Brasileiro", *Revista Interesse Público* 19/56, Porto Alegre, Notadez, 2003.

matéria em sua inteireza ou é descumprida. Na hipótese de conflito entre duas regras, só uma será válida e irá prevalecer."[45]

23. Princípio é, no dizer de Celso Antônio, "mandamento nuclear de um sistema, verdadeiro alicerce dele, disposição fundamental que se irradia sobre diferentes normas compondo-lhes o espírito e servindo de critério para sua exata compreensão e inteligência exatamente por definir a lógica e a racionalidade do sistema normativo, no que lhe confere a tônica e lhe dá sentido harmônico".[46]

"Os princípios contêm relatos com maior grau de abstração, não especificam a conduta a ser seguida e se aplicam a um conjunto amplo, por vezes indeterminado, de situações. Em uma ordem democrática, os princípios freqüentemente entram em tensão dialética, apontando direções diversas."[47] Quando isso ocorre, sua aplicação deverá se dar mediante *ponderação*: à vista do caso concreto, o intérprete irá estimar a importância que cada princípio deverá desempenhar na hipótese, mediante cedências recíprocas[48] e preservando, na medida do possível, o máximo de cada um. Sua aplicação, então, não será no esquema *tudo-ou-nada*, mas nivelada à vista das circunstâncias representadas por outras normas ou por situações de fato.[49]

Por tal razão, um ordenamento jurídico somente poderá ser compreendido de forma sistemática (coerente e harmônico) tomando-se em conta justamente esses vetores de interpretação (quais sejam, os princípios).

24. Isso, entretanto, não significa dizer que todos os princípios se encontram em idêntica posição hierárquica no ordenamento jurídico. Há entre eles vínculos de subordinação. Há, pois, sobreprincípios que têm ascendência sobre os demais.[50]

---

45. Idem, p. 57.
46. Celso Antônio Bandeira de Mello, *Curso de Direito Administrativo*, cit., 26ª ed., pp. 948-949.
47. Luís Roberto Barroso e Ana Paula de Barcellos, "O começo da história. A nova interpretação constitucional e o papel dos princípios no Direito Brasileiro", cit., *Revista Interesse Público* 19/57.
48. Como, aliás, já foi expressamente reconhecido pelo STF por ocasião do julgamento das Intervenções Federais (IF) 590-2-CE e 164-1-SP.
49. Luís Roberto Barroso e Ana Paula de Barcellos, "O começo da história. A nova interpretação constitucional e o papel dos princípios no Direito Brasileiro", *Revista Interesse Público* 19/57-58.
50. Isto quer dizer que, embora concordemos com a possibilidade de ponderação de determinados princípios, não aceitamos integralmente a posição de Robert Alexy, que os define (os princípios) como "mandamentos de otimização", já que entendemos pela existência, *in abstracto*, de hierarquia entre eles. Logo, nossa posição alia-se à que pode ser

Com efeito, algumas prescrições veiculadas no direito positivo foram alçadas à condição de cláusulas pétreas pelo art. 60, § 4º, da CF. Isso implica dizer que o conteúdo normativo de determinadas garantias constitucionais não pode ser alterado pelo Poder Constituído. Isso atesta sua preponderância e superior valência sobre as demais.

É justamente nesse patamar hierárquico superior (cláusulas pétreas) que se encontram os direitos sociais e alguns dos instrumentos de intervenção do Estado na ordem social, consoante veremos em capítulos próprios.

25. A ordem social está prevista no Título VIII da Constituição da República, separadamente da ordem econômica, estando os direitos sociais disciplinados em capítulo próprio, afastado da ordem social.

26. Os direitos sociais encontram-se no Título II ("Dos Direitos e Garantias Fundamentais"), Capítulo II ("Dos Direitos Sociais"). Neste capítulo há previsão dos direitos sociais no art. 6º e dos direitos dos trabalhadores urbanos e rurais nos arts. 7º a 11.

Apesar de os direitos sociais estarem afastados geograficamente da ordem social, não ocorre uma ruptura radical, como se os direitos sociais não estivessem inseridos na ordem social. O art. 6º demonstra claramente que aqueles são conteúdo desta quando diz que "são direitos sociais a educação, saúde, o trabalho, a moradia, o lazer, a segurança, a previdência social, a proteção à maternidade e à infância, a assistência aos desamparados, na forma desta Constituição".[51]

Muitos dos direitos sociais previstos no art. 6º estão especificados no título da ordem social. Esta cisão da matéria, realizada pelo constituinte, não atendeu aos melhores critérios metodológicos, mas permite ao jurista extrair, de um lado e de outro, aquilo que compõe a substância dos direitos

extraída da doutrina tradicional traduzida aqui pelas lições de Celso Antônio Bandeira de Mello, que admite a existência de princípios e subprincípios. Para Robert Alexy não é possível a existência, *in abstracto*, de hierarquia entre os princípios. Sobre esta matéria, v.: Celso Antônio Bandeira de Mello, *Curso de Direito Administrativo*, cit., 26ª ed., pp. 52-58; Robert Alexy, *Teoría de los Derechos Fundamentales*, 3ª reimpr., Madri, Centro de Estudios Políticos y Constitucionales, 2002. Oportuno afirmar, igualmente, que a palavra "princípio" tem inúmeros significados, tal qual já acentuou Genaro Carrió, ao mencionar 11 possíveis sentidos para esta palavra (*Principios Jurídicos y Positivismo Jurídico*, Buenos Aires, Abeledo-Perrot, 1970, pp. 21-38). A não-delimitação do objeto mentado é sempre causa de enorme confusão. Por isto, para nós, "princípio" será utilizado nos já citados termos propostos por Celso Antônio Bandeira de Mello, e não como entende Robert Alexy.

51. Cumpre destacar que este art. 6º foi alterado pela Emenda Constitucional 26, de 14.2.2000, para fazer constar, dentre o rol dos direitos sociais, a moradia.

relativos a cada um daqueles objetos sociais, deles tratando no art. 6º, deixando para abordar na ordem social, segundo José Afonso da Silva, seus mecanismos e aspectos organizacionais.[52]

Por outro lado, entendemos que a ordem social, tal qual prevista na Constituição Federal, dispõe sobre inúmeros aspectos da sociedade, tratando de assuntos que não têm ligação direta com os direitos sociais, tais como ciência e tecnologia (arts. 218 e 219), comunicação social (arts. 220 a 223), meio ambiente (art. 225) e índios (arts. 231 e 232).

27. A ordem social na Constituição de 1988 é, pois, a disposição interna do sistema constitucional que trata de diferentes aspectos da sociedade brasileira.

Também denominada de "domínio social" pela doutrina,[53] a ordem social é um reflexo da sociedade brasileira, visto que abrange diferentes assuntos sob um mesmo título – quais sejam: seguridade social (arts. 194 e 195), saúde (arts. 196 a 200), previdência social (arts. 201 e 202), assistência social (art. 203), educação (arts. 205 a 214), cultura (arts. 215 e 216), desporto (art. 217), ciência e tecnologia (arts. 218 e 219), comunicação social (arts. 220 a 223), meio ambiente (art. 225), família, criança, adolescente e idoso (arts. 226 a 230) e índios (arts. 231 e 232).

A Constituição Federal, ao tratar da ordem social, quis, em última análise, tratar da sociedade brasileira, e não apenas dos mecanismos de implantação dos direitos sociais previstos no art. 6º.

O que ocorre é que a Constituição Federal, ao dispor sobre a ordem social, abordou, além dos instrumentos de implementação e aspectos organizacionais de alguns dos direitos previstos no art. 6º, também outras matérias que não dizem respeito diretamente aos direitos sociais.

Neste estudo, por opção metodológica, trataremos da atuação estatal direta apenas quando o Estado intervém na ordem social para concretizar os direitos previstos no art. 6º da CF, por entendermos que a intervenção estatal no domínio social institui um dever inescusável quando sua atuação visa a fornecer meios para que os administrados possam ter acesso integral a *educação, saúde, trabalho, moradia, lazer, segurança, previdência social, proteção à maternidade e à infância e assistência aos desamparados.*

---

52. José Afonso da Silva, *Curso de Direito Constitucional Positivo*, cit., 32ª ed., p. 285.

53. Celso Antônio Bandeira de Mello, *Curso de Direito Administrativo*, cit., 26ª ed., p. 806.

Ainda, também por eleição metodológica, abordaremos a intervenção estatal indireta na ordem social, que se dá por meio das atividades de incentivo ao Terceiro Setor, em que o Estado não é o fornecedor dos serviços e benefícios oferecidos à população.

É dizer: o Estado tem o dever de intervir na ordem social para garantir a efetivação dos direitos sociais estabelecidos no art. 6º do Texto Maior.

Ademais, a CF, quando dispôs, em seu art. 193, que "a ordem social tem como base o primado do trabalho, e como objetivo o bem-estar e a justiça sociais", vinculou a atuação estatal de intervenção no domínio social à obtenção de bem-estar e justiça sociais.

Logo, o Estado Brasileiro, quando intervém na ordem social, tem como metas a serem obrigatoriamente alcançadas o bem-estar social e a justiça social.

O Estado atingirá esses objetivos de bem-estar e justiça sociais especialmente quando assegurar os direitos sociais previstos no art. 6º da CF. Em outras palavras: para alcançar os desideratos de bem-estar e justiça sociais, o Estado tem o dever de garantir o adequado fornecimento de *educação, saúde, trabalho, moradia, lazer, segurança, previdência social, proteção à maternidade e à infância e assistência aos desamparados.*

Assim, é justamente para a garantia dos direitos sociais e para alcançar os objetivos assinalados pelo art. 193 da CF que o Estado tem o dever de intervir na ordem social.

28. Cumpre destacar que, embora nosso estudo seja focado apenas na ordem social, não há como dissociá-la da ordem econômica, tendo em vista que a relação entre elas é constitucionalmente umbilical, pois a ordem econômica, fundada na *valorização do trabalho*, tem por finalidade assegurar a todos *existência digna, conforme os ditames da justiça social* (art. 170, *caput*, da CF).

Ainda, a ordem econômica traz como seus princípios, dentre outros, a *função social da propriedade*, a *redução das desigualdades sociais e regionais* e a *busca do pleno emprego*.

Isto quer dizer que também a ordem econômica está plenamente adequada aos desideratos de um Estado Social, pois a liberdade de iniciativa tem claros limites à sua atuação, na medida em que o capital está indiscutivelmente a serviço do bem-estar da população.

De fato, a política social ordena a disciplina do Estado sobre a economia de forma a alcançar a efetividade da justiça social e da *justa distribuição dos frutos do trabalho* – como direitos sociais do indivíduo – e de atingir o *desenvolvimento econômico*, que se destaca como um dos objetivos essenciais do Estado, tanto no plano nacional como no internacional.[54]

Logo, a simbiose existente entre a ordem econômica e a ordem social é inegável, e poderá ser verificada, ainda que superficialmente, quando analisarmos o tópico referente ao direito social ao trabalho.

Eis, pois, que não somente a ordem social, mas também a ordem econômica está voltada para a realização da justiça social e, conseqüentemente, à concretização de um Estado Social.

Entretanto, para os fins deste estudo – como dito –, realizamos uma cisão na matéria e abordaremos apenas a intervenção do Estado na ordem social para concretização dos direitos sociais e fomento das atividades do Terceiro Setor, deixando para outra oportunidade as atuações estatais relativas à ordem econômica.

29. Assim, considerando que a intervenção do Estado na ordem social tem por finalidade efetivar os direitos sociais previstos no art. 6º da Carta Maior, tem-se que esta se dá por meio das seguintes atividades: (i) prestação de serviços públicos de educação, seguridade social, saúde, assistência social, previdência social, moradia, lazer, acesso ao trabalho e proteção à maternidade e à infância; e (ii) fomento de particulares que atuam no denominado Terceiro Setor.

Advirta-se que ampliamos o rol relativo à intervenção do Estado na ordem social referido por Celso Antônio Bandeira de Mello.[55]

Esta ampliação tem por objetivo atender aos desideratos da Constituição da República, que obrigou o Estado a atuar positivamente em inúmeras áreas a fim de tornar efetivos os direitos sociais – a seguir estudados.

---

54. Caio Tácito, *Temas de Direito Público (Estudos e Pareceres)*, cit., 1º vol., p. 379.

55. Afora o texto de Celso Antônio, os administrativistas não costumam tratar da intervenção do Estado na ordem social. Veja-se que para este autor a intervenção do Estado no domínio social faz-se pela prestação dos serviços públicos de educação, saúde, previdência e assistência social, bem como pelo fomento da atividade privada mediante trespasse a particulares de recursos públicos a serem aplicados em fins sociais (*Curso de Direito Administrativo*, cit., 26ª ed., pp. 806-810).

Capítulo II

DOS DIREITOS SOCIAIS

II-1 Dos direitos fundamentais. II-2 Do "mínimo existencial" versus "reserva do possível". II-3 Da educação. II-4 Da saúde. II-5 Da previdência social: II-5.1 Dos benefícios previdenciários: (a) Aposentadoria por invalidez – (b) Aposentadoria por idade – (c) Aposentadoria por tempo de contribuição – (d) Aposentadoria especial – (e) Auxílio-doença – (f) Salário-família – (g) Salário-maternidade – (h) Auxílio-acidente – (i) Pensão por morte – (j) Auxílio-reclusão – II-5.2 Dos serviços previdenciários – II-5.3 O mínimo existencial na previdência social. II-6 Da assistência social. II-7 Da proteção à maternidade e à infância: II-7.1 Proteção à maternidade – II-7.2 Proteção à infância. II-8 Do lazer. II-9 Da moradia. II-10 Do trabalho. II-11 Da segurança.

II-1 Dos direitos fundamentais

1. Os direitos sociais estão inseridos no Capítulo II do Título II da Constituição da República, que traz arrolados os direitos e garantias fundamentais.

Os direitos fundamentais manifestam-se, consoante a doutrina,[1] em três gerações sucessivas e cumulativas.

Muitos doutrinadores preferem utilizar a expressão "dimensão" ao invés de "geração", por entenderem que a palavra "geração" indicaria a superação de uma geração sobre a outra, ao passo que o termo "dimensão" consagraria não uma substituição de direitos, mas sim uma cumulação destes direitos.

De qualquer forma, a nomenclatura "geração" foi consagrada pela doutrina; e, por tal razão, dela nos valeremos.

---

1. V., por todos, Luiz Alberto David Araujo e Vidal Serrano Nunes Jr., *Curso de Direito Constitucional*, 9ª ed., São Paulo, Saraiva, 2005, pp. 115-118.

2. Os *direitos de primeira geração*, também denominados de civis (ou individuais) e políticos, são os direitos de resistência ou defesa do indivíduo frente ao Estado. Surgiram com o Estado de Direito e visam a manter o cidadão protegido das ingerências indevidas do Estado, preservando, assim, sua liberdade individual.

3. Os *direitos de segunda geração* são os direitos sociais, culturais e econômicos, referidos tanto na esfera individual quanto na coletiva. São direitos que reclamam atuação positiva por parte do Estado, para que o ser humano possa ter condições materiais mínimas que lhe propiciem viver condignamente. Ao contrário dos direitos fundamentais de primeira geração, cujo objetivo era proteger o cidadão do arbítrio estatal, os direitos fundamentais de segunda geração exigem uma ação prestacional do Estado, fundamentada, sobretudo, no princípio da igualdade, para que haja uma efetiva redução das desigualdades sociais.

Assim, enquanto os direitos individuais interditam atuações estatais que amesquinhem o indivíduo, os direitos sociais erguem barreiras que defendam o indivíduo da dominação econômica dos outros indivíduos, ou seja, impedem que os próprios membros do corpo social dominem economicamente ou deixem à própria sorte outros indivíduos menos favorecidos.

4. A bipartição do mundo em nações desenvolvidas e subdesenvolvidas fez nascer uma outra geração de direitos, assentados sob as idéias de fraternidade e solidariedade. Esses *direitos de terceira geração* não enfocam a proteção dos interesses de um indivíduo, de uma coletividade ou de um determinado Estado, mas sim estão vocacionados a amparar o gênero humano. Karel Vasak[2] identificou cinco direitos desta geração, quais sejam: o direito ao desenvolvimento, o direito à paz, o direito ao meio ambiente, o direito de propriedade sobre o patrimônio comum da Humanidade e o direito de comunicação.

5. Paulo Bonavides[3] acrescenta, ainda, uma *quarta geração de direitos*, oriundos de uma globalização política na esfera da normatividade jurídica. Seriam direitos desta quarta geração o direito à democracia, o direito à informação e o direito ao pluralismo.

6. Os direitos sociais são, pois, direitos fundamentais de segunda geração e demandam uma interferência estatal para sua concretização. Assim, o Estado sai de uma posição inercial e passa a atuar positivamente visando a fornecer aos cidadãos condições dignas de existência, para que,

---

2. *Apud* Paulo Bonavides, *Curso de Direito Constitucional*, 23ª ed., São Paulo, Malheiros Editores, 2008, p. 569.

3. Idem, pp. 571-572.

reduzindo-se as desigualdades sociais, seja construída uma sociedade justa e solidária.

Os direitos sociais também servem para sustentação da democracia. Com efeito, consoante afirma Manoel Gonçalves Ferreira Filho, os direitos sociais são meio de redução das desigualdades, sendo que a concretização dos direitos previstos no art. 6º da CF de 1988 confere aos mais necessitados um mínimo de bem-estar, condizente com o princípio da dignidade humana, ao mesmo tempo em que favorece a democracia, ao propiciar a existência de uma ordem socioeconômica não concentrada nas mãos de uns poucos.[4]

Ingo Wolfgang Sarlet[5] destaca a importância dos direitos fundamentais na Constituição de 1988, a começar pela sua colocação topográfica, que os positivou no início da Constituição, logo após o Preâmbulo e os princípios fundamentais. Isto, segundo o autor, além de revelar maior rigor lógico, tendo em vista que "os direitos fundamentais constituem parâmetro hermenêutico e valores superiores de toda a ordem constitucional e jurídica", também prestigia a melhor tradição do constitucionalismo na esfera dos direitos fundamentais.

Ademais, a expressão utilizada também deve ser festejada, pois anteriormente à Constituição de 1988 a terminologia utilizada – "direitos e garantias individuais" – não demonstrava o progresso recente do direito constitucional, e menos ainda do direito internacional dos direitos humanos, os quais albergam os direitos sociais.[6]

7. A principal e mais significativa inovação foi, contudo, a aplicabilidade imediata dos direitos e garantias fundamentais, dada pelo art. 5º, § 1º, da Constituição da República, que afastou, de uma vez por todas, o viés programático[7-8] que era dado a este tipo de norma.[9]

---

4. Aduz ainda o autor o seguinte paradoxo: "A democracia é a causa e o efeito dos direitos sociais", "se não tem por si uma lógica abstrata, corresponde a uma verdade histórica e política: a democracia é causa dos direitos sociais, mas é efeito dos mesmos. Ela serviu para o seu reconhecimento e perdura com base neles" (Manoel Gonçalves Ferreira Filho, "Democracia e direitos sociais", in Lauro Luiz Gomes Ribeiro e Luciana Andréa Accorsi Berardi (orgs.), *Estudos de Direito Constitucional em Homenagem à Professora Maria Garcia*, São Paulo, Thomson IOB, 2007, pp. 313-316).

5. Ingo Wolfgang Sarlet, *A Eficácia dos Direitos Fundamentais*, 3ª ed., Porto Alegre, Livraria do Advogado, 1998, p. 73.

6. Idem, ibidem.

7. Segundo José Afonso da Silva, as normas programáticas (i) têm por objeto a disciplina dos interesses econômico-sociais; (ii) não tiveram força suficiente para se desenvolver em sua integralidade, constituindo-se, em princípio, como programa a ser realizado pelo Estado; e (iii) têm eficácia reduzida. (*Aplicabilidade das Normas Constitucionais*, 7ª ed., 2ª tir., São Paulo, Malheiros Editores, 2008, pp. 150-151).

Com efeito, a Constituição expressamente assegurou aos direitos e garantias fundamentais efetividade máxima ao estabelecer, no § 1º do art. 5º, que: "As normas definidoras dos direitos e garantias fundamentais têm aplicação imediata".

8. Foi, contudo, em outra passagem que a Constituição de 1988 erigiu ao *status* jurídico máximo os direitos e garantias fundamentais, quando os colocou como "cláusulas pétreas" no art. 60, § 4º, IV.

É certo que há divergência doutrinária quanto à colocação de todos os direitos fundamentais no rol das "cláusulas pétreas" (também denominadas de "garantias de eternidade"), na medida em que o artigo supramencionado dispõe que: "Não será objeto de deliberação a proposta de emenda tendente a abolir: (...) IV – os direitos e garantias *individuais*" (grifamos).

Há, portanto, quem sustente interpretação restritiva (literal) deste dispositivo, afirmando que apenas os direitos e garantias *individuais* estão albergados sob o manto da intangibilidade, haja vista que se o constituinte quisesse alçar os direitos sociais à condição de cláusula pétrea ele teria assim procedido, seja nomeando-os expressamente, seja referindo-se de forma genérica a todos os direitos e garantias fundamentais.[10]

Essa doutrina não se sustenta nem mesmo diante de uma interpretação literal.

---

8. Carlos Ayres Britto faz uma belíssima releitura das normas ditas programáticas, afirmando que "o novo conceito de normas constitucionais programáticas exige que elas sejam, mais que tudo, 'o nervo e a carne' das programações orçamentárias, das concretas políticas públicas e dos atos, acordos e tratados internacionais. Com o quê a Constituição se torna, na prática, o que ela já é em teoria: o mais estrutural, abarcante e permanente projeto nacional de vida. (...) elas, as normas constitucionais programáticas, passam a encarnar o máximo de segurança jurídica" (*O Humanismo como Categoria Constitucional*, Belo Horizonte, Fórum, 2007, p. 103).

9. É esse também o posicionamento de Ingo Wolfgang Sarlet, *A Eficácia dos Direitos Fundamentais*, cit., 3ª ed., p. 73, e Dalmo de Abreu Dallari, "Os direitos fundamentais na Constituição brasileira", in Demian Fiocca e Eros Roberto Grau (orgs.), *Debate sobre a Constituição de 1988*, São Paulo, Paz e Terra, 2001, pp. 49-67. Neste texto, Dalmo Dallari, a respeito do art. 5º, § 1º, da CF, adverte: "O importante é que essa inovação constitucional anula o argumento, muitas vezes utilizado por advogados e freqüentemente acolhido por juízes e tribunais, segundo o qual as normas constitucionais são apenas programáticas e dependem de regulamentação para serem aplicadas" (p. 63).

10. V. Octávio Bueno Magano, "Revisão constitucional", *Cadernos de Direito Constitucional e Ciência Política* 7/108 e ss., São Paulo, Ed. RT, abril-junho/1994. Neste artigo o professor sustenta não apenas a possibilidade, mas a necessidade de se excluírem os direitos sociais da Constituição.

Deveras, consoante ensina Maurício Antônio Ribeiro Lopes,[11] a expressão "direitos e garantias individuais", utilizada pelo art. 60, § 4º, IV, da CF, não se encontra reproduzida em qualquer outro dispositivo da Constituição, o que implica dizer que, mesmo se utilizada uma interpretação literal, não se poderiam confundir estes direitos individuais com os direitos individuais e coletivos do art. 5º da nossa Carta Maior.

Ademais, essa interpretação restritiva cometeria o absurdo de excluir do rol das cláusulas pétreas não apenas os direitos sociais (arts. 6º a 11), mas também os direitos de nacionalidade (arts. 12 e 13) e igualmente os direitos políticos (arts. 14 a 17).

Como magistralmente explica Ingo Wolfgang Sarlet, "por uma questão de coerência, até mesmo os direitos coletivos (de expressão coletiva) constantes do rol do art. 5º não seriam merecedores desta proteção".[12] Esta singela constatação indica que tal interpretação dificilmente poderá prevalecer.

É um contra-senso imaginar que, levando-se ao extremo este raciocínio, "poder-se-ia até mesmo sustentar que o mandado de segurança individual integra as 'cláusulas pétreas', ao passo que o mandado de segurança coletivo por estas não se encontra abrangido!".[13]

É cristalino, pois, que não pode prosperar uma interpretação literal ou restritiva da expressão "direitos e garantias individuais", constante do art. 60, § 4º, da Lei Maior.

Assim, para se revelar o conteúdo, sentido e alcance da expressão "direitos e garantias individuais", constante do art. 60, § 4º, da Lei Maior, há de se fazer uma interpretação sistemática.

Pois bem, logo no Preâmbulo do Texto Maior está assentado que o Estado Brasileiro destina-se a "*assegurar o exercício dos direitos sociais* e individuais, a liberdade, a segurança, o bem-estar, o desenvolvimento, a igualdade e a justiça como valores supremos de uma sociedade fraterna, pluralista e sem preconceitos" (grifamos).

Assim, a primeira página da Constituição da República demonstra que sua vocação é a de resguardar o exercício dos direitos sociais.[14]

---

11. Maurício Antônio Ribeiro Lopes, *Poder Constituinte Reformador: Limites e Possibilidade da Revisão Constitucional Brasileira*, São Paulo, Ed. RT, 1993, p. 182.

12. Ingo Wolfgang Sarlet, *A Eficácia dos Direitos Fundamentais*, cit., 3ª ed., p. 383.

13. Idem, ibidem.

14. Ainda que o Preâmbulo constitucional não tenha força normativa, como afirmou o Min. Marco Aurélio de Mello na ADI 2.076-AC (rel. Min. Carlos Velloso, j. 15.8.2002),

Ainda, consoante expusemos em capítulo anterior, o Estado Brasileiro é inegavelmente um Estado Social e Democrático de Direito, o que pode ser facilmente constatado pelo contido nos arts. 1º, III, 3º, I, III e IV, 5º, LV, LXIX, LXXIII, LXXIV e LXXVI, 6º, 7º, I, II, III, IV, VI, X, XI e XII, 23 e 170, II, III,VII e VIII, todos da CF de 1988.

Ademais, a força jurídica dos direitos sociais é tamanha que constituem crimes de responsabilidade os atos do Presidente da República que atentem contra o exercício dos direitos sociais, consoante o art. 85, III, do Texto Maior.

Logo, desde o Preâmbulo até o último artigo da Constituição Federal verifica-se, ao longo de todo o texto constitucional, a preocupação em se construir um Estado Social, garantidor dos direitos sociais e prestador de atividades positivas que visam a reduzir as desigualdades sociais e regionais existentes.

Não pairam dúvidas, pois, de que o princípio do Estado Social e os direitos fundamentais sociais integram os elementos essenciais, ou seja, a identidade, da Lei Maior.

Nesse sentido, Gilmar Ferreira Mendes assentou que os direitos fundamentais são "elementos integrantes da 'identidade' e da 'continuidade' da Constituição, considerando-se, por isso, ilegítima qualquer reforma constitucional tendente a suprimi-los (art. 60, § 4º)".[15]

Além disso, argumente-se que não haveria sentido em prever um extenso rol de direitos sociais no título dos direitos fundamentais se não fosse conferida a proteção jurídica máxima a esses direitos.

Claro está que – apoderando-nos de uma feliz metáfora do inesquecível Geraldo Ataliba[16] – podemos afirmar: "Ninguém construiria uma fortaleza de pedra, colocando-lhe portas de papelão".

De fato: de nada adiantaria inserir tantos direitos sociais e aludir-se em inúmeras passagens à importância de assegurá-los – a começar, como visto, no Preâmbulo – se eles pudessem ser extirpados por simples vontade do reformador.

Ademais, ainda na esteira dos ensinamentos de Ingo Wolfgang Sarlet, há que se ressaltar que todos os direitos fundamentais acolhidos na Cons-

---

não se nega seu caráter de elemento de interpretação e integração dos diversos artigos que lhe seguem (v. Alexandre de Moraes, *Direito Constitucional*, 14ª ed., São Paulo, Atlas, 2004, p. 51).

15. Gilmar Ferreira Mendes, *Direitos Fundamentais e Controle de Constitucionalidade*, 3ª ed., São Paulo, Saraiva, 2004, p. 1.

16. *Apud* Celso Antônio Bandeira de Mello, *Curso de Direito Administrativo*, 26ª ed., São Paulo, Malheiros Editores, 2009, p. 354.

tituição de 1988 (mesmo os que não integram o Título II) são, na verdade e em última análise, direitos de titularidade individual, ainda que alguns sejam de expressão coletiva. "É o indivíduo que tem assegurado o direito de voto, assim como é o indivíduo que tem direito à saúde, assistência social, aposentadoria etc."[17]

Deveras, os direitos sociais reportam-se indiscutivelmente ao indivíduo, na medida em que é ele o titular dos direitos subjetivos públicos previstos no art. 6º da CF.

Logo, os direitos sociais não deixam de ser, em alguma medida, direitos individuais, pois se deve levar em consideração que o uso e o gozo desses direitos são de fruição singular – e, portanto, os direitos sociais têm uma dimensão inegavelmente individual.

Se isto é verdade, então, os direitos sociais foram alçados, em sua integralidade, à condição de cláusula pétrea pelo art. 60, § 4º, IV, quando este dispôs ser insuscetível de deliberação a proposta de emenda tendente a abolir os direitos e garantias *individuais*.

Isto porque os direitos sociais também são considerados direitos individuais de uma coletividade; e, assim sendo – repise-se –, estariam abrangidos pelo art. 60, § 4º, IV, da Lei Maior.

Vê-se, pois, que a interpretação do art. 60, § 4º, IV, deve ser extensiva, para abranger casos que não estão expressos em sua letra mas que nela se encontram incluídos, pois o alcance da norma é mais amplo do que indicam seus termos. É como explana Maria Helena Diniz: "Não se acrescenta coisa alguma, mas se dá às palavras contidas no dispositivo normativo o seu significado".[18]

É justamente neste sentido a lição de Carlos Ayres Britto, para quem "as cláusulas pétreas, caracterizando-se como afirmadoras daquele princípio de estabilidade ínsito a cada Estatuto Supremo, elas é que devem ser interpretadas extensivamente. Generosamente ou mais à solta".[19]

Assim, a expressão "direitos e garantias individuais", tal como consagrada no art. 60, § 4º, da Constituição da República, inclui também os direitos sociais (arts. 6º a 11), os direitos de nacionalidade (arts. 12 e 13) e os direitos políticos (arts. 14 a 17).

17. Ingo Wolfgang Sarlet, *A Eficácia dos Direitos Fundamentais*, cit., 3ª ed., p. 385.
18. Maria Helena Diniz, *Compêndio de Introdução à Ciência do Direito*, São Paulo, Saraiva, 2000, p. 393.
19. Carlos Ayres Britto, "A Constituição e o monitoramento de suas emendas", in Paulo Modesto e Oscar Mendonça (coords.), *Direito do Estado – Novos Rumos*, t. 1, "Direito Constitucional", São Paulo, Max Limonad, 2001, p. 66.

No mesmo sentido, Manoel Gonçalves Ferreira Filho[20] entende que a "'inabolibilidade' protege todos os direitos fundamentais, sem exceção, portanto também os direitos sociais, além das liberdades".[21]

9. De toda a sorte, ainda que não se incluam os direitos sociais dentre os direitos e garantias individuais previstos como cláusulas pétreas por força do disposto no art. 60, § 4º, IV, há que considerá-los como limites materiais implícitos.

É, por exemplo, neste sentido a lição de Raul Machado Horta,[22] que entende serem limitações materiais implícitas os fundamentos do Estado Democrático de Direito (art. 1º, I, II, III, IV e V); o povo como fonte de poder (art. 1º, parágrafo único); os objetivos fundamentais da República Federativa (art. 3º, I, II, III e IV); os princípios das relações internacionais (art. 4º, I, II, III, IV, V, VII, VIII, IX, X, e parágrafo único); *os direitos sociais* (art. 6º); a autonomia dos Estados Federados (art. 25); a autonomia dos Municípios (arts. 29 e 30, I, II e III); a organização bicameral do Poder Legislativo (art. 44); a inviolabilidade dos deputados e senadores (art. 53); as garantias dos juízes (art. 95, I, II e III); a permanência institucional do Ministério Público (art. 127) e de suas garantias (art. 128, I, "a", "b" e "c"); as limitações do poder de tributar (art. 150, I, II, III, "a" e "b", IV, V e VI, "a", "b", "c" e "d", e art. 151); e os princípios da ordem econômica (art. 170, I a IX, e parágrafo único).

Nesta seara, saliente-se que os limites materiais implícitos, por serem elementos essenciais à identidade e continuidade da Constituição, têm a mesma força jurídica dos limites expressos, já que ambos descendem diretamente do Texto Maior e, por tal razão, merecem a mesma proteção jurídica.

Assim, considerar os direitos sociais como limitações materiais implícitas ou explícitas não altera absolutamente a proteção jurídica que lhes é conferida, sendo que quaisquer das posições adotadas (colocando-os como cláusulas pétreas implícitas ou cláusulas pétreas expressas) não admitem alterações da Constituição que visem a excluí-los (os direitos sociais), nem modificações que revelem uma tendência à sua supressão.

---

20. Manoel Gonçalves Ferreira Filho, *Curso de Direito Constitucional*, 33ª ed., São Paulo, Saraiva, 2007, p. 298.
21. As liberdades consistem nos direitos em que seu objeto imediato é a liberdade. Segundo o autor, existem as seguintes "liberdades": (i) liberdade de locomoção; (ii) liberdade de pensamento; (iii) liberdade de reunião; (iv) liberdade de associação; (v) liberdade de profissão; (vi) liberdade de ação; (vii) liberdade sindical e (viii) direito de greve.
22. Raul Machado Horta, *Direito Constitucional*, cit., p. 114.

É, pois, a condição de "cláusula pétrea", agregada ao princípio que assegura a aplicabilidade imediata dos direitos fundamentais, que erige os direitos sociais à condição de elemento essencial com força jurídica reforçada na Constituição de 1988.[23]

10. Resta saber, contudo, qual o alcance da proteção conferida aos direitos sociais.

Ingo Wolfgang Sarlet[24] assinala que as cláusulas pétreas não implicam absoluta imutabilidade dos conteúdos por elas assegurados.

Com efeito, Jorge Miranda[25] explica que as cláusulas pétreas não visam ao resguardo dos dispositivos constitucionais em si, mas, sim, dos princípios neles contidos, não podendo estes ser diminuídos por uma reforma constitucional.

Assim, a alteração na redação do dispositivo não necessariamente conduz a uma inconstitucionalidade se o sentido, conteúdo, alcance e essência do princípio nele plasmado se mantiverem íntegros.

Repise-se, contudo, que, nos termos da Constituição Federal, as cláusulas pétreas têm proteção total, não se admitindo alterações que visem a aboli-las diretamente, e nem mesmo que tenham uma tendência para aboli-las – o que leva à conclusão de que as modificações que se fizerem nas cláusulas pétreas jamais poderão restringir seu conteúdo, permanecendo salvaguardado seu núcleo principiológico.

Logo, as alterações que se fizerem nas cláusulas pétreas só poderão (i) manter intacto seu conteúdo ou (ii) ampliá-lo, mas jamais reduzi-lo.

11. Quanto à aplicabilidade imediata dos direitos sociais[26] nos valeremos da classificação proposta por Celso Antônio Bandeira de Mello

---

23. Nesse sentido: Ingo Wolfgang Sarlet, *A Eficácia dos Direitos Fundamentais*, cit., 3ª ed., p. 382.

24. Ingo Wolfgang Sarlet, "A problemática dos fundamentais sociais como limites materiais ao poder de reforma da Constituição", in Ingo Wolfgang Sarlet (org.), *Direitos Fundamentais Sociais: Estudos de Direito Constitucional, Internacional e Comparado*, Rio de Janeiro, Renovar, 2003, p. 380.

25. Jorge Miranda, *Manual de Direito Constitucional*, 5ª ed., t. II, Coimbra, Coimbra Editora, 2003, p. 202.

26. Não desconhecemos a importância das demais classificações propostas em relação às normas constitucionais, em especial a elaborada por José Afonso da Silva (*Aplicabilidade das Normas Constitucionais*, cit., 7ª ed., 2ª tir., 2008). Contudo, para os fins deste estudo, é, sem sombra de dúvida, mais serviçal e operativa a classificação proposta por Celso Antônio Bandeira de Mello, na medida em que enfoca as normas constitucionais frente ao que elas podem fornecer ao cidadão – ou seja, indica a posição jurídica em que os administrados se vêem imediatamente investidos em decorrência das regras constitucionais.

em texto[27] que analisa a Carta de 1967, com a redação dada pela Emenda 1/1969. Neste estudo o professor buscou aclarar a força normativa dos preceitos constitucionais que tratam da justiça social, dividindo as normas constitucionais atinentes à justiça social em três grupos, cujo critério de classificação é a investidura, em prol dos administrados, de direitos mais ou menos amplos, descendentes direta e imediatamente do texto constitucional.

12. Assim, as normas constitucionais concernentes à justiça social são divididas em:

(i) Normas concessivas de poderes jurídicos[28] aos administrados, independentemente de prestação alheia (sem a necessidade do surgimento de uma relação jurídica individual e concreta), outorgando de imediato uma utilidade concreta, consistente em um desfrute positivo aliado à prerrogativa de exigir que se afaste a conduta de outrem que a embarace ou perturbe. Como exemplos, o "direito de ir e vir", o "direito de propriedade", o direito à vida etc.

(ii) Normas atributivas de direito a fruir, imediatamente, benefícios jurídicos concretos, cujo gozo se faz por meio de prestação positiva alheia, que, se negada, pode ser exigida judicialmente do Estado.

Um dos exemplos dado pelo professor (e adaptado à Constituição atual) é a norma preconizada no art. 7º, IV, que dispõe ser direito do trabalhador o "salário mínimo, fixado em lei, nacionalmente unificado, capaz de atender a suas necessidades vitais básicas e às de sua família com moradia, alimentação, educação, saúde, lazer, vestuário, higiene, transporte e previdência social, com reajustes periódicos que lhe preservem o poder aquisitivo, sendo vedada sua vinculação para qualquer fim".

Assim, para o jurista o dispositivo é operativo por si, por estabelecer direito à fruição da utilidade deferida, sendo nula a disposição que fixar salário mínimo em montante inferior às necessidades de uma existência digna do trabalhador e de sua família.

Quanto às demais classificações, citem-se, também, as importantes contribuições de Maria Helena Diniz (*Norma Constitucional e seus Efeitos*, 5ª ed., São Paulo, Saraiva, 2001) e Celso Ribeiro Bastos e Carlos Ayres Britto (*Interpretação e Aplicabilidade das Normas Constitucionais*, São Paulo, Saraiva, 1982).

27. Celso Antônio Bandeira de Mello, "A eficácia das normas constitucionais sobre justiça social", *RDP* 57-58/233-256, São Paulo, Ed. RT, janeiro-junho/1981.

28. Embora sem mencionar expressamente, o professor Celso Antônio adota a separação entre (i) direito e poder e (ii) obrigação e dever, proposta por Santi Romano e explanada no capítulo anterior.

Conforme ensina o Mestre, o caráter de fruição imediata desse direito enseja ao trabalhador a propositura de ação de responsabilidade patrimonial do Estado pela diferença de valor inconstitucionalmente deduzida. Ademais, os trabalhadores, mediante dissídio coletivo, poderão buscar o reconhecimento *in concreto* do valor salarial mínimo a que fazem jus, por força da regra constitucional.[29]

29. No tocante ao salário mínimo, cabe breve menção ao seguinte episódio: na ADI 1.42-DF a Confederação Nacional dos Trabalhadores na Agricultura/CONTAG e a Central Sindical CUT (excluída por ilegitimidade ativa) questionaram, dentre outros dispositivos, a inconstitucionalidade do art. 1º da Medida Provisória 1.415/1996, que estabelecia um salário mínimo de R$ 112,00, violador da norma constitucional prevista no art. 7º, IV, por não atender às necessidades vitais básicas do trabalhador. Neste julgamento, o Relator, Min. Celso de Mello, assentou:

"Com efeito, a cláusula constitucional inscrita no art. 7º, IV, da Carta Política – para além da proclamação da garantia social do salário mínimo – consubstancia verdadeira imposição legiferante, que, dirigida ao Poder Público, tem por finalidade vinculá-lo à efetivação de uma prestação positiva destinada a (a) a satisfazer as necessidades essenciais do trabalhador e de sua família e (b) a preservar, mediante reajustes periódicos, o valor intrínseco dessa remuneração básica, conservando-lhe o poder aquisitivo. (...)

"Vê-se, portanto, que o legislador constituinte brasileiro delineou um nítido programa social destinado a ser desenvolvido pelo Estado, mediante atividade legislativa vinculada. Ao dever de legislar imposto ao Poder Público – e de legislar com estrita observância dos parâmetros constitucionais de índole jurídico-social e de caráter econômico-financeiro – *corresponde o direito público subjetivo do trabalhador a uma legislação que lhe assegure, efetivamente, as necessidades vitais básicas individuais e familiares* e que lhe garanta a revisão periódica do valor salarial mínimo, em ordem a preservar o poder aquisitivo desse piso remuneratório, em caráter permanente (...). Em suma: o valor mensal de R$ 112,00 – que corresponde a um valor salarial diário de R$ 3,73, *é aviltante e é humilhante*. Ele, na verdade, reflete importância evidentemente insuficiente para propiciar ao trabalhador e aos membros de sua família um padrão digno de vida"(grifos nossos).

Ocorre que, apesar da irrepreensível argumentação do Relator, este entendeu que a ação a ser proposta deveria ter sido ação direta de inconstitucionalidade por omissão (art. 103, § 2º, da CF), e não a ação direta de inconstitucionalidade (art. 102, I, "a", da CF), e, desse modo, não poderia atender ao justo pleito da autora, pois esta pretendia não o reconhecimento de uma situação de omissão parcial do Poder Público, mas a própria declaração de inconstitucionalidade das regras questionadas e, se isto fosse deferido, *a situação culminaria por agravar, ainda mais, a situação remuneratória dos trabalhadores, reduzindo-lhes o salário dos atuais R$ 112,00 para a anterior e inaceitável importância de apenas R$ 100,00.*

Assim, quanto ao art. 1º da Medida Provisória 1.415, de 29.4.1996, o Tribunal, por maioria, não conheceu da ação direta, vencido o Sr. Min. Marco Aurélio, que, como de hábito, adotava uma posição defensiva do cidadão e dos direitos sociais (Plenário, 3.11.2004).

Já em ação direta de inconstitucionalidade por omissão, desta vez proposta pela Confederação Nacional dos Trabalhadores na Saúde/CNTS com fundamento em todo análogo à ação acima descrita, o STF julgou procedente a demanda mas não lhe concedeu

(iii) Normas constitucionais que, sem indicar os caminhos a serem seguidos pelo legislador ordinário, veiculam em seu conteúdo uma finalidade a ser cumprida obrigatoriamente pelo Poder Público. Essas normas conferem aos administrados, de imediato, direito de se oporem judicialmente aos atos do Poder Público que contrariem tais finalidades. Como exemplos o professor cita os princípios da busca do pleno emprego e da função social da propriedade.

13. Com base nesta classificação, pode-se afirmar que os direitos sociais, tal qual preconizados nos arts. 6º a 11 da CF (especialmente no art. 6º), veiculam normas que conferem direitos aos administrados mas dependem de prestação alheia, conforme explanado no item "ii", acima.

Direitos desta ordem, consoante Celso Antônio Bandeira de Mello, atribuem de imediato "(a) o desfrute positivo de uma utilidade e (b) o poder jurídico de exigir este desfrute, se turbado por terceiro ou negado por quem tinha que satisfazê-lo".[30]

De posse destes preciosos ensinamentos, pode-se concluir que os direitos sociais insculpidos na Lei Fundamental constituem deveres jurídicos do Estado, do qual este não se pode desvencilhar. Deveres, estes, que se transmudam, *in concreto*, em direitos subjetivos públicos do cidadão à educação, à saúde, ao trabalho, à moradia, ao lazer, à segurança, à pre-

qualquer aplicabilidade, por entender que "a procedência da ação direta de inconstitucionalidade por omissão, importando em reconhecimento judicial do estado de inércia do Poder Público, confere ao STF, unicamente, o poder de cientificar o legislador inadimplente, para que este adote as medidas necessárias à concretização do texto constitucional. Não assiste ao STF, contudo, em face dos próprios limites fixados pela Carta Política em tema de inconstitucionalidade por omissão (CF, art. 103, § 2º), a prerrogativa de expedir provimentos normativos com o objetivo de suprir a inatividade do órgão legislativo inadimplente" (Tribunal Pleno, rel. Min. Celso de Mello, j. 23.5.1996).

Ocorre que o STF aparentemente modificou seu entendimento por ocasião do julgamento do MI 708 (Tribunal Pleno, rel. Min. Gilmar Mendes, j. 25.10.2007), para admitir que, diante da inércia contundente do Poder Legislativo, a Corte Suprema poderia ditar qual a regra legal aplicável ao exercício de uma garantia constitucional que, até então, estava condicionada à prévia existência de lei.

Ainda que esse precedente (MI 708) seja aplicável apenas às partes envolvidas na referida ação, esse raciocínio pode ser estendido para a ação direta de inconstitucionalidade por omissão, e, assim, poder-se-ia pleitear que o Poder Judiciário também em sede de ação direta de inconstitucionalidade por omissão fixasse o valor do salário mínimo que efetivamente atendesse às necessidades vitais básicas do trabalhador e às de sua família com moradia, alimentação, educação, saúde, lazer, vestuário, higiene, transporte e previdência social.

30. Celso Antônio Bandeira de Mello, "A eficácia das normas constitucionais sobre justiça social", cit., *RDP* 57-58/243.

vidência social, à proteção à maternidade e à infância e à assistência aos desamparados, nos termos preconizados pelo art. 6º da CF.

14. Saliente-se, desde logo, que o único direito social cuja natureza é peculiar, tendo tratamento diferenciado dos demais, é o direito ao trabalho, tendo em vista que o Estado, no sistema capitalista, não é o fornecedor direto deste direito, que será objeto de estudo em tópico próprio.

15. Ainda, se o Estado se recusar a fornecer esses direitos, o cidadão – que, repita-se, tem direito subjetivo público constitucionalmente garantido ao seu gozo – tem o poder jurídico de exigir a prestação deles, bastando, para tanto, ingressar com medida judicial requerendo que lhe seja fornecida imediatamente a utilidade pleiteada.[31]

16. É, pois, neste sentido que deve ser entendida a aplicabilidade imediata dos direitos sociais – ou seja, nos termos propostos por Celso Antônio, os direitos sociais são normas constitucionais que geram direito *imediato* de fruição das utilidades neles contempladas, por meio de uma prestação estatal, sem que haja necessidade de qualquer outra regra subseqüente que permita reconhecer qual o comportamento específico do Estado capaz de dar concreta satisfação à utilidade deferida ao administrado.

Assim, os direitos sociais não podem mais ser considerados como meros enunciados que dependem, sobretudo, da boa vontade do legislador. A plenitude de seus efeitos foi consagrada expressamente pela Constituição de 1988, de tal sorte que é sempre atual a lapidar frase de Herbert Krüger[32] no sentido de que hoje não há mais falar em *direitos fundamentais na medida da lei*, mas sim em *leis na medida dos direitos fundamentais*.

17. Logo, como o direito é de fruição imediata, qualquer embaraço ou omissão em sua prestação confere ao cidadão o direito de exigir, via judicial, sua prestação instantânea.

Celso Antônio Bandeira de Mello[33] destaca também que os direitos sociais fazem parte do acervo histórico, jurídico, ético e cultural dos povos

---

31. É que, conforme deixou assentado o Min. Celso de Mello,"a omissão do Estado – que deixa de cumprir, em maior ou em menor extensão, a imposição ditada pelo texto constitucional – qualifica-se como comportamento revestido da maior gravidade político-jurídica, eis que, mediante inércia, o Poder Público também desrespeita a Constituição, também ofende direitos que nela se fundam e também impede, por ausência de medidas concretizadoras, a própria aplicabilidade dos postulados e princípios da Lei Fundamental" (Tribunal Pleno, MI 542-SP, j. 29.8.2001).

32. *Apud* Jorge Miranda, *Manual de Direito Constitucional*, 3ª ed., t. IV, Coimbra, Coimbra Editora, 2000, p. 311.

33. Celso Antônio Bandeira de Mello, "A eficácia das normas constitucionais sobre justiça social", cit., *RDP* 57-58/255.

civilizados, integrando, pois, o patrimônio cultural do povo brasileiro. Por tal razão, os direitos sociais se incluem no conceito de patrimônio público e podem, se constatada sua lesão, dar ensejo à propositura de ação popular, consoante disposto no art. 5º, LXXIII, do Texto Maior.[34]

Visto que os direitos sociais são cláusulas pétreas que têm aplicabilidade imediata, estando, pois, situados no patamar mais alto do ordenamento jurídico, vejamos quais são esses direitos.

18. A Constituição de 1988 dividiu os direitos sociais em três partes: na primeira identificou os direitos sociais em sentido estrito (art. 6º); na segunda esmiuçou os direitos individuais dos trabalhadores urbanos, rurais e domésticos (art. 7º); e na terceira disciplinou os direitos coletivos desses trabalhadores (arts. 8º, 9º, 10 e 11).

Os direitos fundamentais de natureza social são, consoante o art. 6º da CF de 1988, "a educação, a saúde, o trabalho, a moradia, o lazer, a segurança, a previdência social, a proteção à maternidade e à infância, a assistência aos desamparados, na forma desta Constituição".

Neste estudo abordaremos apenas os direitos sociais previstos no art. 6º, pois que os outros artigos (arts. 7º, 8º e 9º) trazem apenas desdobramentos daqueles, garantindo um mínimo de qualidade de emprego para o trabalhador.

II-2 Do "mínimo existencial" versus "reserva do possível"

19. Afora a controvérsia naturalmente inerente à delimitação dos confins constitucionais da proteção aos direitos sociais, põe-se, ao seu lado, o difícil problema da identificação dos meios jurídicos necessários à sua implantação.

Assim, há dois limites jurídicos que devem ser analisados em relação ao tema dos direitos sociais. O primeiro de conteúdo substantivo (os direitos sociais em si mesmo considerados), e o segundo de conteúdo adjetivo (os meios jurídicos necessários à sua implantação). E nesse segundo aspecto é que se põe o tema da denominada "reserva do possível".

---

34. No texto o professor Celso Antônio trata do art. 153, § 31, da Carta de 1967, com redação dada pela Emenda 1/1969, que atualmente corresponde ao art. 5º, LXXIII, da CF de 1988. A redação do art. 153, § 31, dispunha: "Qualquer cidadão será parte legítima para propor ação popular que vise a anular atos lesivos ao patrimônio de entidades públicas".

A expressão "reserva do possível" corresponde ao fato econômico da limitação dos recursos estatais disponíveis frente às necessidades quase sempre infinitas a serem por eles acudidas.[35]

20. Este conceito de "reserva do possível" teve sua origem no Direito Alemão, como fruto de uma decisão de 1969 da Corte Constitucional[36] em que restou assentado o seguinte: os direitos a prestações positivas do Estado "se encontram sob a *reserva do possível, no sentido de estabelecer o que pode o indivíduo, racionalmente falando, exigir da coletividade*" (grifamos).

Nessa decisão o Tribunal afirmou que o Estado não é obrigado a criar uma quantidade de vagas nas universidades públicas em número suficiente para o atendimento de *todos* os candidatos, pois esta prestação estatal estaria sob "a reserva do possível".

Esta teoria, contudo, não pode ser integralmente transplantada para o ordenamento pátrio,[37] já que existem limites constitucionalmente estabelecidos para sua aplicação.

21. Marcelo Figueiredo[38] esclarece que a menção à "reserva do possível" consiste, para muitos, em um argumento econômico; sendo assim, se ela sempre for considerada um limite objetivo à obtenção e fruição de quaisquer direitos, todas as questões estariam acacianamente solucionadas pela mera invocação deste argumento, traduzido nos seguintes termos: "Há recurso, há direito; não há recurso, não há direito". Isto, evidentemente – diz o professor –, não pode prosperar.

Com efeito, a cláusula da *reserva do possível* é muitas vezes invocada pelo Estado para se desonerar do cumprimento de suas obrigações constitucionais sob a alegação de que não há disponibilidade financeira para sua realização ou, ainda, de que inexiste prévia dotação orçamentária.

---

35. Ana Paula de Barcellos, *A Eficácia Jurídica dos Princípios Constitucionais*, Rio de Janeiro, 2002, p. 236.
36. In Leonardo Martins (org.), *Cinqüenta Anos de Jurisprudência do Tribunal Constitucional Federal Alemão*, Fortaleza, Fundação Konrad Adenauer, 2006, p. 665.
37. Como adverte Andréas J. Krell: "Fica claro que uma transferência mal-refletida do conceito da 'reserva do possível' (...) constituiria uma adoção de soluções estrangeiras, nem sempre coerentes com as verdadeiras necessidades materiais do país, que, há muitas décadas, pode ser observada na elaboração judiciária brasileira" (*Direitos Sociais e Controle Judicial no Brasil e na Alemanha – Os (Des)Caminhos de um Direito Constitucional "Comparado"*, Porto Alegre, Sérgio Antônio Fabris Editor, 2002, p. 56).
38. Marcelo Figueiredo, "O controle das políticas públicas pelo Poder Judiciário no Brasil – Uma visão geral", *Revista Interesse Público* 44/47, Belo Horizonte, Fórum, julho-agosto/2007.

22. Em abono a esse pensamento poder-se-ia argumentar o seguinte: se as leis orçamentárias[39] tipificam a concreta realização de um plano de governo, não se poderia exigir do Estado a prática de uma conduta que implicasse a realização de dispêndio financeiro se ela já não estiver prévia e antecipadamente estabelecida em lei orçamentária. E isso porque o princípio da legalidade impede que o Estado pratique essa conduta.

De fato, não bastasse o art. 167, II. da CF proibir a realização de despesas sem a correspondente dotação orçamentária, a abertura de novos créditos orçamentários e a nova alocação de créditos orçamentários também dependem de lei (art. 167, V e VI, da CF).

Assim, poder-se-ia, inicialmente, concluir como correto o pensamento segundo o qual *sem lei prevendo a realização de tal ou qual despesa o Estado estaria proibido de realizá-la*. Ou seja, (i) se a lei orçamentária não previu numerário para realização de específica despesa e, ainda que houvesse numerário suficiente para realizá-la, (ii) a nova alocação dessa receita depende de lei, não há como o Estado efetuar a despesa. Eis a síntese do pensamento da *reserva do possível*.

Pode ocorrer, portanto, que diante de um caso concreto surja um conflito (aparente) entre princípios constitucionais. Isso sucederia no caso de determinado cidadão precisar de um medicamento para início de tratamento, sem o qual determinada chaga poderá lhe causar a morte, mas cuja compra não havia sido prevista em dotação orçamentária. Como, então, conciliar esse direito à saúde ante o princípio da legalidade da programação estatal,[40] que obriga à existência de um planejamento para os gastos de verbas públicas?

Questiona-se, pois, se, neste caso, poderia o Estado invocar a cláusula da *reserva do possível*, alegando a inviabilidade jurídica (carência de lei) e econômica para adquirir o medicamento, afora a possibilidade de essa abrupta e inesperada alocação de numerário amesquinhar outras áreas também socialmente relevantes.

---

39. Segundo o art. 165, I a III, da Constituição da República, três são as leis orçamentárias: lei do plano plurianual, lei de diretrizes orçamentárias e leis orçamentárias anuais.
40. Kiyoshi Harada explica que, pelo princípio da programação, "nada poderá ser liberado sem prévia programação de despesas, a qual tem por finalidade não só assegurar às unidades orçamentárias os recursos financeiros necessários à boa execução de seu programa de trabalho, como também manter o possível equilíbrio entre a receita arrecadada e a despesa realizada de sorte a evitar, ao máximo, as situações de insuficiência de caixa" (*Direito Financeiro e Tributário*, 14ª ed., São Paulo, Atlas, 2005, p. 92).

23. Entendemos que a resposta a esta e a outras inúmeras questões que são submetidas, todos os dias, aos magistrados[41] deste país[42] encontra-se na idéia do *mínimo existencial*. A proteção de um mínimo vital em relação aos direitos do cidadão seria, pois, um limite claro à postulação da *reserva do possível* por parte do Estado.

Não se nega que a Constituição, em seu art. 167, II, V e VI, proíba a realização de despesa sem a correspondente dotação orçamentária, mas cumpre destacar que a mesma Constituição assegura a aplicação imediata dos direitos sociais (art. 5º, § 1º).

24. Com efeito, Vidal Serrano[43] explana que a teoria da *reserva do possível* somente pode ser invocada quando a matéria em pauta não tenha relação com o *mínimo existencial*, também denominado de *mínimo vital*, *núcleo essencial*, *mínimo social*,[44] *direitos constitucionais mínimos* ou *condições materiais mínimas de existência*.[45-46]

41. V. belíssimo artigo de Flávio Dino de Castro e Costa, para quem os juízes têm o dever de fornecer àqueles que pleiteiam os direitos sociais que garantam um "padrão mínimo social", não podendo a "reserva do possível" obstaculizar tais direitos ("A função realizadora do Poder Judiciário e as políticas públicas no Brasil", *Revista Interesse Público* 28/64-90, Porto Alegre, Notadez, novembro-dezembro/2004).

42. No STF citem-se como exemplos de casos em que se põe em pauta a cláusula da *reserva do possível*, os seguintes julgados: Argüição de Descumprimento de Preceito Fundamental (ADPF) 45-DF, rel. Min. Celso de Mello, j. 29.4.2004; Suspensão de Liminar (SL) 109-MS, rela. Min. Ellen Gracie, j. 16.8.2006; AgR no RE 410.715-5-SP, rel. Min. Celso de Mello, j. 22.11.2005. No STJ destaquem-se os seguintes julgados: REsp 790.715-SP, rel. Min. José Delgado, rel. para o acórdão Min. Luiz Fux, j. 5.12.2006; REsp 811.608-RS, rel. Min. Luiz Fux, j. 15.5.2007; REsp 964.883-RS, relat. Min. Eliana Calmon, j. 28.8.2007.

43. Vidal Serrano, Em palestra proferida em 30.8.2007 no Curso de Especialização em Direito Administrativo da PUC/SP (Cogeae/PUC-SP).

44. Esta é a designação dada pela Lei 8.742/1993 (Lei Orgânica da Assistência Social), que dispõe, em seu art. 1º, que: "A assistência social, direito do cidadão e dever do Estado, é política de seguridade social não-contributiva, que provê os *mínimos sociais*, realizada através de um conjunto integrado de ações de iniciativa pública e da sociedade, para garantir o atendimento às necessidades básicas" (grifamos).

45. Luiz Edson Fachin, tratando do patrimônio no direito civil, discorre também sobre um patrimônio jurídico mínimo que, conectado ao princípio da dignidade humana, "concretiza, de algum modo, a expiação da desigualdade, e ajusta, ao menos em parte, a lógica do Direito à razoabilidade da vida daqueles que, no mundo do ter, menos têm e mais necessitam" (*Estatuto Jurídico do Patrimônio Mínimo*, 2ª ed., Rio de Janeiro, Renovar, 2006, p. 278).

46. Nas palavras de Daniel Sarmento: "Considera-se que existe um núcleo mínimo destes direitos, que não pode ser amputado, seja pelo legislador, seja pelo aplicador do Direito" ("Os princípios constitucionais e a ponderação de bens", in Ricardo Lobo Torres (org.), *Teoria dos Direitos Fundamentais*, 2ª ed., Rio de Janeiro, Renovar, 2001, p. 60).

25. O mínimo existencial corresponde àquele núcleo essencial que deve ser assegurado para que o cidadão viva com um padrão mínimo de dignidade.

Destaque-se – como já o fez Fernando Facury Scaff[47] – que o mínimo existencial não é uma categoria universal, mas varia de lugar para lugar, inclusive dentro de um mesmo país.

26. Logo, não poderia jamais prosperar a tese da *reserva do possível* para recusar a prestação de um serviço público atrelado à concretização de um direito relacionado ao mínimo vital, pois se trata de condição mínima para a existência digna do cidadão.

É, entretanto, cabível o argumento da *reserva do possível* para a omissão ou negativa na prestação de um serviço que se encontre "fora" da seara do que em determinado país corresponde ao mínimo existencial.

J. J. Gomes Canotilho,[48] do mesmo modo, explica que a dogmática da reserva do possível (*Vorbehalt des Möglichen)* tem sido utilizada para traduzir a idéia de que os direitos sociais "só existem quando e enquanto existir dinheiro nos cofres públicos" – o que implica dizer que, na prática, não haveria qualquer vinculação jurídica, pois os direitos sociais são tratados sob "reserva dos cofres cheios". Mas o próprio autor esclarece que "para atenuar esta desoladora conclusão adianta-se, por vezes, que a única vinculação razoável e possível do Estado em sede de direitos sociais se reconduz à garantia do mínimo existencial".

Assim, o Estado não pode, jamais, negligenciar com a preservação do mínimo existencial, ou seja, não se pode descurar daquele âmago fundamental que deve ser garantido para que o cidadão tenha uma vida pautada em padrões mínimos de decência.

Como bem acentuou Andreas J. Krell,[49] a dependência da realização de direitos econômicos, sociais e culturais à existência de "caixas cheios" do Estado significa restringir sua eficácia a zero; "a subordinação aos 'condicionantes econômicos' relativiza sua universalidade, condenando-os a serem considerados 'direitos de segunda categoria'".

27. Não se nega a dificuldade em se verificar qual o mínimo existencial dentro de cada ordenamento, mas é certo que, "mesmo quando os

---

47. Fernando Facury Scaff, "Reserva do possível, mínimo existencial e direitos humanos", *Revista Interesse Público* 32/217, Porto Alegre, Notadez, julho-agosto/2005.
48. J. J. Gomes Canotilho, *Direito Constitucional e Teoria da Constituição*, 7ª ed., Coimbra, Livraria Almedina, 2003, p. 481.
49. Andreas J. Krell, *Direitos Sociais e Controle Judicial no Brasil e na Alemanha – Os (Des)Caminhos de um Direito Constitucional "Comparado"*, cit., p. 54.

valores pudessem oscilar significativamente, de acordo com o que cada um viesse a considerar como padrão mínimo de dignidade, o fato é que há um núcleo central em relação ao qual haverá consenso em qualquer circunstância".[50]

Isso significa dizer que o objeto jurídico identificado pela expressão "mínimo existencial" é fluido e vago, com uma "zona de certeza positiva", outra "negativa", bem como uma "zona de penumbra".

28. Nesta seara, calha citar a tão consagrada metáfora da lavra de Genaro Carrió, para quem: "Há um foco de intensidade luminosa onde se agrupam os exemplos típicos, frente aos quais não se duvida que a palavra seja aplicável. Há uma imediata zona de obscuridade circundante abrangendo todos os casos em que não se duvida que não se aplique a palavra. O trânsito de uma zona à outra é gradual; entre a total luminosidade e a obscuridade total há uma zona de penumbra sem limites precisos. Paradoxalmente ela não começa nem termina em qualquer parte e, sem embargo, existe".[51]

Entretanto, como bem acentuou Celso Antônio Bandeira de Mello,[52] os conceitos vagos (tal como "mínimo existencial") padecem de indeterminação nas previsões abstratas, mas no caso concreto assumem muito mais consistência.

É certo que nem sempre haverá possibilidade de determinar precisamente um único sentido ao conteúdo de um conceito veiculado em palavras.[53] Neste caso estar-se-á diante daquilo que Genaro Carrió denominou de "zona de penumbra".

---

50. Luís Roberto Barroso, *O Direito Constitucional e a Efetividade de suas Normas*, 5ª ed., Rio de Janeiro, Renovar, 2001, p. 153.

51. Genaro Carrió, *Notas sobre Derecho y Lenguaje*, Buenos Aires, Abeledo-Perrot, 1990, p. 34. No original: "Hay un foco de intensidad luminosa donde se agrupan los ejemplos típicos, aquellos frente a los cuales no se duda que la palabra es aplicable. Hay una mediata zona de oscuridad donde caen todos los casos en los que no se duda que no es. El trânsito de una zona a otra es gradual; entre la total luminosidad y la oscuridad total hay una zona de penumbra sin límites precisos. Paradójicamente ella no empieza ni termina en ninguna parte, y sin embargo existe".

52. Celso Antônio Bandeira de Mello, *Discricionariedade e Controle Jurisdicional*, 2ª ed., 9ª tir., São Paulo, Malheiros Editores, 2008, pp. 22-26.

53. Nesta seara cumpre salientar a posição de Celso Antônio Bandeira de Mello, para quem:
"(...) a imprecisão, fluidez, indeterminação, a que se tem aludido residem *no próprio conceito e não na palavra que os rotula*. Há quem haja, surpreendentemente, afirmado que a imprecisão é da palavra e não do conceito, pretendendo que este é sempre certo, determinado. Pelo contrário, as palavras que os recobrem designam *com absoluta precisão* algo que é, em si mesmo, um objeto mentado cujos confins são imprecisos.

De qualquer forma, como sempre é possível a construção de um conteúdo mínimo da significação do conceito, nos ateremos ao estudo da "zona de certeza positiva" e da "zona de certeza negativa" do *mínimo existencial*.

29. Pois bem, é justamente quanto a este núcleo mínimo que não cabe qualquer discussão. O Estado tem o dever de implementar o direito constitucionalmente garantido ao cidadão, para que ele possa viver com dignidade. É isto que preconiza e obriga a Constituição Federal, sendo que a omissão em efetivar o direito pleiteado pode dar ensejo à responsabilização civil, criminal e administrativa do agente causador do dano.[54]

Em caso em tudo análogo ao "fictício" exemplo da ausência de medicamento, a Presidente do Supremo Tribunal Federal, Min. Ellen Gracie, na Suspensão de Segurança (SS) 3.205, decidiu, em despacho publicado em 8.6.2007, sem adentrar a questão "mínimo existencial *versus* reserva do possível", pela necessidade de fornecimento da medicação.

Tratava-se de mandado de segurança impetrado por menor impúbere, representada por sua genitora, no qual se afirmava "que sua filha é portadora de 'hiperinsulinismo congênito', rara patologia que cursa com a liberação exarcebada de insulina pelas células beta do pâncreas, cujo tratamento necessita da utilização do medicamento *Diazóxido*, fabricado no Canadá".

O Governo do Estado do Amazonas afirmou, em síntese, não possuir o referido medicamento, "por não fazer parte do Programa de Medicamentos Excepcionais". Alegou, outrossim, a impossibilidade de "ser compelido a adquirir medicamentos fora de sua atribuições", visto que, se assim ocorrer, "toda a coletividade será prejudicada, pois, valendo-se

"Se a palavra fosse imprecisa – e não o conceito – bastaria substituí-la por outra ou cunhar uma nova para que desaparecesse a fluidez do que se *quis comunicar*. Não há palavra alguma (existente ou inventável) que possa conferir precisão às *mesmas noções* que estão abrigadas sob as vozes 'urgente', 'interesse público', 'pobreza', 'velhice', 'relevante', 'gravidade', 'calvície' e quaisquer outras do gênero. A precisão acaso aportável implicaria alteração do próprio conceito originalmente veiculado. O que poderia ser feito, evidentemente, seria a substituição de um conceito impreciso por um *outro conceito* – já agora preciso, portanto um novo conceito –, o qual, como é claro, se expressaria através da palavra ou das palavras que lhes servem de signo" (*Discricionariedade e Controle Jurisdicional*, cit., 2ª ed., 9ª tir., pp. 20-21).

54. Neste mesmo sentido, Luíza Cristina Fonseca Frischeisen afirmou que o administrador está vinculado às normas constitucionais da ordem social que delimitam políticas públicas, estando atrelado às finalidades explicitadas na Constituição; e não cumpri-las caracteriza omissão, passível de responsabilidade (*Políticas Públicas. A Responsabilidade do Administrador e o Ministério Público*, São Paulo, Max Limonad, 2000, p. 91).

do exemplo do caso concreto, estar-se-ia atendendo a uma necessidade individual em detrimento do equilíbrio financeiro do sistema em relação à coletividade".

Ademais, sustentou-se que o art. 196 da Constituição da República, ao assegurar o direito à saúde, reporta-se, em princípio, à efetivação de políticas públicas que alcancem a população como um todo, não podendo albergar situações individualizadas, como o fornecimento de remédios excepcionais e de elevado custo que não se encontram na lista do Sistema Único de Saúde/SUS.

Ao final, o Estado do Amazonas alertou ser necessária a suspensão da segurança, pois sua negativa possivelmente faria surtir o denominado "efeito multiplicador da decisão" ou "efeito-cascata", na medida em que várias pessoas poderiam vir a solicitar medicamentos fora da lista oficial.

A Min. Ellen Gracie entendeu que a hipossuficiência econômica da impetrante e de sua família, a enfermidade em questão, a inoperância de outras medicações já ministradas e a urgência do tratamento que requer a utilização do medicamento importado, em face dos pressupostos contidos no art. 4º da Lei 4.348/1964, não admitem a interrupção do tratamento, pois esta poderia gerar graves e irreparáveis danos à saúde e ao desenvolvimento da impetrante, ocorrendo, pois, o denominado perigo de dano inverso, o que faz demonstrar, em princípio, a plausibilidade jurídica da pretensão liminar deduzida no mandado de segurança em apreço.

Assinalou a Presidente que "*a discussão em relação à competência para a execução de programas de saúde e de distribuição de medicamentos **não** pode se sobrepor ao direito à saúde*, assegurado pelo art. 196 da Constituição da República, que obriga todas as esferas de governo a atuarem de forma solidária" (grifamos).

Da decisão pode-se concluir que a fundamentação com base na "reserva do possível" não pode sobrepor-se ao direito à saúde.

30. De fato, quando se estiver diante do mínimo vital não há como tergiversar a respeito do que deve ser preservado: a garantia do direito mínimo à vida digna é fundamento da República Federativa do Brasil (art. 1º, III) bem como finalidade da nossa ordem jurídica (art. 170, *caput*).

Como atesta Ingo Wolfgang Sarlet, deve-se preservar a própria vida humana, "não apenas na condição de mera sobrevivência física do indivíduo, mas também de uma sobrevivência que atenda aos mais elementares padrões de dignidade".[55]

---

55. Ingo Wolfgang Sarlet, *A Eficácia dos Direitos Fundamentais*, cit., 3ª ed., p. 300.

31. A cláusula da *reserva do possível* somente pode ser invocada quando se estiver diante de situação em que não se discutem direitos do cidadão relacionados com o mínimo existencial.

Com efeito, Ana Paula de Barcellos[56] esclarece que devem ser apurados os elementos fundamentais que compõem as condições materiais mínimas de existência para que se estabeleçam quais são os alvos prioritários dos gastos públicos. Com isto, "apenas depois de atingi-los é que se poderá discutir, relativamente aos recursos remanescentes, em que outros projetos se deverá investir".

Logo, entre nós verifica-se que as disposições normativas que veiculam em seu conteúdo garantias atreladas ao mínimo vital são sempre, e em todos os casos, exigíveis, razão por que apenas as normas garantidoras de direitos de menor envergadura podem ser implementados pelo Estado sob a *reserva do possível*.

Esta é, pois, a única forma de existência jurídica da *reserva do possível* em nosso ordenamento jurídico, na medida em que em quaisquer outros casos sua invocação será tida por inconstitucional, por conflitar com princípios maiores do sistema, devendo, portanto, ser de plano rechaçada pelo Poder Judiciário.

Há aqueles que, entretanto, restringem a efetividade dos direitos sociais sob o argumento da "reserva do possível".

Neste sentido, Gustavo Amaral[57] entende que se o Estado demonstrar, judicialmente, que "tem motivos fáticos razoáveis para deixar de cumprir, concretamente, a norma constitucional asseguratória de prestações positivas", demonstrada a razoabilidade desses argumentos, "não poderia o Judiciário se substituir ao administrador", pois este Poder não pode querer alargar competências que não são suas.

O exemplo que o autor cita para ilustrar seu entendimento é o de que ficaria a critério do Poder Executivo a escolha de tratar com as verbas públicas disponíveis "milhares de doentes vítimas de doenças comuns à pobreza ou um pequeno número de doentes terminais de doenças raras ou de cura improvável".

Ora, equivoca-se o autor ao entender que cabe ao Poder Executivo fazer esta "escolha de Sofia", uma vez que o Texto Maior já forneceu a

---

56. Ana Paula de Barcellos, *A eficácia Jurídica dos Princípios Constitucionais*, cit., p. 246.
57. Gustavo Amaral, "Interpretação dos direitos fundamentais e o conflito entre poderes", in Ricardo Lobo Torres (org.), *Teoria dos Direitos Fundamentais*, 2ª ed., Rio de Janeiro, Renovar, 2001, pp. 99-120.

solução a ser adotada – qual seja, a de conceder tratamento a todas as pessoas.[58]

Claro está que, tratando-se de preservação do mínimo existencial, todas as pessoas têm direito a tratamento integral e igualitário, não se justificando esta discriminação perigosa e inaceitável.

Ademais, se o Brasil veda expressamente a existência de penas cruéis e de morte (art. 5º, XLVII, "e" e "a"), como relegar à própria sorte e ao sofrimento o cidadão sem recursos? Como condenar à morte a pessoa cujo único crime foi o de ser vítima de uma doença e não ter condições de pagar um tratamento adequado?[59]

Parece claro a todas as luzes que é impossível, em um Estado Social de Direito, aceitar a argumentação de que a *reserva do possível* sempre condiciona o direito à saúde ou outros direitos sociais, uma vez que a Constituição, do começo ao fim, não admite que se deixe sem amparo a quem dele necessita.

Se houver escassez de recursos, deve o Poder Público retirá-los de outras áreas que não resguardam o mínimo existencial.[60] É como bem acentuou Américo Bedê Freire Jr.: "Será que é possível falar em falta de recursos para a saúde quando existem, no mesmo orçamento, recursos com propaganda do Governo? Antes de os finitos recursos do Estado se esgotarem para os direitos fundamentais, precisam estar esgotados em áreas não-prioritárias do ponto de vista constitucional e não do detentor do poder".[61]

Logo, não há como aceitar a cláusula da *reserva do possível* quando a matéria alegada versar sobre o mínimo existencial.[62]

---

58. Andreas J. Krell chegou a esta mesma conclusão em sua magnífica obra *Direitos Sociais e Controle Judicial no Brasil e na Alemanha – Os (Des)Caminhos de um Direito Constitucional "Comparado"*, cit., p. 53.

59. Ingo Wolfgang Sarlet, "Algumas considerações em torno do conteúdo, eficácia e efetividade do direito à saúde na Constituição de 1988", *Revista Interesse Público* 12/103-104, Sapucaia do Sul, Notadez, outubro-dezembro/2001.

60. Neste sentido inclina-se também Sandoval Alves da Silva, *Direitos Sociais – Leis Orçamentárias como Instrumento de Implementação*, Curitiba, Juruá, 2007, p. 192.

61. Américo Bedê Freire Jr., "Reserva do possível para quem?", *Revista da Escola da Magistratura Regional Federal* 8/288, n. 1, Rio de Janeiro, Escola da Magistratura Regional Federal, Tribunal Regional Federal: 2ª Região (EMARF/TRF-2ª Região/RJ), 2007.

62. No tocante aos direitos sociais atrelados à dignidade da pessoa humana, mencione-se a existência do *princípio da proibição de retrocesso social*. Segundo J. J. Gomes Canotilho, "o princípio da proibição do retrocesso social formula-se assim: o núcleo essencial

Como já exposto, os objetivos primordiais da Constituição de 1988, estampados em seu 3º, consistem em *construir uma sociedade livre, justa e solidária; garantir o desenvolvimento nacional; erradicar a pobreza e a marginalização e reduzir as desigualdades sociais e regionais; e promover o bem de todos, sem preconceitos de origem, raça, sexo, cor, idade e quaisquer outras formas de discriminação*.

32. Os direitos sociais, quando efetivados, constituem instrumentos da mais fundamental importância para a concretização dos objetivos do Estado Brasileiro; e, sendo assim, a realização do mínimo existencial é direito subjetivo público do cidadão.

33. Resta, contudo, saber em que consiste este núcleo do mínimo existencial.

Ana Paula de Barcellos[63] identificou que o mínimo existencial compõem-se de quatro pontos, três materiais e um instrumental, quais sejam: a educação fundamental, a saúde básica, a assistência aos desamparados e o acesso à Justiça.

Embasada em argumentação clara e sólida, a autora entende que estes quatro elementos correspondem ao núcleo da dignidade da pessoa humana, a que se reconhece eficácia jurídica positiva e, por conseqüência, o *status* de direito subjetivo exigível através do Poder Judiciário.

Entendemos ainda, mais amplamente, que todos os direitos sociais têm um núcleo mínimo essencial atrelado à dignidade da pessoa humana, que deve ser assegurado pelo Estado, na medida em que se trata de dever constitucional, consoante demonstraremos a seguir.

É certo que a determinação do conteúdo exato do mínimo vital enseja muitas dificuldades,[64] o que nos leva a crer que sua precisa delimitação

dos direitos sociais já realizado e efectivado através de medidas legislativas (...) deve considerar-se constitucionalmente garantido, sendo inconstitucionais quaisquer medidas estaduais que, sem a criação de outros esquemas alternativos ou compensatórios, se traduzam, na prática, numa 'anulação', 'revogação' ou 'aniquilação' pura e simples desse núcleo essencial" (*Direito Constitucional e Teoria da Constituição*, cit., 7ª ed., pp. 339-340). Entre nós, Ingo Wolfgang Sarlet tratou com maestria desta matéria, admitindo um princípio da proibição *relativa* do retrocesso, pois este não poderia "resultar numa vedação absoluta de qualquer medida que tenha por objeto a promoção de ajustes, eventualmente até mesmo de alguma redução ou flexibilização em matéria de segurança social, onde estiverem presentes os pressupostos para tanto" ("A eficácia do direito fundamental à segurança jurídica: dignidade da pessoa humana, direitos fundamentais e proibição de retrocesso social no direito constitucional brasileiro", *RTDP* 39/79, São Paulo, Malheiros Editores, 2002).

63. Ana Paula de Barcellos, *A Eficácia Jurídica dos Princípios Constitucionais*, cit., pp. 258-259.

64. Neste sentido Robert Alexy, para quem: "También en el caso del derecho fundamental social más simple, el derecho a un mínimo vital, la determinación de su contenido

somente poderá ser realizada diante do caso concreto. De qualquer forma, buscaremos fornecer parâmetros para auxiliar o profissional do Direito em questões desta índole.

II-3 Da educação

34. A educação encontra supedâneo constitucional não somente no art. 6º, mas em inúmeros dispositivos da CF.

Vejamos: o art. 7º, IV, estipula que o salário mínimo deverá atender às necessidades vitais básicas do trabalhador e de sua família com moradia, alimentação, *educação*, saúde, lazer, vestuário, higiene, transporte e previdência social; o art. 23, V, estabelece ser competência da União, dos Estados, do Distrito Federal e dos Municípios proporcionar os meios de acesso à cultura, à *educação* e à ciência; o art. 24, IX, dispõe ser competência concorrente da União, dos Estados e do Distrito Federal legislar sobre *educação*, sendo que, consoante o art. 30, VI (com redação dada pela Emenda Constitucional 53/2006), compete aos Municípios manter, com a cooperação técnica e financeira da União e do Estado, *programas de educação infantil e de ensino fundamental*; o art. 227 prevê ser dever da família, da sociedade e do Estado assegurar à criança e ao adolescente, com absoluta prioridade, o direito à vida, à saúde, à alimentação, à *educação*, ao lazer, à profissionalização, à cultura, à dignidade, ao respeito, à liberdade e à convivência familiar e comunitária.

Ademais, a Constituição assegura a aplicação de percentuais de recursos públicos, inclusive por meio da vinculação de receitas de impostos, à atividade de ensino, consoante disposto nos arts. 167, IV, 212, *caput* e §§, ambos da CF, e 60, *caput* e §§, do ADCT.

35. A não-aplicação (total ou parcial) destes percentuais mínimos de verbas públicas poderá ensejar a intervenção federal nos Estados, consoante o art. 34, VII, "e", da Constituição da República, e a intervenção estadual nos Municípios, conforme disposto no art. 35, III, do mesmo diploma.

Pondere-se que a intervenção é "medida excepcional de supressão temporária da autonomia de determinado ente federativo";[65] e, por tal razão, sua utilização é restrita a situações que ensejem a máxima atenção

---

exacto plantea algunas dificultades" (*Teoría de los Derechos Fundamentales*, 3ª reimpr., Madri, Centro de Estudios Políticos y Constitucionales, 2002, p. 490).

65. Alexandre de Moraes, *Direito Constitucional*, cit., 14ª ed., p. 307.

do ente interventor, ou seja, o uso deste instrumento é adstrito a ocasiões peculiares e taxativas a que a Carta Magna dá máxima importância.

Decorre daí que a educação é uma destas matérias que têm estatura jurídica máxima, a ponto de fazer eclodir a possibilidade de uma intervenção federal ou estadual se houver negligência na aplicação das receitas públicas destinadas ao ensino.

Ainda, considerando o valor transcendental da educação, a Constituição abriu uma seção especialmente dedicada à matéria. Com efeito, os arts. 205 a 214 da Seção I ("Da Educação") contida no Capítulo III ("Da Educação, da Cultura e do Desporto") do Título VIII ("Da Ordem Social") tratam exclusivamente do sistema educacional brasileiro.

36. Deveras, a educação tem importância máxima, mesmo porque sem educação não há cidadania. Sem educação também inexiste consciência crítica sobre o que acontece no mundo em que se vive; e, desta forma, sem educação não há existência digna.

Fabiana Cássia Dupim Souza advertiu, com propriedade, a necessidade de o povo fazer parte do processo decisório dos rumos da Nação, e anotou: "Povo sem educação, sem participação nos rumos de seu Estado, inconsciente de seu papel no mundo, alheio às discussões que o impulsionam, perde a condição de cidadão e passa a ser simplesmente mera massa disforme".[66]

É por isto que o art. 205 da Constituição da República imputa ao Estado[67] e à família[68] o dever de educar, bem como afirma ser a educação um direito de todos que tem por objetivo atingir o pleno desenvolvimento

---

66. Fabiana Cássia Dupim Souza, "Educação e dignidade: a libertação como direito", in Cármen Lúcia Antunes Rocha (org.), *Direito à Vida Digna*, Belo Horizonte, Fórum, 2004, p. 233. No mesmo sentido, destacando a importância da conscientização popular: Flávio Pansieri, "Direitos sociais, efetividade e garantia nos 15 anos de Constituição", in Fernando Facury Scaff (org.), *Constitucionalizando Direitos*, Rio de Janeiro, Renovar, 2003, p. 393.
67. A educação não é monopólio estatal. O ensino é livre à iniciativa privada, respeitadas duas condições fundamentais: (i) o respeito às normas gerais da educação nacional e (ii) a subordinação à autorização e avaliação de qualidade pelo Poder Público.
68. O objeto deste tópico é o papel do Estado e seu dever em fornecer a educação. Com relação ao dever da família de educar, destaque-se apenas que o art. 246 do CP prevê o crime de "abandono intelectual", com a seguinte redação: "Art. 246. Deixar, sem justa causa, de prover à instrução primária de filho em idade escolar: Pena – detenção, de 15 (quinze) dias a 1 (um) mês, ou multa". Assim, os pais ou responsáveis que, sem motivo plausível, não colocarem o filho na escola cometem este crime, bem como atentam contra direito fundamental da criança de receber educação.

da pessoa, seu preparo para o exercício da cidadania e sua qualificação para o trabalho.

37. Dentre os princípios que regem o ensino, o art. 206 estabelece: I – *igualdade de condições para o acesso e permanência na escola*; reafirmando, pois, a vedação a qualquer forma de discriminação, em atenção ao primado da igualdade; II – *liberdade de aprender, ensinar, pesquisar e divulgar o pensamento, a arte e o saber*; repisando o disposto no art. 5º, IV e IX; III – *pluralismo de idéias e de concepções pedagógicas e coexistência de instituições públicas e privadas de ensino*; IV – *gratuidade do ensino público em estabelecimentos oficiais*, o que implica dizer que há imunidade tributária com relação à taxa pela contraprestação do ensino público; V – *valorização dos profissionais da educação escolar, garantidos, na forma da lei, planos de carreira, com ingresso exclusivamente por concurso público de provas e títulos, aos das redes públicas* (redação dada pela Emenda Constitucional 53/2006), valorizando, desta forma, a profissionalização dos servidores, bem como garantindo a isonomia por meio do princípio do concurso público, insculpido no art. 37, II; VI – *gestão democrática do ensino público, na forma da lei*, que tem como princípios, conforme o art. 14 da Lei de Diretrizes e Bases da Educação (Lei 9.394/1996), a participação dos profissionais da educação na elaboração do projeto pedagógico da escola, bem como a participação das comunidades escolar e local em conselhos escolares ou equivalentes; VII – *garantia de padrão de qualidade*, pois o que se visa não é somente à universalização do ensino, mas a um ensino de qualidade, capaz de atingir o pleno desenvolvimento da pessoa; e VIII – *piso salarial profissional nacional para os profissionais da educação escolar pública, nos termos de lei federal* (incluído pela Emenda Constitucional 53/2006); sendo importante destacar que não basta a fixação de um piso salarial, é necessário que o piso e a remuneração dos professores sejam compatíveis com a importância suprema de sua profissão.

Tem razão, pois, Orlando Rochadel Moreira,[69] para quem o direito à educação é um direito fundamental e indispensável, devendo ser priorizada não apenas a existência de vagas em número suficiente nas escolas (aspecto quantitativo) mas, sobremaneira, a qualidade do ensino, construindo escolas equipadas, professores preparados e bem-remunerados e currículos adequados (aspecto qualitativo).

---

69. Orlando Rochadel Moreira, *Políticas Públicas e Direito à Educação*, Belo Horizonte, Fórum, 2007, p. 106.

38. No Brasil a educação escolar é formada, consoante o art. 21 da Lei de Diretrizes e Bases da Educação (Lei 9.394, de 20.12.1996), pela (i) educação básica, que engloba a educação infantil, o ensino fundamental e o ensino médio; e (ii) pela educação superior.

39. A educação infantil é oferecida em creches, entidades equivalentes ou pré-escolas para crianças de zero até cinco anos de idade (art. 208, IV, da CF).

40. O ensino fundamental é o denominado *ensino obrigatório* e, consoante alteração feita pela Lei 11.274/2006, sua duração foi acrescida em um ano, passando a ser de nove anos.

41. O ensino médio é a etapa final da educação básica e sua duração é de, no mínimo, três anos.

42. No art. 208 repisa-se o dever do Estado perante a educação, mas o inciso I dispõe que sua obrigatoriedade limita-se ao ensino fundamental, que é assegurado, inclusive, a todos os que a ele não tiveram acesso na idade própria.

43. O ensino fundamental seria, portanto, o mínimo existencial para o cidadão viver com dignidade. Clarice Seixas Duarte[70] explica que no caso do ensino fundamental, em que há demarcação expressa de um mínimo imprescindível, o não-oferecimento desta etapa de ensino enseja ao particular o poder de exercer sua pretensão individual, pois o direito subjetivo público implica a existência de um meio para satisfazer esse direito em caso de lesão, ou, ainda, a possibilidade de exigi-lo de forma coletiva ou difusa, por meio de associações ou do Ministério Público.[71] Destaca a autora que cabe ao particular a prova da lesão de seu direito (a inexistência de vaga, por exemplo), sob pena de a ação perder seu objeto.

Com efeito, o art. 5º da Lei 9.394/1996 estabelece que qualquer cidadão ou grupo de cidadãos, associação comunitária, organização sindical, entidade de classe ou outra legalmente constituída, o Ministério Público e, ainda, a Defensoria Pública[72] podem acionar o Poder Público

---

70. Clarice Seixas Duarte, *O Direito Público Subjetivo ao Ensino Fundamental na Constituição Federal Brasileira de 1988* (tese de Doutorado), São Paulo, USP, 2003, 328 fls., p. 231.

71. No mesmo sentido, v.: Ana Paula de Barcellos, *A Eficácia Jurídica dos Princípios Constitucionais*, cit., 264; e Luís Roberto Barroso, *O Direito Constitucional e a Efetividade de suas Normas*, cit., 5ª ed., p. 114.

72. Neste sentido a decisão da 1ª Turma do STJ no REsp 912.849-RS, rel. Min. José Delgado, j. 26.2.2006 (*Informativo* 346), reconhecendo a legitimidade da Defensoria Pública para o ajuizamento de ação coletiva.

para exigir a prestação do ensino fundamental, por se tratar de direito subjetivo público.

Ademais, o § 3º do artigo supracitado dispõe que a ação judicial que tem por finalidade exigir a prestação do ensino fundamental é gratuita e seu rito é sumário. Isto para que não seja postergado ainda mais o indispensável direito à educação.

44. Consoante disposto no art. 208, § 2º, da CF, "o não-oferecimento do ensino obrigatório pelo Poder Público, ou sua oferta irregular, importa responsabilidade da autoridade competente".

Assim, a negligência da autoridade competente em garantir o oferecimento do ensino obrigatório (fundamental), nos termos do § 4º do art. 5º da Lei 9.394/1996, importa crime de responsabilidade.[73]

45. Quanto ao ensino médio, o art. 208, II, enaltece o caráter programático da norma ao estabelecer que será progressiva a universalização do ensino médio gratuito.

46. No tocante ao ensino superior público, este é – como em todos os demais níveis – gratuito, porém não universal. O ensino público superior não é, pois, direito subjetivo público do cidadão. A Constituição da

---

73. Conforme explana Damásio de Jesus, a expressão "crime de responsabilidade", na legislação brasileira, tem sentido equívoco, tendo em vista que se refere a crimes e a infrações político-administrativas não sancionadas com penas de natureza criminal. O professor ensina que:
"São crimes de responsabilidade impróprios os definidos na Lei 1.079, de 10.4.1950 (crimes de responsabilidade do Presidente da República, de Ministros de Estados, dos Ministros do STF, do Procurador-Geral da República e dos Governadores dos Estados e seus Secretários), alterada pelo art. 3º da Lei 10.028, de 19.10.2000, e na Lei 7.106, de 28.6.1983 (crimes de responsabilidade do Governador do Distrito Federal).
"Os crimes de responsabilidade próprios (ou em sentido estrito), que configuram infrações penais, estão descritos: (a) no Código Penal e (b) na legislação especial. No Código Penal os delitos de responsabilidade próprios correspondem aos crimes funcionais, cometidos por funcionários públicos no exercício do cargo ou função e descritos nos arts. 312 a 326 e 359-A a 359-H (estes últimos, ordenados em letras, introduzidos no estatuto penal pela Lei 9.983/2000). Há outros, como a violação de domicílio qualificada (art. 150, § 2º) e os delitos de falso praticados por funcionário público (arts. 300, 301 etc.). Na legislação especial os crimes de responsabilidade propriamente ditos estão definidos no Decreto-lei 201, de 27.2.1967 (crimes de responsabilidade de Prefeitos e Vereadores), alterado pelo art. 4º da Lei 10.028, de 19.10.2000, na Lei 4.898, de 9.12.1965 (abuso de autoridade), e em outras normas que cominam penas a funcionários públicos que cometem delitos no exercício da função.
"Verifica-se que a Lei 1.079/1950 não descreve crimes, e sim infrações político-administrativas" (Damásio de Jesus, *Ação Penal sem Crime*, São Paulo, Complexo Jurídico Damásio de Jesus, novembro/2000; disponível em *www.damasio.com.br*).

República expressamente estabeleceu, em seu art. 208, V, que o acesso aos níveis mais elevados do ensino, da pesquisa e da criação artística será alcançado segundo a capacidade de cada um.

Assim, o sistema para ingresso nas universidades públicas é o do vestibular, que, com base na meritocracia, permite o ingresso apenas daqueles que alcançaram as melhores notas dentro do número de vagas que foi oferecido.

Com isto, repita-se: o particular não pode compelir o Estado a fornecer-lhe ensino médio ou superior, pois a Constituição não lhe conferiu este direito, na medida em que não se encontra dentro do mínimo vital.

47. Entretanto, pode-se dizer que há um direito subjetivo público à tentativa de ingressar em uma universidade pública. Isto é, preenchido o requisito de término do ensino médio, o cidadão tem direito a prestar o vestibular, ainda que não tenha condições de arcar com as taxas de inscrição cobradas pelas universidades públicas.

Assim, há um direito subjetivo público não ao ensino superior em si, mas à possibilidade de disputar uma das vagas oferecidas para esta etapa final de ensino, pleiteando a isenção da taxa de inscrição no caso de o particular demonstrar não possuir recursos para arcar com o valor cobrado sem prejuízo de seu sustento ou de sua família.

Ademais, é claro que o particular, se preterido na ordem classificatória do vestibular, poderá ingressar em juízo para que o Estado lhe assegure a vaga a que faz jus; mas isto somente porque houve ilicitude no chamamento dos aprovados, e não porque haja um direito subjetivo ao ensino superior.

Repita-se: não há direito subjetivo público ao ensino superior, mas há direito subjetivo público (i) a concorrer a uma das vagas oferecidas, bem como (ii) de não ser preterido na ordem classificatória dos aprovados. Tudo isto em nome dos princípios da igualdade, da moralidade, da razoabilidade e da proporcionalidade.

48. Questão controvertida dizia respeito ao art. 208, IV. Historicamente defendeu-se que o cidadão tinha direito subjetivo público apenas ao ensino fundamental (obrigatório), pois os demais (educação infantil, ensino médio e ensino superior) não estavam resguardados da mesma forma pela Constituição.

Ocorre, contudo, que há no art. 208, IV, disposição que estabeleceu o dever do Estado de fornecer também a educação infantil. Isso porque, ao contrário dos demais níveis de educação (médio, em que há menção expressa à programaticidade da norma, e superior, cujo ingresso se dá pelo sistema da meritocracia), na educação infantil o dispositivo constitucional não faz qualquer ressalva, apenas assegura o seguinte: "Art. 208. O dever do Estado com a educação será efetivado mediante a garantia de: (...) IV – *educação infantil*, em creche e pré-escola, às crianças até 5 (cinco) anos de idade; (...)" (grifamos).

Logo, é dever do Estado o fornecimento de educação infantil e fundamental a quem dela necessitar – preenchido, é claro, o requisito da idade para a educação infantil.

Assim, os pais ou responsáveis que comprovadamente não puderem cuidar dos seus filhos durante determinado período, tendo em vista a necessidade de trabalhar para manter dignamente seu lar, têm direito subjetivo público a que o Estado (no caso, a Municipalidade) forneça um espaço adequado, com profissionais habilitados a cuidar de crianças pequenas, enquanto estiverem trabalhando.

Neste sentido, a 2ª Turma do STF, em grandioso julgamento, reconheceu que "a educação infantil representa prerrogativa constitucional indisponível, que, deferida às crianças, a estas assegura, para efeito de seu desenvolvimento integral, e como primeira etapa do processo de educação básica, o atendimento em creche e o acesso à pré-escola".[74]

O Relator, Min. Celso de Mello, também deixou assentado que a educação infantil é direito fundamental de toda criança e, por tal razão, "não se expõe, em seu processo de concretização, a avaliações meramente discricionárias da Administração Pública, nem se subordina a razões de puro pragmatismo governamental".

A seguir, arrematou dizendo que o Estado não pode despir-se do enorme encargo de tornar efetivos os direitos econômicos, sociais e culturais, sob pena de comprometer a eficácia e integridade da própria Constituição, mediante a violação negativa do Texto Maior, embasada na injustificável inércia governamental no adimplemento de prestações positivas impostas ao Poder Público.

Logo, não mais se pode negar a natureza de dever público que recai sobre a educação infantil, uma vez que o próprio STF entendeu que esta é também um direito subjetivo público da criança.

49. Assim sendo, seu não-oferecimento acarretará responsabilidade do Estado, mais especificamente do Município, por conta do disposto no art. 211, § 2º, da CF.

---

74. STF, AgR no RE 410.715-5-SP, rel. Min. Celso de Mello, tendo como agravante o Município de Santo André e como agravado o Ministério Público do Estado de São Paulo. A 2ª Turma, por votação unânime, negou provimento ao recurso de agravo.

50. Ainda, cumpre destacar que o art. 208, III, da CF também confere direito subjetivo público à educação especializada aos portadores de deficiência, preferencialmente na rede regular de ensino. Logo, crianças e adultos portadores de quaisquer tipos e graus de deficiências, desde que não sejam completamente inabilitantes para os estudos, têm direito a receber do Estado uma educação adequada e que vise à sua completa inserção na sociedade e no mercado de trabalho.

Ora, se a educação é um direito de *todos*, é despiciendo dizer que nesse "todos" estão incluídas as pessoas portadoras de deficiência.[75]

Portanto, o Estado tem o dever de colocar à disposição do portador de deficiência um ensino apropriado e correspondente às suas necessidades, preferencialmente (mas não exclusivamente) em rede regular de ensino.

É certo que se o Estado não oferecer ensino adaptado à necessidade do portador de deficiência este poderá exigir judicialmente que lhe seja colocado à disposição um ensino adequado em entidade particular, cabendo ao Estado arcar com as mensalidades da escola particular em que estiver matriculado o portador de deficiência enquanto não houver escola pública ajustada para suas necessidades.

É neste sentido a lição de Luís Roberto Barroso,[76] para quem o portador de deficiência terá sempre acesso à educação especial, que, se não puder ser proporcionada pelo Estado em sua rede regular de ensino, deverá ser oferecida em qualquer escola disponível, ainda que privada, à custa do Estado.

51. Finalmente, é também direito subjetivo público do cidadão que lhe seja disponibilizada, nos termos do art. 208, VI, da Lei Maior, "oferta de ensino noturno regular, adequado às condições do educando".

Assim, o ensino fundamental terá que ser ministrado em dois turnos: o diurno e o noturno. O ensino noturno atende especialmente àqueles que não tiveram acesso ao ensino fundamental na idade própria, permitindo que pessoas adultas trabalhem durante o dia e estudem ao final dele.

A oferta do ensino noturno é, certamente, um dos meios mais eficazes para a erradicação do analfabetismo, melhoria das condições de vida do indivíduo, qualificação para o trabalho e capacitação para o pleno exercício da cidadania.

---

75. Lauro Luiz Gomes Ribeiro, "Pessoa com deficiência e o direito à educação", *Revista do Advogado* 95/70, Ano XXVII, São Paulo, AASP, dezembro/2007.
76. Luís Roberto Barros, *O Direito Constitucional e a Efetividade de suas Normas*, cit., 5ª ed., p. 152.

Dada sua importância, o ensino noturno é, como dito, direito subjetivo público do cidadão; e, portanto, o Estado tem o dever de fornecê-lo, sob pena de, não o fazendo, responder objetivamente por danos morais e materiais.

52. Do exposto, pode-se concluir que a Constituição Federal assegura ser direito subjetivo público do cidadão: (i) a educação infantil; (ii) o ensino fundamental; (iii) a educação especializada aos portadores de deficiência; e (iv) o ensino fundamental oferecido no período noturno.

53. Se o Estado se negar a oferecer quaisquer dos "ensinos" acima mencionados, violará direito subjetivo público do cidadão, o que o autoriza a judicialmente pleitear (i) que lhe seja oferecida vaga em rede pública de ensino ou (ii) que o Estado arque com os valores referentes às mensalidades em escola particular, enquanto não lhe for possível ingressar em escola pública, bem como (iii) o pagamento de danos morais e materiais que, comprovadamente, tiverem sido causados pela negligência estatal.

II-4 Da saúde

54. Rogério Gesta Leal[77] ensina que o direito à saúde é direito primário absoluto e inviolável, pois é apenas a partir deste direito que os demais direitos são suscetíveis de serem exercidos.

De fato, sem o direito à saúde fica vulnerado o próprio direito à vida. É por isto que não há dúvida alguma de que a saúde seja um direito fundamental. Aliás, como ensina Ingo Wolfgang Sarlet, um direito "fundamentalíssimo, tão fundamental que mesmo em países nos quais não está previsto expressamente na Constituição chegou a haver um reconhecimento da saúde como direito fundamental não-escrito".[78]

55. No Brasil o direito à saúde somente foi alçado à condição de direito fundamental com a Constituição de 1988. Antes disto as Constituições brasileiras não tratavam da saúde em sua forma universal.

Com efeito, como bem advertiu Giselle Nori Barros,[79] no passado o direito à saúde chegou a ser reputado como um direito apenas para os que

---

77. Rogério Gesta Leal, "A efetivação do direito à saúde por uma jurisdição-serafim: limites e possibilidades", *Revista Interesse Público* 38/64, Belo Horizonte, Notadez, julho-agosto/2006.
78. Ingo Wolfgang Sarlet, "Algumas considerações em torno do conteúdo, eficácia e efetividade do direito à saúde na Constituição de 1988", cit., *Revista Interesse Público* 12/93.
79. Giselle Nori Barros, *O Dever do Estado no Fornecimento de Medicamentos* (dissertação de Mestrado), São Paulo, PUC/SP, 2006, 219 fls., p. 59.

fossem segurados de instituto previdenciário; em outras oportunidades foi confundido com benefício social, o que foi muito pior, na medida em que era reputado como "fruto de caridade do Estado".

56. Atualmente, além de sua previsão como direito fundamental social no art. 6º, a saúde encontra-se mencionada expressamente ao longo de todo o texto constitucional.

De fato, o art. 7º, IV, prescreve que o salário mínimo deverá atender às necessidades vitais básicas do trabalhador e de sua família, e dentre elas está a *saúde*; o art. 23, II, afirma ser competência comum da União, dos Estados, do Distrito Federal e dos Municípios cuidar da *saúde*; o art. 24 dispõe que compete à União, aos Estados e ao Distrito Federal legislar concorrentemente sobre a defesa da *saúde*; o art. 30, VII, estipula que os Municípios devem prestar, com a cooperação técnica e financeira da União e do Estado, serviços de atendimento à *saúde* da população; o art. 227 prevê ser dever da família, da sociedade e do Estado assegurar à criança e ao adolescente, com absoluta prioridade, o direito à *saúde*, sendo que seu § 1º estabelece que o Estado promoverá programas de assistência integral à *saúde* da criança e do adolescente.

57. Ainda, tal qual ocorre com a educação, a Constituição assegura a aplicação de percentuais de recursos públicos, inclusive por meio da vinculação de receitas de impostos, às ações e serviços públicos de saúde, consoante disposto nos arts. 167, IV, 198, §§ 2º e 3º, e 212, § 4º, todos da CF.

O mesmo tratamento dado à educação é dispensado à saúde, pois a não-aplicação (total ou parcial) destes percentuais mínimos de recursos públicos é passível de fazer eclodir a intervenção federal nos Estados, consoante o art. 34, VII, "e", da Constituição da República, e a intervenção estadual nos Municípios, conforme disposto no art. 35, III, do mesmo diploma.

Ademais, considerando a fundamental importância da preservação da saúde, a Constituição tratou da matéria em seção própria ("Da Saúde"), nos arts.196 a 200, inserida no Capítulo II ("Da Seguridade Social") do Título VIII ("Da Ordem Social").

58. A saúde é, nos termos do art. 194 da Lei Fundamental, um dos tripés que compõem o conjunto da seguridade social e se estrutura através de sistema unificado, denominado *Sistema Único de Saúde*/SUS,[80] em que

---

80. O SUS tem diversas atribuições, dentre elas as previstas no art. 200 da CF – quais sejam, as de: "I – controlar e fiscalizar procedimentos, produtos e substâncias de interesse

participam todos os entes da Federação[81] e a comunidade, nos termos do art. 198, III, da CF e do art. 7º, VIII, da Lei 8.080/1990 (Lei Orgânica da Saúde).

59. Cíntia Lucena[82] explica que todos os entes da Federação têm dever de prestar o serviço público de saúde, sendo que a omissão de um deles não exclui a responsabilidade dos demais. "Equivale-se dizer que são 'devedores solidários' da população carente de assistência, *in casu*, à saúde."

60. O SUS é financiado com recursos do orçamento da seguridade social, da União, dos Estados, do Distrito Federal e dos Municípios, além de outras fontes.

61. Consoante se verifica do art. 196 da CF, "a saúde é direito de todos e dever do Estado, garantido mediante políticas sociais e econômicas que visem à redução do risco de doença e de outros agravos e ao acesso universal e igualitário às ações e serviços para sua promoção, proteção e recuperação".

Vê-se, pois, que a redação do dispositivo é estreme de dúvidas: a saúde é *direito* de todos e *dever* do Estado, tendo como notas características a universalidade, a integralidade e a eqüidade.

para a saúde e participar da produção de medicamentos, equipamentos, imunobiológicos, hemoderivados e outros insumos; II – executar as ações de vigilância sanitária e epidemiológica, bem como as de saúde do trabalhador; III – ordenar a formação de recursos humanos na área de saúde; IV – participar da formulação da política e da execução das ações de saneamento básico; V – incrementar em sua área de atuação o desenvolvimento científico e tecnológico; VI – fiscalizar e inspecionar alimentos, compreendido o controle de seu teor nutricional, bem como bebidas e águas para consumo humano; VII – participar do controle e fiscalização da produção, transporte, guarda e utilização de substâncias e produtos psicoativos, tóxicos e radioativos; VIII – colaborar na proteção do meio ambiente, nele compreendido o do trabalho".

81. Sobre os conflitos de competência que podem nascer quando se trata da implementação das normas gerais sobre saúde, v. Dalmo de Abreu Dallari, "Normas gerais sobre saúde no Estado Federal Brasileiro: cabimento e limitações", *Revista Latino-Americana de Estudos Constitucionais* 1/121-135, Belo Horizonte, Del Rey, 2003, janeiro-junho/2003).

82. Cíntia Lucena, "Direito à saúde no constitucionalismo contemporâneo", in Cármen Lúcia Antunes Rocha (org.), *Direito à Vida Digna*, Belo Horizonte, Fórum, 2004, p. 261. No mesmo sentido, Júlio César Ballerini Silva esclarece: "A própria Constituição Federal, no seu art. 200, estabeleceu uma verdadeira responsabilidade solidária em matéria de prestação de serviço de saúde ao jurisdicionado" ("Aspectos da tutela do direito à saúde no ordenamento jurídico pátrio – Ponderações sobre relações de direito público e de direito privado", *Revista Interesse Público* 44/168, Belo Horizonte, Fórum, julho-agosto/2007).

Fala-se em universalidade porque o serviço público de saúde abrange a todos indistintamente. Isto porque, com o advento da Constituição de 1988, brasileiros e estrangeiros passaram a usufruir do sistema de saúde pública independentemente do pagamento de taxas, o que demonstra que o serviço, além de universal, é também gratuito.

62. Oportuno, neste momento, destacar que, embora a redação do art. 5º, *caput*, da Lei Maior estabeleça que os direitos e garantias fundamentais são assegurados aos brasileiros e estrangeiros *residentes no país*, entendemos descabido interpretar restritivamente o artigo para excluir os turistas estrangeiros da proteção constitucional.

Concorrem para tal entendimento as seguintes razões, esposadas por Ingo Wolfgang Sarlet:[83] (i) o art. 196 da CF afirma que a saúde é direito de *todos*, excepcionando, pois, a regra geral contida no *caput* do art. 5º; (ii) ainda que assim não fosse, a relação direta existente entre o direito à vida e o direito à integridade física e corporal leva à conclusão de que a saúde é um direito de todos e de qualquer um, brasileiro ou não; (iii) ademais, considere-se que o próprio Texto Maior estabelece em seu art. 4º, II, que nas relações internacionais o Brasil reger-se-á pelo princípio da prevalência dos direitos humanos; e (iv) finalmente, destaque-se a internalização, com *status* de norma constitucional, dos tratados internacionais que se referem ao direito à saúde, em virtude do disposto no art. 5º, § 2º, da Lei Magna.

Logo, o direito de receber o serviço público de saúde está assegurado a todas as pessoas, salvo àquelas que dele possam prescindir.

63. Com relação à integralidade, tem-se que o atendimento é integral, dando-se prioridade para as atividades preventivas (art. 198, II, da CF). Isto quer dizer que todo e qualquer caso relacionado a problemas de saúde receberá tratamento adequado, consoante o conhecimento da ciência médica da época, devendo o Estado atuar com primazia na prevenção de doenças.

64. A eqüidade demonstra que todos, independentemente de cor, raça, sexo, religião, nível social ou econômico, receberão o tratamento mais adequado para promoção, proteção e recuperação de sua saúde. A eqüidade nada mais é que a consagração do princípio da impessoalidade, a que devem obediência todos os entes da Administração Pública, por força do disposto no art. 37, *caput*.

---

83. Ingo Wolfgang Sarlet, "Algumas considerações em torno do conteúdo, eficácia e efetividade do direito à saúde na Constituição de 1988", cit., *Revista Interesse Público* 12/96-97.

Como bem acentuou Giselle Nori Barros,[84] hoje são mais de 184 milhões de cidadãos[85] com direito à saúde, uma vez que é vedada qualquer forma de discriminação para a gratuidade do atendimento integral; ou seja, todas as pessoas têm acesso ao serviço público de saúde no Brasil.

65. A saúde não é algo estanque, que pode ser tratado isoladamente, pois sua presença está relacionada com outros fatores determinantes e condicionantes, dentre eles os mencionados no art. 3º da Lei 8.080/1990, que destaca a importância, para uma vida saudável, da alimentação adequada, da moradia apropriada, do saneamento básico, do meio ambiente, do trabalho, da renda, da educação, do transporte, do lazer e do acesso aos bens e serviços essenciais.

Assim, há um inegável liame entre a saúde e os outros direitos sociais, tendo ela papel preponderante na existência de uma vida digna.

O parágrafo único do artigo supramencionado repisa esta idéia ao estabelecer que saúde não pode ser considerada apenas a ausência de doenças, mas o completo bem-estar físico, mental e social.

66. Ressalte-se que, nos termos do art. 199, a assistência à saúde é livre à iniciativa privada, sendo que esta, se quiser, poderá participar de forma complementar ao SUS, mediante contrato de direito público ou convênio,[86] tendo preferência as entidades filantrópicas e as sem fins lucrativos.

Vê-se, pois, que os serviços de saúde têm regimes jurídicos diferenciados: será regime público, se prestados pelo Estado, e privado, se prestados por entidades particulares.

Se os referidos serviços forem prestados pela iniciativa privada sofrerão fiscalização do ente estatal, bem como regulamentação e controle do Estado, nos termos do art. 198 da Constituição da República.

67. Porquanto o direito à saúde é dever do Estado e direito subjetivo do cidadão, tem-se que este (cidadão) faz jus a um serviço público adequado, consistente na utilização de um tratamento individualizado e condigno, com atendimento médico e hospitalar, fornecimento de medicamentos,[87]

---

84. Giselle Nori Barros, *O Dever do Estado no Fornecimento de Medicamentos* (dissertação de Mestrado), cit., p. 61.
85. Atualização feita conforme dados do Instituto Brasileiro de Geografia e Estatística/ IBGE obtidos no *site www.ibge.gov.br*, cuja contagem populacional é do ano de 2007.
86. Trataremos das atividades de fomento em capítulo próprio.
87. Sobre casos relativos ao fornecimento de medicamentos, v. Flávia Piovesan, "Justiciabilidade dos direitos sociais e econômicos no Brasil: desafios e perspectivas", *Revista de Direito do Estado* 2/55-69, Rio de Janeiro, Renovar, abril-junho/2006; e também

aplicação de vacinas e realização de exames das mais variadas espécies, em conformidade com os avanços da ciência médica e independentemente de sua situação financeira.

Entendemos que este conjunto de ações corresponde ao mínimo existencial no tocante à saúde.

Se, entretanto, o Estado não possuir, no país, tratamento adequado para a cura de determinada doença, mas houver comprovação em revista científica, por exemplo, de que há tratamento com ótimos resultados no estrangeiro, o particular poderá pleitear que o Estado arque com o pagamento do tratamento de saúde no país estrangeiro, uma vez que o que está em jogo é justamente o direito à vida e à saúde – ou seja, o mínimo existencial.

Neste sentido julgou a 1ª Seção do STJ (rel. Min. João Otávio de Noronha) no MS 8.740-DF, publicado em 9.2.2004, em que se determinou que o Poder Público arcasse com o pagamento de despesas com a saúde de menor, portadora de doença congênita denominada mielomeningocele infantil,[88] nos Estados Unidos, uma vez que não havia em qualquer hospital do país o aparelho necessário para o tratamento da menor, sob o fundamento de que o Estado não pode abandonar, à sua própria sorte, aqueles que, comprovadamente, não podem obter, dentro de nossas fronteiras, tratamento que garanta condições mínimas de sobrevivência digna.

Ademais, o Relator corretamente invocou o princípio da integralidade da assistência médica preventiva e curativa, que não admite se deixe sem tratamento quem dele necessita, bem como entendeu que argumentos fundados em questões burocráticas, de cunho orçamentário, não podem servir de óbices às pretensões do doente.

Com este entendimento irrepreensível, restou fixado que o Estado deve buscar todos os meios, dentro e fora do país, para garantia do mínimo existencial referente à saúde.

Marcelene Carvalho da Silva Ramos, "O direito fundamental à saúde na perspectiva da Constituição Federal", *A&C – Revista de Direito Administrativo e Constitucional* 22/147-165, Belo Horizonte, Fórum, outubro-dezembro/2005.

88. Essa doença consiste na má formação do tubo neural, causando, dentre outras anomalias, ausência de movimentação ativa dos membros inferiores (paraplegia), comprometimento de sensibilidade, bexiga com capacidade diminuída e incontinência fecal.

É que não existe somente um direito do homem à vida, à saúde, à educação, senão também um direito do homem a que o Estado concretize tais direitos.[89]

68. Diante disto, tem-se que a negativa do Estado em prestar um serviço médico ou fornecer um medicamento[90] para tratamento de cidadão doente confere a este o direito de ingressar em juízo e ver atendido, liminarmente,[91] seu pleito.

89. Robert Alexy, "Colisão de direitos fundamentais e realização de direitos fundamentais no Estado de Direito Democrático", RDA 217/73, Rio de Janeiro, Renovar, julho-setembro/1999.

90. No tocante ao fornecimento de medicamentos, Luís Roberto Barroso faz interessante ponderação para balizar a atuação do Poder Judiciário, discorrendo, em síntese que: "a) O Judiciário só pode determinar a inclusão, em lista, de medicamentos de eficácia comprovada, excluindo-se os experimentais e os alternativos; b) o Judiciário deverá optar por substâncias disponíveis no Brasil; c) o Judiciário deverá optar pelo medicamento genérico, de menor custo; d) o Judiciário deverá considerar se o medicamento é indispensável para a manutenção da vida" ("Da falta de efetividade à judicialização excessiva: direito à saúde, fornecimento gratuito de medicamentos e parâmetros para a atuação judicial", datado de 21/01/2008, obtido no site do Migalhas, http://www.migalhas.com.br/mostra_noticia_articuladas.aspx?cod=52582).

91. Nem se alegue que descabe medida liminar ou tutela antecipada contra o Poder Público, por força do disposto no art. 1º da Lei 9.494/1997. Em primeiro lugar porque a Constituição não admite quaisquer restrições à efetividade dos direitos sociais, em virtude do que preconiza seu art. 5º, § 1º. Em segundo lugar porque, em que pese ao fato de o STF, em sede cautelar, ter-se pronunciado pela constitucionalidade desta lei, a própria Corte Constitucional restringiu sua aplicação, nos seguintes termos:

"(...) que juízes e tribunais – sem incorrerem em desrespeito à eficácia vinculante decorrente do julgamento proferido pelo STF na apreciação do pedido de medida cautelar formulado na ADC n. 4-DF, rel. Min. Sydney Sanches – poderão antecipar os efeitos da tutela jurisdicional em face do Poder Público, desde que o provimento de antecipação não incida em qualquer das situações de pré-exclusão referidas, taxativamente , no art. 1º da Lei n. 9.494/1997.

"A Lei n. 9.494/1997, ao dispor sobre o tema ora em análise, assim disciplinou a questão pertinente à antecipação da tutela relativamente aos órgãos e entidades do Poder Público: 'Art. 1º. Aplica-se à tutela antecipada prevista nos arts. 273 e 461 do Código de Processo Civil o disposto nos arts. 5º e seu parágrafo único e 7º da Lei n. 4.348, de 26 de junho de 1964, e no art. 1º e seu § 4º da Lei n. 5.021, de 9 de junho de 1966, e nos arts. 1º, 3º e 4º da Lei n. 8.437, de 30 de junho de 1992'.

"O exame dos diplomas legislativos mencionados no preceito em questão evidencia que o Judiciário, em tema de antecipação de tutela contra o Poder Público, somente não pode deferi-la nas hipóteses que importem em: (a) reclassificação ou equiparação de servidores públicos; (b) concessão de aumento ou extensão de vantagens pecuniárias; (c) outorga ou acréscimo de vencimentos; (d) pagamento de vencimentos e vantagens pecuniárias a servidor público; ou (e) esgotamento, total ou parcial, do objeto da ação, desde

Ademais, a omissão na prestação dos serviços de saúde bem como sua má prestação ensejam, pois, a responsabilização estatal pelas perdas e danos (materiais e morais) que sua atuação ou omissão tiverem causado ao particular.

Com isto, conclui-se que o direito à saúde é direito subjetivo público do cidadão, que não pode ser negligenciado pelo Estado, por constituir-se em elemento essencial para a existência de uma vida digna.

II-5 Da previdência social

69. A previdência social, além de prevista como direito fundamental social no art. 6º, encontra-se mencionada expressamente em vários dispositivos do Texto Maior.

Assim, o art. 7º, IV, estabelece a obrigatoriedade de o salário mínimo atender às necessidades vitais básicas do trabalhador e de sua família, e dentre elas está a *previdência*; ainda, no parágrafo único do mesmo art. 7º é assegurada a integração dos trabalhadores domésticos à *previdência social*; o art. 10 garante a participação dos trabalhadores e empregadores nos colegiados dos órgãos públicos em que seus interesses *previdenciários* sejam objeto de discussão e deliberação; o art. 24, XII, dispõe ser competência da União, dos Estados e do Distrito Federal legislar concorrentemente sobre *previdência social*; o art. 40 instituiu o regime próprio de *previdência* do servidor público;[92] o art. 100, § 1º-A, inclui dentre os débitos de natureza alimentícia os benefícios *previdenciários*, retirando-os do sistema geral

que tal ação diga respeito, exclusivamente, a qualquer das matérias acima referidas" (STF, Rcl 3.662-CE, rel. Min. Celso de Mello, *DJU* 29.11.2005).

Isto posto, vê-se que o impedimento de concessão de tutela antecipada ou liminar contra o Poder Público está restrito às hipóteses acima transcritas, cujo teor, bem se vê, não abrange a concessão de provimento liminar quando a questão versar sobre saúde ou sobre qualquer outro direito social.

92. Dada sua especificidade, o regime de previdência do servidor público não será objeto do nosso estudo. Sobre o tema, v.: Zélia Luíza Pierdoná, "Aposentadorias e pensões no regime previdenciário dos servidores públicos depois das Emendas Constitucionais 41/2003 e 47/2005", *Revista de Previdência Social* 314/315-5 a 314-9, 2007; Celso Antônio Bandeira de Mello, *Curso de Direito Administrativo*, cit., 26ª ed., pp. 288-300, e "Direito adquirido e direito administrativo", *RTDP* 44/5-17, São Paulo, Malheiros Editores, 2003; Valmir Pontes Filho, "A inconstitucionalidade da contribuição previdenciária dos aposentados", in *Direito Público – Estudos em Homenagem ao Professor Adilson Abreu Dallari*, Belo Horizonte, Del Rey, 2004, e "Direito adquirido ao regime de aposentadoria. O princípio da segurança das relações jurídicas, o direito adquirido e a expectativa de direito", *RTDP* 38/57-62, São Paulo, Malheiros Editores, 2002.

de precatórios, dado seu caráter essencial ao sustento do jurisdicionado, alocando-os dentro de um sistema excepcional de precatórios; o art. 167 veda a utilização dos recursos provenientes das contribuições sociais previstas no art. 195, I, "a", e II, para a realização de despesas distintas do pagamento de benefícios do regime geral de previdência social; e o art. 194 prescreve que a seguridade social é destinada a assegurar os direitos relativos à saúde, à *previdência* e à assistência social.

Ainda, considerando a relevância da previdência social, a Constituição tratou deste tema em seção própria ("Da Previdência Social"), nos arts. 201 e 202,[93] inserida no Capítulo II ("Da Seguridade Social") do Título VIII ("Da Ordem Social").

70. O art. 201 da CF, com redação dada pela Emenda Constitucional 20/1998, estabelece que a previdência social, organizada sob a forma de regime geral, de caráter contributivo e de filiação obrigatória, observados critérios que preservem o equilíbrio financeiro e atuarial, abarca dois tipos de prestação: os benefícios e os serviços.

O sistema da previdência social tem, portanto, natureza de seguro, dada a necessidade de pagamento de contribuições para que se possa usufruir dos seus serviços e benefícios.

Mesmo tendo caráter contributivo, sua viga-mestra é a solidariedade forçada, isto é, a reunião de esforços em uma poupança coletiva e obrigatória, para resguardar os cidadãos da insegurança do futuro diante das contingências de invalidez, doença, desemprego ou idade.[94]

71. Os benefícios previdenciários são prestações pagas em dinheiro aos segurados, ou aos seus dependentes, que preencherem os requisitos necessários para seu recebimento.

72. Os serviços são prestações do Estado de cunho não-pecuniário, consistentes em obrigações de fazer que visem a melhorar as condições

---

93. O art. 202, com redação dada pela Emenda Constitucional 20/1998, trata do regime de *previdência privada*, de caráter complementar e organizado de forma autônoma em relação ao regime geral de previdência social. Por conta disto, também não trataremos do regime de previdência privada, já que nosso escopo é estudar apenas as intervenções realizadas pelo *Estado* na ordem social. Sobre previdência privada, v.: Artur Bragança de Vasconcellos Weintraub, *Previdência Privada: Atual Conjuntura e sua Função Complementar ao Regime Geral da Previdência*, São Paulo, Juarez de Oliveira, 2002; Marcus Orione Gonçalves Correia (coord.), *Previdência Privada: Doutrina e Comentários à Lei Complementar 109/2001*, São Paulo, LTr, 2005; Léo do Amaral Filho, *Previdência Privada Aberta*, São Paulo, Quartier Latin, 2005.

94. Neste sentido: Júlio César Garcia Ribeiro, "Os fundamentos da previdência social", *Revista de Previdência Social* 253/882, Ano XXV, São Paulo, LTr, dezembro/2001.

de vida do segurado ou de seus dependentes, especialmente no tocante à reabilitação profissional.

73. Os segurados são as pessoas físicas que, por exercerem alguma atividade que estabelece sua vinculação obrigatória ao sistema ou por contribuírem facultativamente a ele, são titulares de direitos e obrigações de natureza previdenciária.[95]

Vê-se, pois, que existem dois tipos de segurados: os obrigatórios e os facultativos.

Os segurados obrigatórios são os trabalhadores arrolados nos arts. 11 e 12 da Lei 8.213/1991 e nos arts. 12 e 13 da Lei 8.212/1991, esta última autodenominada *Lei Orgânica da Seguridade Social*.

A relação jurídica no regime obrigatório é imposta por lei e se destina a resguardar especialmente os trabalhadores que dependem de sua força de trabalho para sobreviver, uma vez que muitas vezes ela é o único bem que possuem contra os riscos sociais.

74. Em atendimento ao princípio da universalidade, que permeia todo o sistema da seguridade social, o art. 201, § 5º, da Lei Magna admite aos não-trabalhadores a adesão facultativa ao sistema previdenciário, desde que não estejam vinculados a regime próprio de previdência.

75. Os segurados facultativos são todos aqueles que, não sendo segurados obrigatórios e nem vinculados a regime próprio de previdência, tenham mais de 16 anos e decidam voluntariamente aderir ao sistema, mediante o pagamento de contribuições.

O art. 11, § 1º, do Decreto 3.048/1999, que regulamenta a Lei 8.213/1991, cita como exemplos de segurados facultativos: "I – a dona-de-casa; II – o síndico de condomínio, quando não remunerado; III – o estudante; IV – o brasileiro que acompanha cônjuge que presta serviço no exterior; V – aquele que deixou de ser segurado obrigatório da previdência social; VI – o membro de conselho tutelar de que trata o art. 132 da Lei n. 8.069, de 13 de julho de 1990, quando não esteja vinculado a qualquer regime de previdência social; VII – o bolsista e o estagiário que prestam serviços a empresa de acordo com a Lei n. 6.494, de 1977; VIII – o bolsista que se dedique em tempo integral a pesquisa, curso de especialização, pós-graduação, mestrado ou doutorado, no Brasil ou no exterior, desde que não esteja vinculado a qualquer regime de previdência social; IX – o presidiário que não exerce atividade remunerada nem esteja vinculado

---

95. Ionas Deda Gonçalves, *Direito Previdenciário*, 3ª ed., *Coleção Curso & Concurso*, São Paulo, Saraiva, 2008, p. 48.

a qualquer regime de previdência social; X – o brasileiro residente ou domiciliado no exterior, salvo se filiado a regime previdenciário de país com o qual o Brasil mantenha acordo internacional".

76. Ainda como beneficiários do sistema de previdência social tem-se a figura dos dependentes, que devem provar sua dependência econômica em relação à pessoa do segurado.

Os dependentes são definidos em três classes hierarquicamente diferenciadas, nos termos do art. 16 da Lei 8.213/1991.

Na primeira classe, também denominada de preferencial, encontram-se: o cônjuge, a companheira, o companheiro[96] e o filho não-emancipado, de qualquer condição, menor de 21 anos ou inválido, equiparando-se a filho, nos termos do § 2º do mesmo artigo, o enteado e o menor tutelado. Esta é a única classe em que a dependência econômica é presumida pela lei (§ 4º do artigo 16), salvo no tocante ao enteado e ao menor tutelado, que devem comprová-la (§ 2º do art. 16).

Na segunda classe estão os pais e na terceira o irmão não-emancipado, de qualquer condição, menor de 21 anos ou inválido.

Os dependentes de uma mesma classe concorrem entre si em pé de igualdade e excluem o direito à prestação dos demais componentes da classe seguinte.

77. O art. 201 da CF dispõe também que a previdência social "atenderá, *nos termos da lei*, a: I – cobertura dos eventos de doença, invalidez, morte e idade avançada; II – proteção à maternidade, especialmente à gestante; III – proteção ao trabalhador em situação de desemprego involuntário; IV – salário-família e auxílio-reclusão para os dependentes dos segurados de baixa renda; V – pensão por morte do segurado, homem ou mulher, ao cônjuge ou companheiro e dependentes, (...)".

78. A Lei 8.213/1991, que dispõe sobre os planos de benefícios da previdência social, em cumprimento ao contido nos incisos I, II, IV e V do art. 201, instituiu, em seu art. 18, os seguintes benefícios para o segurado: (a) aposentadoria por invalidez; (b) aposentadoria por idade; (c) aposentadoria por tempo de contribuição; (d) aposentadoria especial; (e) auxílio-doença; (f) salário-família; (g) salário-maternidade; e (h) auxílio-acidente.

Para o dependente do segurado a lei prevê a concessão de (i) pensão por morte e (j) auxílio-reclusão.

---

96. Por força de decisão judicial nos autos da ACP 2000.71.00.009347-0, o(a) companheiro(a) homossexual de segurado(a) terá direito a pensão por morte e auxílio-reclusão.

Ainda, a CF, em seu art. 201, § 6º, instituiu o abono anual, também denominado de gratificação natalina, equivalente ao 13º salário dos empregados, concedido ao segurado e ao dependente que, durante o ano, receberam auxílio-doença, auxílio-acidente, aposentadoria, pensão por morte ou auxílio-reclusão. Sua regulamentação é dada pelos arts. 40 da Lei 8.213/1991 e 120 do Decreto 3.048/1999.

Em atendimento ao disposto no art. 201, III, da CF, a Lei 7.998/1990 instituiu também o seguro-desemprego, que será tratado com mais detença no tópico referente ao direito ao trabalho.

Antes de adentrarmos os benefícios concedidos pelo Regime Geral de Previdência Social, cabe fazer breve menção a dois conceitos necessários ao entendimento desta matéria. São eles: salário-de-contribuição e salário-de-benefício.

79. Salário-de-contribuição é o valor (base de cálculo) sobre o qual será estipulada a contribuição do segurado. Assim, após a incidência de uma alíquota tem-se a definição do valor a ser pago à Previdência. Além de servir de base para a incidência da contribuição, será também empregado na composição do salário-de-benefício.[97] O salário-de-contribuição varia conforme o tipo de segurado, nos termos do art. 28 da Lei 8.212/1991.[98]

80. Salário-de-benefício é, de acordo com art. 31 do Decreto 3.048/1999, "o valor básico utilizado para cálculo da renda mensal dos benefícios de prestação continuada, inclusive os regidos por normas especiais".

---

97. Ionas Deda Gonçalves, *Direito Previdenciário*, cit., 3ª ed., p. 87.

98. V., a propósito, a redação do art. 28 da Lei 8.212/1991: "Entende-se por salário-de-contribuição: I – para o empregado e trabalhador avulso: a remuneração auferida em uma ou mais empresas, assim entendida a totalidade dos rendimentos pagos, devidos ou creditados a qualquer título, durante o mês, destinados a retribuir o trabalho, qualquer que seja a sua forma, inclusive as gorjetas, os ganhos habituais sob a forma de utilidades e os adiantamentos decorrentes de reajuste salarial, quer pelos serviços efetivamente prestados, quer pelo tempo à disposição do empregador ou tomador de serviços nos termos da lei ou do contrato ou, ainda, de convenção ou acordo coletivo de trabalho ou sentença normativa; *[redação dada pela Lei 9.528, de 10.12.1997]* II – para o empregado doméstico: a remuneração registrada na Carteira de Trabalho e Previdência Social, observadas as normas a serem estabelecidas em regulamento para comprovação do vínculo empregatício e do valor da remuneração; III – para o contribuinte individual: a remuneração auferida em uma ou mais empresas ou pelo exercício de sua atividade por conta própria, durante o mês, observado o limite máximo a que se refere o § 5º; *[redação dada pela Lei 9.876, de 26.11.1999]* IV – para o segurado facultativo: o valor por ele declarado, observado o limite máximo a que se refere o § 5º". *[Incluído pela Lei 9.876, de 26.11.1999]*

Ionas Deda Gonçalves[99] adverte que a locução "salário-de-benefício" confunde os menos versados nesta matéria, pois nem é salário, nem é benefício, mas apenas a base de cálculo utilizada para apuração da renda mensal inicial dos benefícios previdenciários.

Consoante o art. 29 da Lei 8.213/1991, o salário de benefício consiste: "I – para os benefícios de aposentadoria por idade e aposentadoria por tempo de contribuição, na média aritmética simples dos maiores salários-de-contribuição correspondentes a 80% (oitenta por cento) de todo o período contributivo, multiplicada pelo fator previdenciário;[100-101] II – para os benefícios de aposentadoria por invalidez, aposentadoria especial, auxílio-doença e auxílio-acidente, na média aritmética simples dos maiores salários-de-contribuição correspondentes a 80% (oitenta por cento) de todo o período contributivo".

Saliente-se, outrossim, que, de acordo com o disposto no art. 201, § 2º, da Constituição da República, nenhum benefício que substitua o salário-de-contribuição ou o rendimento do trabalho do segurado terá valor mensal inferior ao salário mínimo.

Feitas essas concisas considerações, passaremos a analisar, de forma bastante sucinta, cada um dos benefícios previdenciários.

---

99. Ionas Deda Gonçalves, *Direito Previdenciário*, cit., 3ª ed., p. 142.

100. O *fator previdenciário* é uma fórmula matemática utilizada para cálculo do valor dos benefícios de aposentadoria por tempo de contribuição e aposentadoria por idade e, segundo o art. 32, § 11, do Decreto 3.048/1999, será calculado considerando-se a idade, a expectativa de sobrevida e o tempo de contribuição do segurado ao se aposentar, mediante a fórmula: $f = \frac{Tc \times a}{Es} \times \left[1 + \frac{(Id + Tc \times a)}{100}\right]$, onde: f = fator previdenciário; Es = expectativa de sobrevida no momento da aposentadoria; Tc = tempo de contribuição até o momento da aposentadoria; Id = idade no momento da aposentadoria; e a = alíquota de contribuição, correspondente a 0,31.

101. A constitucionalidade do fator previdenciário foi questionada nas ADI 2.110-DF e na ADI/MC 2.111-DF, de relatoria do Min. Sydney Sanches. Os autores (PC do B, PDT, PSB e PT) alegaram que ao considerar a idade, a expectativa de sobrevida e o tempo de contribuição em uma mesma fórmula de cálculo a lei adota orientação estranha ao comando constitucional, na medida em que exige, para o recebimento do benefício integral da aposentadoria, que os beneficiários tenham contribuído para a previdência social por 35 anos, se homem, e por 30 anos, se mulher, e tenham 65 anos de idade, se homem, e 60 anos de idade, se mulher. Isto configuraria fraude à Constituição, por isso que, por meio da criação de tal figura jurídica, introduz-se, de fato e de direito, o requisito de idade mínima para gozo do benefício previdenciário, sob pena de, não sendo atendido tal requisito, ocorrer redução no valor do benefício a que faria jus se tal fator não existisse. O STF, no entanto, entendeu pela validade da norma instituidora do fator previdenciário.

II-5.1 Dos benefícios previdenciários

(a) *Aposentadoria por invalidez*

81. A aposentadoria por invalidez, regulada pelos arts. 42 a 47 da Lei 8.213/1991 e 43 a 50 do Decreto 3.048/1999, é o benefício de pagamento mensal e sucessivo devido ao segurado que for considerado incapaz e insuscetível de reabilitação para o exercício de atividade que lhe garanta a subsistência, e ser-lhe-á pago enquanto permanecer nesta condição.

Neste caso, o risco social coberto é a incapacidade total e permanente.

É claro que a lei não exige certeza absoluta da impossibilidade de recuperação, bastando a existência de fortes indícios, que são verificados por meio de perícias médicas, realizadas a cada dois anos, para constatação da incapacidade e decorrente manutenção do benefício.

82. A carência, ou seja, o tempo correspondente ao número mínimo de contribuições mensais indispensáveis para que o beneficiário faça jus ao benefício[102] é, neste caso, de 12 contribuições mensais, ressalvadas as hipóteses de dispensa constantes dos arts. 26, II, e 39, I, da Lei 8.213/1991.[103]

---

102. O art. 27 da Lei 8.213/1991 estabelece: "Para cômputo do período de carência, serão consideradas as contribuições: I – referentes ao período a partir da data da filiação ao Regime Geral de Previdência Social, no caso dos segurados empregados e trabalhadores avulsos referidos nos incisos I e VI do art. 11; II – realizadas a contar da data do efetivo pagamento da primeira contribuição sem atraso, não sendo consideradas para este fim as contribuições recolhidas com atraso referentes a competências anteriores, no caso dos segurados empregado doméstico, contribuinte individual, especial e facultativo, referidos, respectivamente, nos incisos II, V e VII do art. 11 e no art. 13". *[Redação dada pela Lei 9.876, de 26.11.99]*

103. "Art. 26. Independe de carência a concessão das seguintes prestações: (...) II – auxílio-doença e *aposentadoria por invalidez* nos casos de acidente de qualquer natureza ou causa e de doença profissional ou do trabalho, bem como nos casos de segurado que, após filiar-se ao Regime Geral de Previdência Social, for acometido de alguma das doenças e afecções especificadas em lista elaborada pelos Ministérios da Saúde e do Trabalho e da Previdência Social a cada 3 (três) anos, de acordo com os critérios de estigma, deformação, mutilação, deficiência, ou outro fator que lhe confira especificidade e gravidade que mereçam tratamento particularizado; (...)" (grifamos).

"Art. 39. Para os segurados especiais, referidos no inciso VII do art. 11 desta Lei, fica garantida a concessão: I – de aposentadoria por idade ou por *invalidez*, de auxílio-doença, de auxílio-reclusão ou de pensão, no valor de 1 (um) salário mínimo, desde que comprove o exercício de atividade rural, ainda que de forma descontínua, no período imediatamente anterior ao requerimento do benefício, igual ao número de meses correspondentes à carência do benefício requerido; (...)" (grifamos).

O benefício é devido pelo INSS a qualquer segurado, preenchidos os requisitos legais, e será calculado com base em 100% do salário-de-benefício, não podendo ser inferior ao salário mínimo nem superior ao limite-teto do salário-de-contribuição.

Tratando-se de segurado especial[104] o benefício será, consoante o art. 39, I, da Lei 8.213/1991, de um salário mínimo.

A aposentadoria por invalidez cessa com a morte do segurado, com seu retorno voluntário à atividade ou com a recuperação de sua capacidade. Neste último caso o benefício finda de forma progressiva, conforme o tempo de inatividade e o grau de recuperação da capacidade, nos termos do art. 47 da Lei 8.213/1991.[105]

---

104. Consoante o art. 12, VII, da Lei 8.212/1991, é considerado *segurado especial* "(...) a pessoa física residente no imóvel rural ou em aglomerado urbano ou rural próximo a ele que, individualmente ou em regime de economia familiar, ainda que com o auxílio eventual de terceiros a título de mútua colaboração, na condição de: *[redação dada pela Lei 11.718/2008]* a) produtor, seja proprietário, usufrutuário, possuidor, assentado, parceiro ou meeiro outorgados, comodatário ou arrendatário rurais, que explore atividade: *[incluído pela Lei 11.718/2008]* 1. agropecuária em área de até 4 (quatro) módulos fiscais; ou *[incluído pela Lei 11.718/2008]* 2. de seringueiro ou extrativista vegetal que exerça suas atividades nos termos do inciso XII do *caput* do art. 2º da Lei n. 9.985, de 18 de julho de 2000, e faça dessas atividades o principal meio de vida; *[incluído pela Lei 11.718/2008]* b) pescador artesanal ou a este assemelhado, que faça da pesca profissão habitual ou principal meio de vida; e *[incluído pela Lei 11.718/2008]* c) cônjuge ou companheiro, bem como filho maior de 16 (dezesseis) anos de idade ou a este equiparado, do segurado de que tratam as alíneas 'a' e 'b' deste inciso, que, comprovadamente, trabalhem com o grupo familiar respectivo. *[Incluído pela Lei 11.718/2008]*

"§ 1º. Entende-se como regime de economia familiar a atividade em que o trabalho dos membros da família é indispensável à própria subsistência e ao desenvolvimento socioeconômico do núcleo familiar e é exercido em condições de mútua dependência e colaboração, sem a utilização de empregados permanentes." *[Redação dada pela Lei 11.718/2008]*

105. "Art. 47. Verificada a recuperação da capacidade de trabalho do aposentado por invalidez, será observado o seguinte procedimento: I – quando a recuperação ocorrer dentro de 5 (cinco) anos, contados da data do início da aposentadoria por invalidez ou do auxílio-doença que a antecedeu sem interrupção, o benefício cessará: a) de imediato, para o segurado empregado que tiver direito a retornar à função que desempenhava na empresa quando se aposentou, na forma da legislação trabalhista, valendo como documento, para tal fim, o certificado de capacidade fornecido pela Previdência Social; ou b) após tantos meses quantos forem os anos de duração do auxílio-doença ou da aposentadoria por invalidez, para os demais segurados; II – quando a recuperação for parcial, ou ocorrer após o período do inciso I, ou ainda quando o segurado for declarado apto para o exercício de trabalho diverso do qual habitualmente exercia, a aposentadoria será mantida, sem prejuízo da volta à atividade: a) no seu valor integral, durante 6 (seis) meses contados da data em que for verificada a recuperação da capacidade; b) com redução de 50% (cinqüenta por cento), no período

(b) *Aposentadoria por idade*

83. A aposentadoria por idade é um tipo de benefício a que a doutrina denomina de "programável", pois cobre um risco social – a idade avançada – sobre o qual existe certa previsibilidade.[106] A aposentadoria por idade tem previsão no art. 201, § 7º, II, da CF e sua regulamentação é dada pelos arts. 48 a 51 da Lei 8.213/1991 e 51 a 55 do Decreto 3.048/1999.

A regra geral, consoante os arts. 48 e 25, II, da Lei 8.213/1991, é que a aposentadoria por idade será devida ao segurado que, cumprida a carência de 180 contribuições mensais, completar 65 anos de idade, se homem, e 60, se mulher.

Os limites de idade são reduzidos em cinco anos para os seguintes trabalhadores rurais: empregado rural, trabalhador eventual que presta serviço de natureza rural, trabalhador avulso do campo, autônomo que trabalha no campo e segurado especial.

Em relação aos trabalhadores rurais há regras especiais[107] que lhes concedem benefícios predeterminados, independentemente de comprovação de carência.

seguinte de 6 (seis) meses; c) com redução de 75% (setenta e cinco por cento), também por igual período de 6 (seis) meses, ao término do qual cessará definitivamente."
106. Ionas Deda Gonçalves, *Direito Previdenciário*, cit., 3ª ed., p. 162.
107. São dois os dispositivos que asseguram regras especiais aos rurícolas: o já transcrito art. 39, I, e o art. 143, ambos da Lei 8.213/1991. Nesta última hipótese o trabalhador rural pode requerer aposentadoria por idade, no valor de 1 salário mínimo, durante 15 anos, contados a partir da data de vigência da lei (inicialmente até 24.7.2006; mas v. abaixo), desde que comprove o exercício de atividade rural, ainda que descontínua, no período imediatamente anterior ao requerimento do benefício, em número de meses idêntico à carência do referido benefício.
A Lei 11.718/2008, conversão da Medida Provisória 410/2007, prorrogou o prazo previsto no art. 143 da Lei 8.213/1991 até o dia 31.12.2010 e estabeleceu, em seu art. 3º, que:
"Art. 3º. Na concessão de aposentadoria por idade do empregado rural, em valor equivalente ao salário mínimo, será contado para efeito de carência: I – até 31 de dezembro de 2010, o período comprovado de emprego, na forma do art. 143 da Lei n. 8.213, de 1991; II – de janeiro de 2011 a dezembro de 2015, cada mês comprovado de emprego será multiplicado por 3 (três) dentro do respectivo ano civil; III – de janeiro de 2016 a dezembro de 2020, cada mês comprovado de emprego será multiplicado por 2 (dois), limitado a 12 (doze) meses dentro do respectivo ano civil.
"Parágrafo único. Aplica-se o disposto no *caput* e respectivo inciso I ao trabalhador rural enquadrado na categoria de segurado contribuinte individual, que comprovar a prestação de serviço de natureza rural, em caráter eventual, a uma ou mais empresas, sem relação de emprego."

84. O art. 51 da Lei 8.213/1991 prevê, ainda, a figura da aposentadoria compulsória, de raríssima aplicação e de duvidosa constitucionalidade.[108] Por este dispositivo o empregador pode requerer a aposentadoria compulsória[109] de seu trabalhador, desde que este tenha cumprido a carência e completado 70 anos de idade, se do sexo masculino, ou 65 anos, se do sexo feminino, caso em que será assegurada a indenização prevista na legislação trabalhista.

O valor deste benefício consiste numa renda mensal de 70% do salário-de-benefício, mais 1% deste por grupo de 12 contribuições, não podendo ultrapassar 100% do salário-de-benefício, de acordo com o art. 50 da Lei 8.213/1991.

O recebimento da aposentadoria por idade extingue-se com a morte do beneficiário.

(c) *Aposentadoria por tempo de contribuição*

85. Assim como a aposentadoria por idade, a aposentadoria por tempo de contribuição é um benefício "programável", na medida em que o segurado consegue, de certo modo, prever sua percepção.

Sua disciplina jurídica é dada pelos arts. 201, § 7º, I, da Lei Magna, 52 a 56 da Lei 8.213/1991 e 56 a 63 do Decreto 3.048/1999.

Este benefício não existia no sistema até a Emenda Constitucional 20/1998, que o introduziu em substituição à aposentadoria por tempo de serviço.

Ressalte-se, contudo, que o art. 4º da aludida Emenda assegurou que o tempo de serviço será considerado, para efeito de aposentadoria, como tempo de contribuição enquanto não sobrevier legislação específica a tratar da matéria.

---

108. A inconstitucionalidade residiria no fato de ser a aposentadoria um direito do trabalhador, e não do empregador. Assim, o empregado pode não ter o menor interesse em se aposentar, desejando continuar trabalhando por muitos anos. Logo, não cabe ao empregador realizar a opção da aposentadoria pelo empregado. Se o empregador não desejar manter a relação de emprego, deve rescindi-la por meio da dispensa (sem justa causa), para que o trabalhador possa buscar outro emprego e exercer plenamente seu direito ao trabalho. Também pela inconstitucionalidade deste dispositivo, mas sem explicar detidamente seu raciocínio: Ionas Deda Gonçalves, *Direito Previdenciário*, cit., 3ª ed., p. 164.

109. Esta hipótese nada tem a ver com a aposentadoria compulsória do servidor público, prevista no art. 40, II, da CF. Aliás, o fato de a Constituição Federal tão apenas instituir a aposentadoria compulsória para o servidor público é outro argumento em favor da inconstitucionalidade do art. 51 da Lei 8.213/1991.

Assim, o tempo de serviço – equivalente ao tempo de contribuição – corresponde, segundo o art. 59 do Decreto 3.048/1999, ao tempo de exercício das atividades laborais dos segurados obrigatórios, contado de data a data, desde o início até a data do requerimento ou do desligamento de atividade abrangida pela previdência social, descontados os períodos legalmente estabelecidos como de suspensão de contrato de trabalho, de interrupção de exercício e de desligamento da atividade.

Há ainda outras possibilidades de se contar o tempo de serviço, consoante prescreve o art. 60 do Decreto 3.048/1999.[110]

110. "Art. 60. Até que lei específica discipline a matéria, são contados como tempo de contribuição, entre outros: I – o período de exercício de atividade remunerada abrangida pela previdência social urbana e rural, ainda que anterior à sua instituição, respeitado o disposto no inciso XVII; II – o período de contribuição efetuada por segurado depois de ter deixado de exercer atividade remunerada que o enquadrava como segurado obrigatório da previdência social; III – o período em que o segurado esteve recebendo auxílio-doença ou aposentadoria por invalidez, entre períodos de atividade; IV – o tempo de serviço militar, salvo se já contado para inatividade remunerada nas Forças Armadas ou auxiliares, ou para aposentadoria no serviço público federal, estadual, do Distrito Federal ou municipal, ainda que anterior à filiação ao Regime Geral de Previdência Social, nas seguintes condições: a) obrigatório ou voluntário; e b) alternativo, assim considerado o atribuído pelas Forças Armadas àqueles que, após alistamento, alegarem imperativo de consciência, entendendo-se como tal o decorrente de crença religiosa e de convicção filosófica ou política, para se eximirem de atividades de caráter militar; V – o período em que a segurada esteve recebendo salário-maternidade; VI – o período de contribuição efetuada como segurado facultativo; VII – o período de afastamento da atividade do segurado anistiado que, em virtude de motivação exclusivamente política, foi atingido por atos de exceção, institucional ou complementar, ou abrangido pelo Decreto Legislativo n. 18, de 15 de dezembro de 1961, pelo Decreto-lei n. 864, de 12 de setembro de 1969, ou que, em virtude de pressões ostensivas ou expedientes oficiais sigilosos, tenha sido demitido ou compelido ao afastamento de atividade remunerada no período de 18 de setembro de 1946 a 5 de outubro de 1988; VIII – o tempo de serviço público federal, estadual, do Distrito Federal ou municipal, inclusive o prestado a autarquia ou a sociedade de economia mista ou fundação instituída pelo Poder Público, regularmente certificado na forma da Lei n. 3.841, de 15 de dezembro de 1960, desde que a respectiva certidão tenha sido requerida na entidade para a qual o serviço foi prestado até 30 de setembro de 1975, véspera do início da vigência da Lei n. 6.226, de 14 de junho de 1975; IX – o período em que o segurado esteve recebendo benefício por incapacidade por acidente do trabalho, intercalado ou não; X – o tempo de serviço do segurado trabalhador rural anterior à competência novembro de 1991; XI – o tempo de exercício de mandato classista junto a órgão de deliberação coletiva em que, nessa qualidade, tenha havido contribuição para a previdência social; XII – o tempo de serviço público prestado à Administração Federal direta e autarquias federais, bem como às estaduais, do Distrito Federal e municipais, quando aplicada a legislação que autorizou a contagem recíproca de tempo de contribuição; XIII – o período de licença remunerada, desde que tenha havido desconto de contribuições; XIV – o período em que o segurado tenha sido colocado pela empresa em disponibilidade remunerada, desde que tenha havido desconto de contribuições;

A prova do tempo de serviço é feita mediante documentos que atestem o exercício de atividade nos períodos a serem computados. Com o objetivo de evitar fraudes, o INSS não aceita a comprovação do tempo de serviço se não houver um início de prova documental, que ateste a realização de atividades laborais. Assim, a prova exclusivamente testemunhal não é aceita para efeito de obtenção de benefício previdenciário, salvo caso fortuito ou força maior, consoante o art. 63 do Decreto 3.048/1999 e a Súmula 149 do STJ.

A aposentadoria por tempo de serviço, nos termos do art. 25, II, da Lei 8.213/1991, será devida ao segurado após 35 anos de contribuição, se homem, ou 30 anos, se mulher, cumprida a carência de 180 meses, não se exigindo idade mínima para a aposentação.[111]

O art. 201, § 8º, da CF reduz em cinco anos o tempo de contribuição para o professor que comprove exclusivamente tempo de efetivo exercício das funções de magistério na educação infantil e no ensino fundamental e médio.

A aposentadoria integral (ou seja, para quem cumpriu todo o tempo de contribuição previsto na Constituição) é de 100% sobre o salário de benefício, que, como visto, é obtido mediante aplicação do fator previdenciário.

XV – o tempo de serviço prestado à Justiça dos Estados, às serventias extrajudiciais e às escrivanias judiciais, desde que não tenha havido remuneração pelos cofres públicos e que a atividade não estivesse à época vinculada a regime próprio de previdência social; XVI – o tempo de atividade patronal ou autônoma, exercida anteriormente à vigência da Lei n. 3.807, de 26 de agosto de 1960, desde que indenizado conforme o disposto no art. 122; XVII – o período de atividade na condição de empregador rural, desde que comprovado o recolhimento de contribuições na forma da Lei n. 6.260, de 6 de novembro de 1975, com indenização do período anterior, conforme o disposto no art. 122; XVIII – o período de atividade dos auxiliares locais de nacionalidade brasileira no exterior, amparados pela Lei n. 8.745, de 1993, anteriormente a 1º de janeiro de 1994, desde que sua situação previdenciária esteja regularizada junto ao Instituto Nacional do Seguro Social; XIX – o tempo de exercício de mandato eletivo federal, estadual, distrital ou municipal, desde que tenha havido contribuição em época própria e não tenha sido contado para efeito de aposentadoria por outro regime de previdência social; XX – o tempo de trabalho em que o segurado esteve exposto a agentes nocivos químicos, físicos, biológicos ou associação de agentes prejudiciais à saúde ou à integridade física, observado o disposto nos arts. 64 a 70; e XXI – o tempo de contribuição efetuado pelo servidor público de que tratam as alíneas "i", "j" e "l" do inciso I do caput do art. 9º e o § 2º do art. 26, com base nos arts. 8º e 9º da Lei n. 8.162, de 8 de janeiro de 1991, e no art. 2º da Lei n. 8.688, de 21 de julho de 1993."

111. É exigido limite etário para aposentadoria proporcional, nos termos do art. 9º da EC 20/1998. Este benefício, contudo, está com seus dias contados, tendo em vista tratar-se de regra de transição.

A percepção desta aposentadoria cessa com a morte do beneficiário.

(d) *Aposentadoria especial*

86. A aposentadoria especial está prevista no art. 201, § 1º, do Texto Maior, tendo sua regulamentação nos arts. 57 e 58 da Lei 8.213/1991 e nos arts. 64 a 70 do Decreto 3.048/1999.

Este benefício será devido, uma vez cumprida a carência de 180 contribuições mensais, ao segurado que tiver trabalhado sujeito a condições especiais que prejudiquem a saúde ou a integridade física de forma permanente, não ocasional nem intermitente, durante 15, 20 ou 25 anos, conforme dispuser a lei.

Para o recebimento deste benefício o segurado deverá comprovar, consoante o § 4º do art. 57 da Lei 8.213/1991, além do tempo de trabalho, a exposição aos agentes nocivos químicos, físicos ou biológicos ou associação de agentes prejudiciais à saúde ou à integridade física pelo período equivalente ao exigido para a concessão do benefício.

Consoante explana Miguel Horvath Jr., "o trabalho exposto aos agentes nocivos deve ser permanente, não-ocasional e não-intermitente".[112]

Cumpre ressaltar que o segurado, para fins de recebimento da aposentadoria especial, não precisa comprovar dano efetivo à saúde, mas apenas a potencialidade nociva do local onde trabalha.[113] Isto porque há a presunção absoluta de que o operário, submetido por tantos anos a condições penosas, insalubres ou perigosas, se encontra impossibilitado de continuar exercendo essas atividades. Tanto que, se retornar a esses serviços nocivos, terá seu benefício suspenso, consoante o art. 57, § 8º, da Lei 8.213/1991.[114]

A prova das condições da efetiva exposição do segurado aos agentes nocivos será feita mediante formulário denominado perfil profissiográfico previdenciário, na forma estabelecida pelo INSS, emitido pela empresa ou seu preposto com base em laudo técnico de condições ambientais do trabalho expedido por médico do trabalho ou engenheiro de segurança do trabalho (art. 68, § 2º, do Decreto 3.048/1999).

112. Miguel Horvath Jr., *Direito Previdenciário*, 7ª ed., São Paulo, Quartier Latin, 2008, p. 225.
113. O Anexo IV do Decreto 3.048/1999 traz a classificação dos agentes nocivos.
114. Neste sentido: Ionas Deda Gonçalves, *Direito Previdenciário*, cit., 3ª ed., p. 173.

Vê-se, desta forma, que há obrigação da empresa na expedição de laudo técnico sobre as condições do meio ambiente de trabalho, podendo o INSS inspecionar o local de trabalho para comprovar a veracidade das informações contidas no laudo, bem como aplicar multa em caso de desobediência à legislação.

O valor da aposentadoria especial corresponde a 100% do salário-de-benefício, que, neste caso, como informado, não conta com a aplicação do fator previdenciário.

A percepção do benefício finda com a morte do beneficiário. Há também, como explanado, o caso de suspensão ou cancelamento da aposentadoria por invalidez, que ocorre quando o segurado retorna à atividade exercida em condições agressivas à saúde. Afastado novamente da atividade nociva, o benefício é reativado.

(e) *Auxílio-doença*

87. O auxílio-doença tem fundamento no art. 201, I, da CF, sendo disciplinado pelos arts. 59 a 63 da Lei 8.213/1991 e 71 a 80 do Decreto 3.048/1999.

Este benefício será devido ao segurado que, tendo cumprido o período de carência de 12 contribuições,[115] ficar incapacitado totalmente para seu trabalho ou para sua atividade habitual por mais de 15 dias consecutivos, com chances de recuperação.

Trata-se de benefício de curta duração e renovável quando o segurado dele necessitar. O risco social coberto, portanto, é a incapacidade total e temporária.

A incapacidade é atestada por perícia médica do INSS ou por entidade a ele conveniada. No entanto, cabe mencionar que o parágrafo único do art. 59 prescreve que "não será devido auxílio-doença ao segurado que se filiar ao Regime Geral de Previdência Social já portador da doença ou da lesão invocada como causa para o benefício, salvo quando a incapacidade sobrevier por motivo de progressão ou agravamento dessa doença ou lesão".

O que o dispositivo quis dizer é: o benefício só não será concedido se houver comprovação de que o sujeito se filiou ao sistema quando já detinha a *incapacidade*, e não a doença. Logo, a preexistência da doença

---

115. Exceto nos casos previstos no art. 26, II, da Lei 8.213/1991, que determinam a dispensa de carência.

não exclui o benefício do segurado, mas sim sua incapacidade já existente no momento da filiação.[116]

Durante os primeiros 15 dias consecutivos ao do afastamento da atividade por motivo de doença incumbirá à empresa pagar ao segurado empregado seu salário integral. Após, o benefício será pago pelo INSS, salvo no caso de a empresa ter celebrado convênio com a previdência social (art. 117 da Lei 8.213/1991) para continuar a ser responsável pelo pagamento do auxílio-doença ao empregado, caso em que lhe será assegurada a compensação com contribuições previdenciárias por ela devidas.

Ao segurado que exercer mais de uma atividade abrangida pela previdência social será devido o auxílio-doença sempre que a incapacidade total atinja o exercício de pelo menos uma delas. Se, neste caso, o segurado ficar incapacitado definitivamente para uma delas, receberá o auxílio-doença indefinidamente ou até que a incapacidade recaia sobre as demais atividades, momento em que será convertido o auxílio-doença em aposentadoria por invalidez.

O segurado que, usufruindo do auxílio-doença, for considerado insuscetível de recuperação para sua atividade habitual submeter-se-á a processo de reabilitação profissional para o desempenho de outra atividade. Neste caso o benefício não se extingue enquanto o sujeito não estiver habilitado para o exercício de outra atividade que lhe permita a subsistência.

Se o segurado for avaliado como irrecuperável o auxílio-doença é, como dito, convertido em aposentadoria por invalidez. Se a recuperação for considerada parcial o auxílio-doença cessará, já que para a percepção deste benefício se exige a incapacidade total; mas o segurado poderá vir a receber, preenchidos os requisitos legais, o auxílio-acidente.

Há ainda a possibilidade de conversão do auxílio-doença em aposentadoria por idade se, durante o recebimento do benefício, o segurado completar os requisitos necessários para esta forma de aposentação e pleitear a transformação.

Em conformidade com o disposto no art. 61 da Lei 8.213/1991, o auxílio-doença consiste em uma renda mensal correspondente a 91% do salário-de-benefício.

Do exposto, tem-se que a prestação se extingue-se com: (i) a morte do segurado; (ii) a recuperação de sua capacidade; (iii) a conversão do benefício em aposentadoria por invalidez; (iv) a conversão do benefício

---

116. Este é o entendimento de Ionas Deda Gonçalves, *Direito Previdenciário*, cit., 3ª ed., p. 153.

em auxílio-acidente; e (v) a conversão do auxílio-doença em aposentadoria por idade.

(f) *Salário-família*

88. O salário-família tem fundamento constitucional nos arts. 7º, XII, e 201, IV da CF e é regulamentado pelos arts. 65 a 70 da Lei 8.213/1991 e 81 a 92 do Decreto 3.048/1999.

Este benefício é pago mensalmente ao segurado de baixa renda[117] que tiver filhos (ou equiparados[118]) inaptos para o trabalho, seja porque menores de 14 anos, seja porque inválidos, cuja condição é atestada através de perícia médica realizada pelo INSS.

A concessão da prestação é proporcional à prole e seu valor pode ser inferior ao salário mínimo, pois não se trata de benefício substitutivo do trabalho, mas que apenas o complementa.

Para a percepção deste benefício não é exigida a carência, consoante o art. 26, I, da Lei 8.213/1991.

De acordo com o art. 65 da Lei 8.213/1991, o salário-família será devido ao segurado empregado, exceto ao doméstico, e ao segurado trabalhador avulso, bem como ao aposentado por invalidez ou por idade e os demais aposentados com 65 anos ou mais de idade, se do sexo masculino, ou 60 anos ou mais, se do feminino. Nestes casos o salário-família é pago juntamente com a aposentadoria.

Para efeito de concessão e manutenção do salário-família, o segurado deve firmar termo de responsabilidade, no qual se comprometa a comunicar qualquer fato ou circunstância que determine a perda do direito ao benefício, sob pena de sofrer as sanções penais e trabalhistas cabíveis.

O pagamento do salário-família é condicionado à apresentação da certidão de nascimento do filho ou da documentação relativa ao equiparado ou ao inválido e à apresentação anual de atestado de vacinação obrigatória até seis anos de idade e de comprovação semestral de freqüência à escola do filho ou equiparado, a partir dos sete anos de idade, nos termos do art. 84 do Decreto 3.048/1999.

Se o segurado não apresentar o atestado de vacinação obrigatória e a comprovação de freqüência escolar do filho ou equiparado, nas datas

---

117. A Portaria MPS-77, de 12.3.2008, estabelece que o benefício será pago aos trabalhadores com salário mensal de até R$ R$ 710,08.
118. Os *equiparados a filho* são o menor sob tutela e o enteado, desde que sejam economicamente dependentes dos segurados.

definidas pelo INSS, o benefício do salário-família será suspenso, até que a documentação seja apresentada (§ 2º do art. 84 do Decreto 3.048/1999).

Consoante o disposto na Portaria MPS-77, de 12.3.2008, o valor do salário-família será de R$ 24,23 por filho de até 14 anos incompletos ou inválido, para os trabalhadores que ganharem até R$ 472,43. Já para os que receberem de R$ 472,44 até R$ 710,08 o valor do salário-família por filho de até 14 anos incompletos ou inválido será de R$ 17,07.

O benefício, consoante o disposto no art. 88 do decreto, cessa automaticamente: (i) por morte do filho ou equiparado, a contar do mês seguinte ao do óbito; (ii) quando o filho ou equiparado completar 14 anos de idade, salvo se inválido, a contar do mês seguinte ao da data do aniversário; (iii) pela recuperação da capacidade do filho ou equiparado inválido, a contar do mês seguinte ao da cessação da incapacidade; ou (iv) pelo desemprego do segurado.

(g) *Salário-maternidade*

89. O salário-maternidade é fundado nos arts. 7º, XVIII, e 201, II, da CF. Esta matéria encontra-se regulada infraconstitucionalmente pelos arts. 71 a 73 da Lei 8.213/1991 e 93 a 103 do Decreto 3.048/1999.

O salário-maternidade é o benefício previdenciário devido às seguradas (inclusive as facultativas) durante os 120 dias em que ficam afastadas do emprego por causa do parto.

A Lei 11.770, de 9.9.2008, instituiu o Programa Empresa-Cidadã, destinado a prorrogar por 60 dias a duração da licença-maternidade. Este Programa será tratado mais detidamente no tópico referente à proteção à maternidade.

O salário-maternidade foi estendido também para as mães adotivas, e sua duração varia conforme a idade do adotado, da seguinte forma: (i) se a criança tiver até 1 ano de idade o salário-maternidade será de 120 dias; (ii) se tiver de 1 ano a 4 anos de idade o salário-maternidade será de 60 dias; (iii) se tiver de 4 anos a 8 anos de idade o salário-maternidade será de 30 dias.

Vê-se, pois, que a hipótese de incidência deste benefício é a adoção ou o parto, não se exigindo que a criança nasça com vida, já que o benefício é concedido por 120 dias também na hipótese de natimorto, sendo pré-requisitos para a concessão desta prestação a qualidade de segurada e, sendo o caso, o período de carência.

Assim, se a parturiente der à luz gêmeos só lhe será devido um único benefício. Tanto isto procede que o § 4º do art. 93-A estabelece que, havendo adoção ou guarda judicial para adoção de mais de uma criança, é devido um único salário-maternidade relativo à criança de menor idade.

A carência não é exigida para as trabalhadoras empregadas, empregadas domésticas e trabalhadoras avulsas, desde que comprovem filiação nesta condição na data do afastamento para fins de salário-maternidade ou na data do parto. Já para as contribuintes facultativas e individuais a carência é de 10 contribuições, sendo que a segurada especial receberá o salário-maternidade se comprovar, independentemente de contribuição, 10 meses de trabalho rural.

Se ocorrer nascimento prematuro a carência será reduzida no mesmo total de meses em que o parto foi antecipado.

Nos abortos espontâneos ou legais[119] o benefício será pago por duas semanas.

A trabalhadora que exerce atividades ou tem empregos simultâneos tem direito a um salário-maternidade para cada emprego/atividade, desde que contribua para a previdência nas duas funções.

A partir de setembro/2003 o pagamento do salário-maternidade das gestantes empregadas passou a ser feito diretamente pelas empresas, que são ressarcidas pela previdência social. As mães adotivas, contribuintes individuais, facultativas e empregadas domésticas recebem diretamente do INSS.

O valor do benefício é variável, conforme o tipo de segurada.[120]

---

119. Os abortos legais, previstos no art. 128 do CP, são (i) o aborto necessário, quando inexistente outro meio de salvar a vida da gestante, e (ii) o aborto no caso de gravidez resultante de estupro, quando for precedido de consentimento da gestante ou, quando incapaz, de seu representante legal.

120. Consoante os arts. 100 e 101 do Decreto 3.048/1999 e a Resolução 236/2002 do STF, o valor do salário-maternidade é variável. Assim, (a) para a *segurada empregada* que (i) tem salário fixo o benefício será o valor integral da remuneração mensal, ainda que ultrapasse o limite-teto do salário-de-contribuição, obedecendo, no entanto, ao teto salarial do ministro do STF, conforme a Resolução 236/2002 do STF, de 19.7.2002; (ii) tem salário variável, o salário-maternidade será o equivalente à média salarial dos seis meses anteriores; (b) a *trabalhadora avulsa* receberá o equivalente ao último mês de trabalho, observado o teto do ministro do STF; (c) para a *empregada doméstica* o salário-maternidade é equivalente ao último salário-de-contribuição, observados os limites mínimo e máximo do salário-de-contribuição para a previdência social; (d) a *trabalhadora rural* tem direito a um salário mínimo; e (e) a *contribuinte individual e a facultativa* têm direito ao equivalente a 1/12 da soma dos 12 últimos salários de contribuição apurados em um período de no máximo 15 meses.

(h) *Auxílio-acidente*

90. O auxílio-acidente é um benefício de pagamento mensal e sucessivo devido ao segurado que sofre um acidente de qualquer natureza e, após a consolidação das lesões, fica com seqüelas que reduzem sua capacidade de trabalho para a atividade habitualmente exercida.

Sua disciplina jurídica é dada pelos arts. 86 da Lei 8.213/1991 e 104 do Decreto 3.048/1999.

Diferencia-se da aposentadoria por invalidez na medida em que esta exige, para sua concessão, a incapacidade total para o trabalho. Com relação ao auxílio-doença sua distinção se dá pelo fato de que nesta a incapacidade é total e temporária, passível, portanto, de recuperação.

Têm direito ao auxílio-acidente o trabalhador empregado, o trabalhador avulso e o segurado especial. O empregado doméstico, o contribuinte individual e o facultativo não recebem este benefício.

Para concessão do auxílio-acidente não é exigida carência, mas o segurado deve comprovar a impossibilidade de continuar desempenhando suas atividades, por meio de exame da perícia médica do INSS.

O auxílio-acidente, por ter caráter de indenização, pode ser acumulado com outros benefícios pagos pelo INSS, com exceção da aposentadoria. Assim, o auxílio-acidente cessa quando o trabalhador se aposenta ou com seu falecimento.

O valor do benefício corresponde a 50% do salário-de-benefício, que pode ser inferior ao salário mínimo, visto que o auxílio-acidente não tem natureza substitutiva do salário-de-contribuição ou do rendimento do trabalhador.

(i) *Pensão por morte*

91. A pensão por morte é um benefício pago mensalmente aos dependentes do segurado, em razão de seu falecimento. Esta prestação tem por objetivo atender aos economicamente dependentes do segurado, que ficam desamparados sem os recursos financeiros provenientes de quem os sustentava.

O fundamento constitucional deste benefício é o art. 201, I e V. e sua disciplina jurídica encontra-se nos arts. 74 a 79 da Lei 8.213/1991 e 105 a 115 do Decreto 3.048/1999.

Para concessão de pensão por morte não há carência, mas é necessário que o falecimento tenha ocorrido enquanto o trabalhador detinha a qualidade de segurado, pois se o óbito suceder após a perda da qualidade de segurado os dependentes não terão direito à pensão, salvo se o *de cujus* houver cumprido, até o dia da morte, os requisitos necessários para obtenção de aposentadoria mas não a tiver requerido.

A pensão poderá ser concedida por morte presumida nos casos de desaparecimento do segurado em catástrofe, acidente ou desastre.

Nesses casos, quem recebe a pensão por morte terá de apresentar, de seis em seis meses, documento sobre o andamento do processo de desaparecimento, até que seja emitida a certidão de óbito.

Se o segurado reaparecer o pagamento da pensão cessará imediatamente, mas os dependentes não estarão obrigados à devolução dos valores recebidos, salvo se comprovada a má-fé.

Havendo mais de um dependente, a pensão por morte será rateada entre todos (pertencentes à mesma classe) em partes iguais, revertendo em favor dos demais a parte daquele cujo direito à pensão cessar (art. 77, *caput* e § 1º, da Lei 8.213/1991). A esta situação dá-se o nome de "reversão de cota".

O valor *total* da pensão não poderá ser inferior ao salário mínimo, o que implica dizer que cada uma das cotas-partes pode estar aquém deste valor.

A parte individualizada do benefício cessa quando o pensionista morre, quando se emancipa ou completa 21 anos (no caso de filhos ou irmãos do segurado) ou quando acaba a invalidez (no caso de pensionista inválido).

Entretanto, a pensão só se extingue quando findar de vez o recebimento por parte do último pensionista, mesmo que haja outras pessoas enquadradas em classes inferiores.

O benefício corresponde a 100% do valor da aposentadoria que o segurado recebia no dia da morte ou a que teria direito se estivesse aposentado por invalidez na data de seu falecimento.

Já a pensão por morte deixada por trabalhadores rurais é de um salário mínimo.

(j) *Auxílio-reclusão*

92. Auxílio-reclusão é o benefício a ser pago, durante todo o período de reclusão, aos dependentes do segurado que for preso por qualquer motivo e cujo salário-de-contribuição seja igual ou inferior a R$ 710,08,[121]

---

121. Consoante a Portaria MPS Nº 77, de 11 de março de 2008.

independentemente da quantidade de contratos, isto é, de vínculos trabalhistas, que o recluso tinha.

O risco social coberto é o mesmo da pensão por morte, qual seja, o desamparo dos que dependem dos recursos financeiros auferidos pelo segurado para seu sustento.

Como bem assinalou Wladimir Novaes Martinez,[122] se o constituinte instituiu a pensão por morte também a favor do marido ou companheiro não-inválido em razão da perda do nível de renda familiar, nada obsta ao legislador ordinário estabelecer o auxílio-reclusão para o marido ou o companheiro de esposa ou companheira segurada presa, detida ou reclusa.

Seu fundamento é o art. 201, IV, da CF e sua regulamentação é dada pelos arts. 80 da Lei 8.213/1991, 2º da Lei 10.666/2003 e 116 a 119 do Decreto 3.048/1999.

O benefício será pago se o trabalhador não estiver recebendo salário da empresa, auxílio-doença, aposentadoria ou abono de permanência em serviço.

Não há carência para que os dependentes tenham direito ao benefício, mas o preso deve estar na qualidade de segurado no momento da reclusão.

Após a concessão do benefício os dependentes devem apresentar ao INSS, de três em três meses, atestado de que o trabalhador continua preso, emitido por autoridade competente. Esse documento pode ser a certidão de prisão preventiva, a certidão da sentença condenatória ou o atestado de recolhimento do segurado à prisão.

Para os segurados com idade entre 16 e 18 anos serão exigidos o despacho de internação e o atestado de efetivo recolhimento a órgão subordinado ao Juizado da Infância e da Juventude.

Em caso de fuga o pagamento é interrompido e só pode ser restabelecido a partir da data da recaptura. Em caso de falecimento do detento o benefício é automaticamente convertido em pensão por morte.

A fim de não desestimular o trabalho do preso, o art. 2º da Lei 10.666/2003 prescreve que o exercício de atividade remunerada do segurado recluso em cumprimento de pena em regime fechado ou semi-aberto que contribuir na condição de contribuinte individual ou facultativo não acarreta a perda do direito ao recebimento do auxílio-reclusão para seus dependentes.

---

122. Wladimir Novaes Martinez, *Comentários à Lei Básica da Previdência Social*, 5ª ed., São Paulo, LTr, 2001, p. 14.

O auxílio-reclusão finda com: (i) a morte do segurado – e, nesse caso, o auxílio-reclusão será convertido em pensão por morte; (ii) a fuga do segurado, sua liberdade condicional, sua transferência para prisão-albergue ou extinção da pena; (iii) a maioridade ou emancipação do dependente; e (iv) o fim da invalidez ou morte do dependente.

O valor do auxílio-reclusão corresponde ao valor da aposentadoria por invalidez a que ele faria jus na data da detenção ou da prisão.

No caso de segurado especial o valor é de um salário mínimo, salvo se ele contribuir também como facultativo.

Além destes benefícios, cumpre ressaltar a existência de outros,[123] instituídos por legislação infraconstitucional, que, dada sua especificidade, não serão objeto de nosso estudo.

II-5.2 Dos serviços previdenciários

93. Quanto aos serviços previdenciários, atualmente existem apenas dois, quais sejam, o serviço social e o de reabilitação profissional, que serão prestados aos segurados e aos dependentes.

O *serviço social*, previsto no art. 88 da Lei 8.213/1991 e no art. 161 do Decreto 3.048/1999, consiste em esclarecer aos segurados e dependentes da previdência social seus direitos sociais e os meios de exercê-los, bem como em prestar orientação e apoio no que concerne à solução de seus problemas pessoais e familiares. Na utilização deste serviço será dada prioridade aos segurados em benefício por incapacidade temporária e atenção especial aos aposentados e pensionistas.

O *serviço de reabilitação profissional*, estabelecido nos arts. 89 a 93 da Lei 8.213/1991 e 136 a 141 do Decreto 3.048/1999, visa a oferecer aos segurados incapacitados para o trabalho os meios de reeducação ou readaptação profissional para seu retorno ao mercado de trabalho, dando-se prioridade ao trabalhador vítima de acidente de trabalho.

O atendimento é feito por médicos, assistentes sociais, psicólogos, sociólogos, fisioterapeutas e outros profissionais. A reabilitação profissio-

---

123. Citem-se, a propósito: (i) a pensão especial para os portadores da síndrome de Talidomida, instituída pela Lei 7.070/1982; (ii) a pensão especial às vítimas de hemodiálise de Caruaru, estabelecida pela Lei 9.422/1996; (iii) a pensão mensal vitalícia aos seringueiros, criada pelo art. 54 do ADCT e regulamentada pela Lei 7.986/1989; (iv) a aposentadoria excepcional do anistiado, consoante disposto no art. 8º do ADCT; e, mais recentemente, (v) a Lei 11.520/2007 instituiu a pensão especial às pessoas atingidas pela hanseníase que foram submetidas a isolamento e internação compulsórios.

nal é prestada também aos dependentes, de acordo com a disponibilidade das unidades de atendimento da previdência social.

Findo o processo de reabilitação profissional, o INSS emite certificado capacitando profissionalmente o trabalhador para as atividades que poderão ser por ele exercidas.

A previdência social poderá fornecer aos segurados recursos materiais necessários à reabilitação profissional, incluindo próteses, órteses, taxas de inscrição em cursos profissionalizantes, instrumentos de trabalho, implementos profissionais, auxílio-transporte e auxílio-alimentação.

Não há carência para que o segurado tenha direito a ambos os serviços previdenciários.

Esclarecidos os serviços e benefícios previdenciários, cumpre destacar que a previdência social é – e sempre foi[124] – um dos instrumentos mais eficazes para o enfrentamento das adversidades e riscos naturais da vida humana, bem como à garantia de uma existência com dignidade.[125]

É inegável, outrossim, seu auxílio no combate à pobreza do nosso país, "o que pode ser demonstrado mediante exposição reversiva, isto é, a constatação de que, em 1999, 34% dos brasileiros viviam abaixo da linha da pobreza. Sem os recursos da previdência, seriam 45,3%. Portanto, nada menos que 18,1 milhões de pessoas livram-se dessa condição cruel graças à presença da previdência social em suas vidas".[126]

Apesar do avanço que a previdência social conquistou, Celso Barroso Leite adverte que "não podemos esquecer que a previdência social ainda cobre menos da metade da nossa mão-de-obra. Por conseguinte, falta muito para que ela cumpra a contento sua finalidade básica de medida de proteção social".[127]

Assim, vê-se que, embora a previdência social seja instrumento necessário ao enfrentamento dos obstáculos da vida humana e seu cres-

---

124. Sobre a história da previdência social no Brasil e no mundo, v. Vítor Rolf Laubé, "Perfil constitucional da previdência social e alguns aspectos da sua atual estrutura", *Revista da Faculdade de Direito de São Bernardo do Campo* 3/210-224, Ano 3, São Bernardo do Campo, 1997.

125. Ingo Wolfgang Sarlet, *Dignidade da Pessoa Humana e Direitos Fundamentais na Constituição Federal de 1988*, 4ª ed., Porto Alegre, Livraria do Advogado, 2006, p. 92.

126. José Cechin, "A moderna gestão na previdência e na assistência social – Principais avanços obtidos na melhoria do atendimento do cidadão", *Conjuntura Social* 13/15, n. 2, Brasília, abril-junho/2002.

127. Celso Barroso Leite, "A previdência social no Nordeste", *Revista de Previdência Social* 249-25/558, São Paulo, agosto/2001.

cimento seja motivo de comemoração, seu alcance ainda está muito longe de ser o ideal.

É claro que o norte constitucional é pela ampliação da previdência social, tanto que a Emenda Constitucional 47/2005 alterou a redação do § 12 do art. 201 da CF para estabelecer que: "Lei disporá sobre sistema especial de inclusão previdenciária para atender a trabalhadores de baixa renda e àqueles sem renda própria que se dediquem exclusivamente ao trabalho doméstico no âmbito de sua residência, desde que pertencentes a famílias de baixa renda, garantindo-lhes acesso a benefícios de valor igual a 1 (um) um salário-mínimo".

Este sistema especial instituído pela aludida emenda, consoante o § 13, terá alíquotas e carências inferiores às vigentes para os demais segurados do regime geral de previdência social, visando a garantir a inclusão de um maior número de trabalhadores, a fim de que também eles possam estar cobertos dos riscos sociais de doença, incapacidade total ou parcial e velhice.

Neste momento, oportuno destacar que o art. 1º da Lei 8.213/1991 estabelece como finalidade da previdência social assegurar aos seus beneficiários os *meios indispensáveis de manutenção*, por motivo de incapacidade, desemprego involuntário, idade avançada, tempo de serviço, encargos familiares e prisão ou morte daqueles de quem dependiam economicamente.

Os meios indispensáveis de manutenção são aqueles que garantem o mínimo existencial, ou seja, os que permitem ao cidadão sobreviver com um mínimo de dignidade.

II-5.3 O mínimo existencial na previdência social

94. No tocante aos benefícios previdenciários, o mínimo existencial deve ser garantido pelo valor das prestações, que, quando substitutivas do rendimento do trabalhador, devem ser capazes de atender às suas necessidades vitais básicas e às de sua família com moradia, alimentação, educação, saúde, lazer, vestuário, higiene, transporte e previdência social.

Isto quer dizer que o Estado tem o dever de – nos termos do art. 7º, IV, do Texto Maior – garantir o recebimento de um salário mínimo mensal ao beneficiário (segurado ou dependente) do sistema da previdência social.[128]

---

128. No mesmo sentido: Dâmares Ferreira, "O princípio da dignidade da pessoa humana e os benefícios previdenciários", *RDTrabalho* 105/72, Ano 28, São Paulo, Ed. RT, janeiro-março/2002.

Aliás, é justamente isto que impõe o já mencionado art. 201, § 2º, da Lei Magna ao estabelecer que: "Nenhum benefício que substitua o salário-de-contribuição ou o rendimento do trabalho do segurado terá valor mensal inferior ao salário mínimo".

Assim, o Estado, para assegurar o mínimo existencial no tocante à previdência, tem o dever de, preenchidos os requisitos legais, conceder ao cidadão benefícios previdenciários em valores que permitam sua existência digna.

Se o Estado assim não proceder, o particular tem direito subjetivo público de exigir o cumprimento deste direito social em juízo, ficando o Estado responsável pelo pagamento do benefício bem como dos eventuais danos morais e materiais que sua omissão tiver causado ao cidadão.

Nesta seara, cumpre destacar que apenas os segurados ou seus dependentes, quando atenderem às premissas da lei, têm direito ao recebimento do benefício previdenciário, e não todo e qualquer cidadão.

Se é certo que, além da filiação obrigatória, o sistema da previdência social é aberto a quem dele quiser participar de forma facultativa, também é certo que somente os que participarem poderão receber benefícios e serviços da previdência social.

Assim, descabe ao cidadão não-filiado exigir prestação previdencial do Estado, ainda que esteja em situação de necessidade e risco social, pois o regime jurídico do sistema previdenciário não admite a concessão de benefícios ou serviços a quem não está a ele vinculado.

Isto não quer dizer que o necessitado estará largado à própria sorte, pois para esses casos existe a assistência social, que, consoante veremos a seguir, atende a quem dela necessitar independentemente de contribuição ou filiação preexistente.

II-6 Da assistência social

95. O art. 203 da Lei Magna estabelece que "a assistência social[129] será prestada a quem dela necessitar, independentemente de contribuição à seguridade social, e tem por objetivos: I – a proteção à família, à maternidade, à infância, à adolescência e à velhice; II – o amparo às crianças e adolescentes carentes; III – a promoção da integração ao mercado de trabalho; IV – a habilitação e reabilitação das pessoas portadoras de deficiência e a

---

129. Sobre a origem histórica da seguridade e assistência sociais, v. Roberto A. O. Santos, "Antecedentes e promessas da Lei Orgânica da Assistência Social", *Revista do TRT-8ª Região* 29-57/67-87, Belém, julho-dezembro/1996.

promoção de sua integração à vida comunitária; V – a garantia de 1 (um) salário mínimo de benefício mensal à pessoa portadora de deficiência e ao idoso que comprovem não possuir meios de prover à própria manutenção ou de tê-la provida por sua família, conforme dispuser a lei".

Como a assistência social está inserida na seguridade social, seu custeio é feito na forma estabelecida no art. 195 da Carta Maior, bem como poderão ser criadas outras formas de custeio, consoante dispõe o art. 204 da mesma Carta.

A assistência social diferencia-se da previdência social porque o direito subjetivo do cidadão à assistência independe do pagamento de contribuições para o custeio do sistema – o que afasta, portanto, o cumprimento de carências.

Com efeito, o art. 1º da Lei 8.742/1993 (Lei Orgânica da Assistência Social/LOAS) dispõe que: "A assistência social, *direito do cidadão e dever do Estado*, é política de seguridade social *não-contributiva*, que provê os *mínimos sociais*, realizada através de um conjunto integrado de ações de iniciativa pública e da sociedade, para garantir o atendimento às necessidades básicas" (grifamos).

Vê-se, pois, que a redação do dispositivo não dá margem a quaisquer dúvidas: a assistência social é direito do cidadão e dever do Estado, a ser efetivado gratuitamente, visando ao fornecimento dos mínimos existenciais para sobrevivência digna do indivíduo.

Assim, no sistema pátrio da seguridade social os brasileiros estarão protegidos: (i) sempre pela saúde; (ii) pela previdência ou pela assistência, consoante estejam ou não em situação de trabalho remunerado.

Ainda, cumpre ressaltar que mesmo aqueles que sejam trabalhadores remunerados poderão socorrer-se da assistência social se ainda não tiverem preenchido o período de carência necessário à obtenção de uma determinada prestação previdencial.[130]

Dos quatro primeiros incisos do art. 203 do Texto Maior verifica-se que a assistência social destina-se às pessoas que estão fora do mercado de trabalho, sem cobertura previdenciária e passando por dificuldades financeiras que lhes impedem de viver dignamente. Nestes casos a assistência social se dá, em grande parte, por meio de serviços[131] que visam à integração do indivíduo na sociedade.

---

130. Marly A. Cardone, *Previdência – Assistência – Saúde. O Não-Trabalho na Constituição de 1988*, São Paulo, LTr, 1990, p. 86.
131. A Lei 8.742/1993, em seu art. 23, estabelece: "Entendem-se por serviços assistenciais as atividades continuadas que visem à melhoria de vida da população e cujas ações,

Vê-se, igualmente, que a assistência social não tem cunho meramente assistencialista, destinada a dar auxílio transitório e momentâneo ao necessitado. Deve ser fator de transformação social que promova a integração e a inclusão do atendido na sociedade, fornecendo-lhe meios para exercer, se possível, atividades que lhe garantam uma sobrevivência digna.[132]

96. Com relação ao inciso V, este traz o direito subjetivo ao recebimento de um salário mínimo mensal para dois tipos de pessoas que a Constituição quis especialmente proteger: a pessoa portadora de deficiência e o idoso, desde que ambos comprovem não possuir meios de prover a própria manutenção ou tê-la provida por sua família, na forma da lei.

Em que pese às vozes dissonantes,[133] tal benefício teve, desde o início da promulgação da Constituição Federal, aplicabilidade imediata, por conta do disposto no seu art. 5º, § 1º. Tanto é que desde a entrada em vigor da Constituição Federal a jurisprudência[134] demonstrou que o benefício

voltadas para as necessidades básicas, observem os objetivos, princípios e diretrizes estabelecidas nesta Lei".

132. Marisa Ferreira dos Santos, "Assistência social – Breves comentários e o benefício de prestação continuada", *IOB – Repertório de Jurisprudência: Trabalhista e Previdenciário* 7/221, São Paulo, IOB, abril/2006.

133. V., por exemplo: Márcia Hoffmann do Amaral e Silva Turri, "Temas polêmicos em matéria previdenciária", *Revista do TRF-3ª Região* 74/102, São Paulo, Thomson IOB, novembro-dezembro/2005.

134. Vale a transcrição da conhecida ementa proferida pelo TTF-2ª Região nos autos da ACi 90.02.08648-2-RJ, publicada em 19.3.1992, cujo relator foi o Sr. Des. federal Henry Bianor Chalu Barbosa: "*Ementa:* Previdenciário – Concessão de benefício. I – No caso presente, um ancião, agora com 90 anos, valeu-se de possíveis fraudes para obtenção de aposentadoria. O benefício, no seu valor mínimo, deveria ser concedido, conforme estabelecido no art. 203, inciso V, da CF, por ter-se tornado ela auto-aplicável em virtude de, até o momento, não ter sobrevindo a lei referida em tal dispositivo. Ademais, o benefício deveria, também, ser concedido mediante a simples comprovação de se tratar de um ser humano. Invoca-se para tanto, assim como o fez o saudoso jurista Sobral Pinto, o Decreto n. 24.645/1934, Lei de Proteção aos Animais, quando, no seu art. 1º, afirma: 'Todos os animais existentes no país são tutelados do Estado'. Já, os brasileiros somente gozarão de tal tutela se conseguirem, embora em idade provecta, doentes e desamparados, comprovar a prestação de serviços durante 30 anos. Pelo art. 2º, § 3º, do mesmo diploma legal: 'Os animais serão assistidos em juízo pelos representantes do Ministério Público'. Já o segurado humano destes autos só logrou manifestação contrária à sua causa. O art. 3º, inciso V, da mesma lei considera maus-tratos: '*Abandonar animal doente, ferido, extenuado ou mutilado, bem como deixar de ministrar-lhe tudo o que humanitariamente se lhe possa prover, inclusive assistência veterinária*'. *O autor, com quase um século de existência, aguardou em vão, durante anos, a concessão de auxílio-doença que, finalmente, não veio.* II – Recurso provido em parte, para condenar o INSS a pagar ao autor o benefício de um salário mínimo mensal a partir do ajuizamento da ação. Sem honorários nem custas em face da gratuidade e da sucumbência recíproca" (grifamos).

precisava ser concedido para que os objetivos da ordem social – quais sejam, o bem-estar e a justiça sociais – fossem cumpridos.

O benefício concedido pelo art. 203, V, da CF reveste-se de caráter de fundamentalidade, afastando-se, portanto, a visão errônea de que se trataria de um "favor" ou "privilégio", e não de um verdadeiro direito fundamental.[135]

Este benefício de prestação continuada está previsto nos arts. 20 e 21 da Lei Orgânica da Assistência Social/LOAS e, atualmente, regulamentado pelo Decreto 6.214, de 26.9.2007, com alterações introduzidas pelo Decreto 6.564, de 12.9.2008.

A natureza jurídica deste benefício assistencial pressupõe que o titular não tenha direito a benefício previdenciário, e em caso de seu falecimento não haverá direito à pensão por morte ou auxílio funeral, prestações que têm natureza previdenciária.

97. O art. 20, *caput*, da LOAS considera, para fins de percepção do benefício de prestação continuada, idosa a pessoa com 70 anos ou mais, sendo que o art. 38 da mesma lei estabelece a diminuição desta idade para 67 anos a partir de 1.1.1998.

Hoje, entretanto, a Lei 10.741/2003, autodenominada *Estatuto do Idoso*, revogando o art. 38 da LOAS, prescreveu, em seu art. 34, que os idosos, a partir de 65 anos, que não tenham meios para prover à sua subsistência, nem de tê-la provida por sua família, têm direito ao benefício mensal de um salário mínimo, nos termos da LOAS.

Idosa, portanto, para fins de recebimento do benefício da LOAS, é a pessoa que tem 65 anos de idade ou mais, nos termos do art. 34 do Estatuto do Idoso e do art. 1º do Decreto 6.214/2007, que regulamenta a LOAS.

Quanto ao portador de deficiência, este, para efeito de concessão do benefício, é a pessoa incapacitada para a vida independente e para o trabalho, consoante o art. 20, § 2º, da LOAS.

98. Para comprovação da deficiência, o *caput* do art. 16 do Decreto 6.214/2007 prevê que a concessão do benefício ficará sujeita à avaliação da deficiência e do grau de incapacidade, com base nos princípios da

---

135. Sergio Fernando Moro, "Benefício da assistência social como direito fundamental", *Boletim dos Procuradores da República* 4-39/28, São Paulo, julho/2001. V. também Maria da Conceição V. Gonçalves, "Assistência social: um componente da seguridade social", *Universidade e Sociedade* 6-10/71-74, Brasília, janeiro/1996. Neste texto a autora adverte que, "em tese, os usuários da assistência deixaram de ser meros clientes, que se encontravam sob a ação protetora 'benevolente' do Estado e de instituições privadas, para se transformar em cidadãos de direito" (p. 71).

Classificação Internacional de Funcionalidades, Incapacidade e Saúde/ CIF, estabelecida pela Resolução 54.21 da Organização Mundial da Saúde, aprovada pela 54ª Assembléia Mundial da Saúde, em 22.5.2001.

Os §§ 1º e 2º do artigo supramencionado prescrevem que a aferição da deficiência e do grau de incapacidade será composta de avaliação médica e social. A avaliação médica da deficiência e do grau de incapacidade considerará as deficiências nas funções e nas estruturas do corpo e a avaliação social levará em conta os fatores ambientais, sociais e pessoais; e ambas considerarão a limitação do desempenho de atividades e a restrição da participação social, segundo suas especificidades.

As avaliações médica e social serão realizadas, respectivamente, pela perícia médica e pelo serviço social do INSS, por meio de instrumentos desenvolvidos especificamente para este fim, consoante disposto no § 3º do aludido artigo, com redação dada pelo Decreto 6.564/2008.

99. Visto quem são os destinatários deste benefício, resta analisar o disposto no art. 20, § 3º, da LOAS, cujo teor estabelece: "Considera-se incapaz de prover a manutenção da pessoa portadora de deficiência ou idosa a família cuja renda mensal *per capita* seja inferior a um quarto do salário mínimo".

Assim, para receber o benefício de prestação continuada, o idoso ou o portador de deficiência precisará provar que sua família tem renda mensal *per capita* inferior a um quarto do salário mínimo.

Para Marisa Ferreira dos Santos[136] esta exigência não encontra respaldo constitucional, na medida em que a Constituição garante que os salários e os benefícios previdenciários não sejam inferiores a um salário mínimo. "Ora, exigir que a renda per capita não seja superior a um quarto do salário mínimo é, por via transversa, admitir que se pode ter remuneração ou benefício de valor inferior a um salário mínimo".

Ademais, a autora entende que se a Constituição assegurou o salário mínimo é porque o legislador constituinte elegeu essa quantia como a indispensável para obtenção dos mínimos sociais.[137]

---

136. Marisa Ferreira dos Santos, "Assistência social – Breves comentários e o benefício de prestação continuada", cit., *IOB – Repertório de Jurisprudência: Trabalhista e Previdenciário* 7/221.

137. A autora ainda destaca: "Ao fixar o conceito de necessidade em um quarto do salário mínimo, o legislador da LOAS, na verdade, deu aos mais miseráveis um padrão de bem-estar inferior ao que a Constituição escolheu, violando, por isso, o princípio da isonomia" (Marisa Ferreira dos Santos, "Assistência social – Breves comentários e o benefício de prestação continuada", cit., *IOB – Repertório de Jurisprudência: Trabalhista e Previdenciário* 7/217-218). No mesmo sentido, v. Potyara A. P. Pereira ("Lei Orgânica da As-

Não parece inteiramente acertada a posição de Marisa Ferreira dos Santos. Isto porque o art. 7º, IV, da CF assegura que o salário mínimo deva ser capaz de atender às *necessidades vitais básicas do trabalhador e às de sua família* com moradia, alimentação, educação, saúde, lazer, vestuário, higiene, transporte e previdência social.

Vê-se, portanto, que o salário mínimo constitucionalmente garantido tem por objetivo o atendimento de todas as necessidades existenciais do trabalhador *e* também as de sua família. Daí a conclusão de que não se pode reputar o art. 20, § 3º, da LOAS aprioristicamente inconstitucional por fixar como necessária para a concessão do benefício uma renda de um quarto do salário mínimo *per capita*.

Isto porque a renda de um quarto do salário mínimo por membro da família teoricamente conseguiria prover os mínimos sociais de todos eles, nos termos do art. 7º, IV, da CF.

Da mesma forma, não se pode afirmar que todo o problema está apenas na fixação adequada do valor do salário mínimo e, com isso, o art. 20, § 3º, da LOAS seria suficiente para albergar todas as hipóteses de necessidade social, sendo concedido o benefício apenas àqueles capazes de demonstrar renda familiar *per capita* inferior a um quarto do salário mínimo. Explica-se.

O *caput* do art. 203 da CF assegura que a assistência será prestada a quem dela necessitar. Isto quer dizer que todo cidadão está a salvo da carência, da pobreza e da miséria por meio da assistência social.

Mais: o inciso V do artigo supramencionado assegura a garantia de um salário mínimo de benefício mensal à pessoa portadora de deficiência e ao idoso que comprovem não possuir meios de prover à própria manutenção ou de tê-la provida por sua família, *conforme dispuser a lei*.

A lei que viesse a regular o dispositivo deveria, evidentemente, obediência ao disposto no *caput* do art. 203, pois a cabeça do artigo rege seus incisos. Isto quer dizer que a lei, subordinando-se à inteligência do art. 203, não poderia restringir a eficácia constitucional dada à assistência social, que é prestada "a quem dela necessitar".

sistência Social/LOAS: sentido e novidade", *Universidade e Sociedade* 6-10/65-70, Brasília, janeiro/1996), para quem o estabelecimento de uma renda mensal *per capita* inferior a um quarto do salário mínimo para concessão do benefício privilegia o "discutível princípio da *less eligibility* (menor elegibilidade), que caracterizou as ações das *poor laws* (lei dos pobres) elizabetanas e vitorianas inglesas, de triste memória e hoje resgatadas pela chamada ideologia neoliberal".

Pois bem, a lei reguladora deste dispositivo foi a LOAS, que fixou como critério para percepção do benefício a renda mensal familiar *per capita* inferior a um quarto do salário mínimo.

Cumpre salientar que a LOAS não previu outra forma de comprovação da pobreza para fins de recebimento do benefício de prestação continuada, mas também não se pode dizer que ela excluiu outras formas de prova da necessidade. Vale dizer: para o recebimento do benefício a que alude o art. 203, V, do Texto Maior o deficiente ou o idoso (i) devem fazer a prova de que a renda familiar *per capita* seja inferior a um quarto do salário mínimo, consoante prevê a LOAS, ou, ainda, (ii) demonstrar que não conseguem manter o próprio sustento, nem tê-lo provido pela sua família, nos termos constitucionalmente propostos.

Este seria o correto entendimento[138] sobre o art. 20, § 3º, da LOAS, pois somente assim se faz uma interpretação conforme à Constituição Federal, estabelecendo, desta forma, que a LOAS não limitou indevidamente o disposto no art. 203, V, da CF, mas apenas trouxe uma hipótese de presunção absoluta da pobreza – qual seja, a de que todo idoso ou deficiente que façam parte de família cuja renda *per capita* seja inferior a um quarto do salário mínimo fazem jus ao benefício assistencial.

Permite-se, igualmente, que idosos ou deficientes inseridos em famílias cuja renda *per capita* seja superior a um quarto possam fazer prova de que necessitam do benefício de prestação continuada, tendo também direito ao seu recebimento.

Ocorre, contudo, que este patamar legal (de um quarto) acabou por ser considerado como rígido e inalterável, somente percebendo o benefício a que alude o art. 203, V, o idoso ou deficiente que comprovem estar em condição de miserabilidade, tendo sua família uma renda inferior a um quarto do salário mínimo *per capita*.

Com efeito, esta questão foi submetida à análise do STF na ADI 1.232-1-DF, de relatoria do Min. Ilmar Galvão, tendo como relator para o acórdão o Min. Nelson Jobim. A ação foi, em 27.8.1998, julgada improcedente, considerando-se, portanto, constitucional o disposto no art. 20, § 3º, da LOAS, conforme a seguinte ementa: "*Ementa:* Constitucional – Impugna dispositivo de lei federal que estabelece o critério para receber o benefício do inciso V do art. 203 da CF. Inexiste a restrição alegada em face ao próprio dispositivo constitucional que reporta à lei para fixar os critérios de garantia do benefício de salário mínimo à pessoa portadora de

---

138. Entendimento, este, defendido pelo então Procurador-Geral da República, Dr. Geraldo Brindeiro, na ADI 1.232-1-DF, comentada a seguir.

deficiência física e ao idoso. Esta lei traz hipótese objetiva de prestação assistencial do Estado. Ação julgada improcedente".

Desta forma, o STF entendeu que coube à lei fixar – aleatoriamente, diga-se de passagem[139] – quais os critérios de "pobreza" para fins de percepção do benefício.

Nos termos do voto do Min. Nelson Jobim, restou assinalado que "compete à lei dispor a forma de comprovação. *[de pobreza]* Se a legislação resolver criar outros mecanismos de comprovação, é problema da própria lei. *O gozo do benefício depende de comprovar na forma da lei, e esta entendeu de comprovar desta forma*".

Logo, segundo entendimento do STF, o único meio de se receber o benefício de prestação continuada é pela comprovação de que o deficiente ou o idoso inserem-se em família cuja renda mensal *per capita* é inferior a um quarto do salário mínimo. Critério extremamente limitativo.

Faz-se necessário salientar que o voto vencido, da lavra do Min. Ilmar Galvão, deu procedência parcial à demanda por entender que a LOAS não trouxe um esgotamento das possibilidades de se comprovar a pobreza por outros meios.

É justamente neste sentido que deve ser entendida a questão: não se pode interpretar o art. 20, § 3º, da LOAS de modo a afirmar que ele prevê a *única* hipótese caracterizadora da pobreza capaz de irradiar o benefício em comento. Ou seja, haverá situações em que o idoso ou o deficiente estarão inseridos em família cuja renda *per capita* seja *superior* a um quarto do salário mínimo e ainda assim essa família não terá condições de arcar financeiramente com seu sustento. Daí por que entendemos que o rol da LOAS é meramente exemplificativo, e não taxativo, sendo a fixação de um quarto do salário mínimo uma presunção *juris et de jure* da pobreza do pleiteante. Se se entender de forma diferente a lei será tida por inconstitucional, haja vista sua limitação frente ao que determinou a Constituição Federal quando estabeleceu que "a assistência será prestada a quem dela necessitar". Não há negar, também, que o entendimento esposado pelo STF tornou o critério eleito pela lei excessivamente restritivo,[140] divorciando-se,

---

139. Estamos com Sergio Fernando Moro ao destacar: "O que é censurável é que a adoção de tal critério não teve, aparentemente, qualquer base empírica" ("Questões controvertidas sobre o benefício da assistência social", in Daniel Machado da Rocha (org.), *Temas Atuais de Direito Previdenciário e Assistência Social*, Porto Alegre, Livraria do Advogado, 2003, p. 148).

140. No mesmo sentido, Potyara Pereira: "O critério de elegibilidade nela contido *[na LOAS]* inovou em matéria de retrocesso político. Nunca, no Brasil, uma linha de pobreza

desta forma, da exegese constitucional, que assegura a assistência social a quem dela necessitar, e não apenas àqueles que estejam em situação de miserabilidade máxima.

Interessante é a e posição de Sergio Fernando Moro,[141] que apregoa a inconstitucionalidade da fixação de um quarto do salário mínimo, mas com fundamento diverso. O magistrado averbou que o benefício previsto no art. 203, V, do Texto Maior deve ser concedido considerando a regulamentação prevista na LOAS, mas não se aplicará o inválido critério restritivo previsto no art. 20, § 3º, do mesmo diploma legal, devendo este ser substituído pelo critério constante no art. 5º, I, da Lei 9.533/1997.

Partindo-se da posição do STF sobre a matéria, válido é o entendimento do autor, já que a Lei 9.533, de 10.12.1997 – posterior, portanto, à LOAS –, estabeleceu um programa federal de garantia de renda mínima. Este programa, implementado pelos Municípios com o auxílio financeiro do Governo Federal, assegura a percepção de uma renda mínima às famílias carentes.

Para que a família possa ter direito à percepção do benefício, o art. 5º, I, da lei em comento exige: "Art. 5º. Observadas as condições definidas nos arts. 1º e 2º, e sem prejuízo da diversidade de limites adotados pelos programas municipais, os recursos federais serão destinados exclusivamente a famílias que se enquadrem nos seguintes parâmetros, cumulativamente: I – *renda familiar* per capita *inferior a meio salário mínimo*; II – filhos ou dependentes menores de 14 (catorze) anos; III – comprovação, pelos responsáveis, da matrícula e freqüência de todos os seus dependentes, entre 7 (sete) e 14 (catorze) anos, em escola pública ou em programas de educação especial" (grifamos).

Ademais, programas governamentais mais recentes, voltados à redução da pobreza, definem como beneficiárias as pessoas ou famílias com renda *per capita* de até meio salário mínimo.[142]

---

foi tão achatada, a ponto de ficarem acima dessa linha cidadãos em situação de pobreza crítica" ("Lei Orgânica da Assistência Social/LOAS: sentido e novidade", *Universidade e Sociedade* 6-10/66, Brasília., janeiro/1996).

141. Sergio Fernando Moro, "Restrição legal ao direito fundamental ao benefício da assistência social", *Revista de Previdência Social* 249-25/563, São Paulo, agosto/2001.

142. Citem-se, por exemplo, o Programa Nacional de Acesso à Alimentação/PNAA, instituído pela Lei 10.689/2003, que, em seu art. 2º, § 2º, estabelece: "Os benefícios do PNAA serão concedidos, na forma desta Lei, para unidade familiar com renda mensal per capita inferior a *meio salário mínimo*"; e o Programa "Auxílio-Gás", instituído pela Medida Provisória 18/2001 e regulamentado pelo Decreto 4.102/2001, que dispõe, no art. 3º deste último: "Para os efeitos do disposto neste Decreto, é considerada de baixa renda a família

Assim, se o legislador considerou como necessitado na Lei 9.533/1997 aquele cuja família tem renda *per capita* inferior a meio salário mínimo, não há por que utilizar outro critério, mais limitado, para identificar o titular do direito fundamental previsto no art. 203, V, da CF.[143]

Este argumento, menos restritivo, construído por Sergio Fernando Moro não foi analisado pelo STF quando do julgamento da ADI 1.232-1-DF – e, por tal razão, pode justamente servir como base legal para que idosos ou deficientes inseridos em famílias cuja renda seja superior à um quarto do salário mínimo e inferior a ½ do salário mínimo pleiteiem o benefício de prestação continuada.

Aliás, entendimento similar foi esposado pelo Min. Carlos Ayres Britto quando do julgamento da Rcl 4.115-RS (*DJU* 16.6.2006) e pelo Min. Marco Aurélio de Mello no julgamento da Rcl 4.145-RS (*DJU* 10.5.2006).

É certo que nossa opinião continua no sentido de que a Constituição Federal assumiu o compromisso de que a assistência será prestada a quem dela necessitar, não importando, necessariamente, o *quantum* salarial detido pela família, mas sim se a situação do idoso ou deficiente reclama auxílio monetário, haja vista sua condição de pobreza.

De qualquer forma, não se pode desprezar a bela argumentação de Sergio Fernando Moro, que tem mais aceitação prática que a nossa.

Ainda, cumpre destacar que, mesmo diante do decidido na ADI 1.232-1-DF, o STJ não se curvou ao entendimento do STF e continuou a se manifestar no sentido de que o § 3º do referido art. 20 não veicula o único meio capaz de provar a miserabilidade do idoso ou do deficiente, fazendo-se necessária a análise do caso concreto, conforme se verifica da seguinte ementa,[144] que corrobora integralmente nossa posição:

que atenda, cumulativamente, aos seguintes requisitos: I – possuir renda mensal *per capita* máxima equivalente a *meio salário mínimo* definido pelo Governo Federal" (grifamos).

143. Sergio Fernando Moro, "Benefício da assistência social como direito fundamental", cit., *Boletim dos Procuradores da República* 4-39/30.

144. No mesmo sentido as seguintes decisões do STJ: 5ª Turma, AgR no REsp 824.817-SP, rel. Min. Félix Fischer, *DJU* 19.9.2006; 5ª Turma, AgR no REsp 688.089-SP, rel. Min. Félix Fischer, *DJU* 21.3.2005; 5ª Turma, REsp 536.451-SP, rela. Min. Laurita Vaz, *DJU* 23.8.2004; 6ª Turma, ED no REsp 308.711-SP, rel. Min. Hamilton Carvalhido, *DJU* 3.5.2004; 5ª Turma, REsp 434.417-RS, rel. Min. José Arnaldo da Fonseca, *DJU* 24.3.2003; REsp 222.764-SP, rel. Min. Gilson Dipp, *DJU* 12.3.2001; 5ª Turma, AgR no Ag 311.369-SP, rel. Min. José Arnaldo da Fonseca, *DJU* 5.3.2001; 5ª Turma, REsp 222.777-SP, rel. Min. Jorge Scartezzini, *DJU* 7.8.2000; 5ª Turma, REsp 222.778-SP, rel. Min. Edson Vidigal, *DJU* 29.11.1999 – dentre outras.

"Recurso especial – Previdenciário – Assistência social – Benefício de prestação continuada – Requisitos legais – Art. 20, § 3º, da Lei n. 8.742/1993 – Condição de miserabilidade.

"As disposições contidas na lei não furtam ao julgador o poder de auferir, mediante o conjunto probatório contido nos autos, sobre outros critérios para se obter a condição de miserabilidade.

"O preceito contido no art. 20, § 3º, da Lei n. 8.742/1993 não é o único critério válido para comprovar a condição de miserabilidade preceituada no art. 203, V, da CF. *A renda familiar* per capita *inferior a um quarto do salário mínimo deve ser considerada como um limite mínimo, um* quantum *objetivamente considerado insuficiente à subsistência do portador de deficiência e do idoso, o que não impede que o julgador faça uso de outros fatores que tenham o condão de comprovar a condição de miserabilidade do autor.*

"Recurso desprovido" (STJ, 5ª Turma, REsp 612.097-RS (2003/ 0212823-8), rel. Min. José Arnaldo da Fonseca, j. 7.4.2005 – grifamos).

Mais recentemente o próprio STF, graças às alterações em sua composição, começou a flexibilizar a adoção da renda familiar *per capita* inferior a um quarto do salário mínimo como critério único de aferição da miserabilidade.

Deveras, na Rcl 3.891-RS o Min. Ricardo Lewandowski entendeu que cabe ao magistrado a análise do caso concreto para verificar se o idoso ou portador de deficiência enquadram-se como titulares do benefício de prestação continuada, concluindo que "a miséria constatada pelo juiz é incompatível com a dignidade da pessoa humana, princípio garantido no art. 1º, inciso III, da Constituição da República; e a política definida a ignorar a miserabilidade de brasileiros é incompatível com os princípios postos no art. 3º e seus incisos da Constituição; e a negativa do Poder Judiciário em reconhecer, no caso concreto, a situação comprovada e as alternativas que a Constituição oferece para não deixar morrer à míngua algum brasileiro é incompatível com a garantia da jurisdição, a todos assegurada como direito fundamental (art. 5º, inciso XXXV, da Constituição da República)".

Embora existam decisões no mesmo sentido,[145] todas elas são recentes e monocráticas, mas indicam, desde logo, a tendência do STF de rever o posicionamento esposado na ADI 1.232-1-DF.[146]

---

145. V.: Rcl 4.422-RS, rel. Min. Celso de Mello, *DJU* 30.6.2006; Rcl 4.133-RS, rel. Min. Carlos Britto, *DJU* 30.6.2006; Rcl 4.366-PE, rel. Min. Ricardo Lewandowski, *DJU* 1.6.2006; MC na Rcl 4.374-PE, rel. Min. Gilmar Mendes, *DJU* 6.2.2007; Rcl 3.805-SP, rela. Min. Cármen Lúcia, *DJU* 18.10.2006.

Faz-se necessário, ainda, salientar que o sujeito passivo deste benefício é a União Federal, nos termos do art. 12, I, da LOAS, mas o requerimento deve ser feito junto ao INSS.

Segundo Marisa Ferreira dos Santos,[147] a responsabilidade do INSS é restrita à prestação do serviço administrativo, na medida em que ele pode ou não ocasionar dano ao administrado, cabendo exclusivamente à União a responsabilidade pelo pagamento do benefício assistencial.

De fato, o INSS administra o sistema da previdência, que é financiado pela contribuição dos segurados, e não o da assistência social, que não é sistema diretamente contributivo. Logo, não poderiam sair recursos do INSS destinados ao pagamento do benefício assistencial, pois as verbas do INSS são vinculadas ao pagamento de benefícios previdenciários.

Além do benefício de prestação continuada, estabelecido pelo art. 203 da CF, ao legislador ordinário coube a criação de outros, para o atingimento dos objetivos da assistência social.

100. Diante disto, a Lei 8.742/1993 (regulamentada pelo Decreto 6.307, de 14.12.2007), em seu art. 22, instituiu os denominados *benefícios eventuais*, consistentes no pagamento de auxílio por natalidade ou morte às famílias cuja renda mensal *per capita* seja inferior a um quarto do salário mínimo.

Aqui cabe a mesma interpretação dada ao art. 20, § 3º, da LOAS no sentido de não se excluírem os necessitados que estejam em famílias cuja renda mensal *per capita* seja superior a um quarto, na medida em que este critério traz apenas uma presunção absoluta de pobreza, e não a única forma de sua constatação.

Considerando que a função precípua da assistência social é garantir ao necessitado uma proteção mínima diante das situações de necessidades, o legislador elegeu como fatos geradores para concessão dos benefícios eventuais, ante a necessidade do cidadão, a natalidade e a morte.

Esta escolha é dotada de bastante razoabilidade,[148] uma vez que a natalidade acarreta um aumento na despesa da família necessitada e a

---

146. Não se nega também a existência de inúmeras decisões em sentido contrário (no mesmo sentido da ADI 1.232-1-DF), tais como: Tribunal Pleno, Agr na Rcl 2.303-RS, rela. Min. Ellen Gracie, j. 13.5.2004; Rcl 4.470-RS, rel. Min. Cézar Peluso, *DJU* 2.3.2007; MC na Rcl 4.858-PB, rel. Min. Cézar Peluso, *DJU* 25.5.2007.
147. Marisa Ferreira dos Santos, "Assistência social: benefícios", *Revista do TRF-3ª Região* 48/33, julho-agosto/2001.
148. No mesmo sentido, Marisa Ferreira dos Santos, "Assistência social: benefícios", cit., *Revista do TRF-3ª Região* 48/34.

morte enseja, além dos gastos com o funeral, uma diminuição de ingresso das receitas que eram obtidas pelo falecido. Consoante o § 1º do art. 22, a concessão e o valor dos benefícios eventuais serão regulamentados pelos Conselhos de Assistência Social dos Estados, do Distrito Federal e dos Municípios, mediante critérios e prazos definidos pelo Conselho Nacional de Assistência Social/CNAS.

Ademais, consoante disposto no § 2º do art. 22 da LOAS, poderão ser estabelecidos outros benefícios eventuais para atender a necessidades advindas de situações de vulnerabilidade temporária, com prioridade para a criança, a família, o idoso, a pessoa portadora de deficiência, a gestante, a nutriz e nos casos de calamidade pública.

101. Destaque-se, outrossim, a existência de programas de assistência social cuja prioridade é a inserção profissional e social. Consoante o art. 24 da LOAS, a definição destes programas é feita pelos respectivos Conselhos de Assistência Social, cuja composição é paritária entre governo e sociedade civil (art. 30, I, da LOAS).

O art. 23, parágrafo único, da LOAS prescreve a necessidade de criação de programas de amparo "às crianças e adolescentes em situação de risco pessoal e social" e "às pessoas que vivem em situação de rua".

Como exemplos de programas de assistência social,[149] citem-se: Programa de Combate à Exploração Sexual de Crianças e Adolescentes, Programa de Atenção à Pessoa Idosa, Programa Nacional de Inclusão de Jovens/ProJovem[150] e Programa de Complementação ao Atendimento Educacional Especializado às Pessoas Portadoras de Deficiência/PAED.[151]

Além destes programas, a LOAS estabelece, em seu art. 25, os projetos de enfrentamento de pobreza, que compreendem *a instituição de investimento econômico-social nos grupos populares, buscando subsidiar, financeira e tecnicamente, iniciativas que lhes garantam meios, capacidade produtiva e de gestão para a melhoria das condições gerais de subsistência, a elevação do padrão da qualidade de vida, a preservação do meio ambiente e sua organização social.*

São exemplos de projetos de enfrentamento da pobreza: Programa Bolsa-Família,[152] Programa Fome Zero, Programa Nacional de Acesso à

---

149. Para saber mais a respeito dos programas de assistência social, vi. o *site www.desenvolvimentosocial.gov.br.*
150. Instituído pela Lei 11.129, de 30.6.2005, e regulado pela Lei 11.692, de 10.6.2008.
151. Instituído pela Lei 10.845/2004.
152. Instituído pela Lei 10.836/2004, com alterações introduzidas pela Lei 11.692/2008.

Alimentação/PNAA,[153] Programa de Atenção Integral à Família/PAIF,[154] Programa Dinheiro Direto na Escola,[155] Programa Nacional de Alimentação Escolar/PNAE,[156] Programa de Erradicação do Trabalho Infantil/PETI,[157] Programa Nacional de Renda Mínima[158] vinculado à Educação, "Bolsa-Escola",[159] Programa "Auxílio-Gás".[160]

No Brasil a importância da assistência social é inegável, na medida em que existe uma enorme massa de pessoas carentes, marginalizadas, vivendo na informalidade, com educação insuficiente e total despreparo profissional, bem como sem alimentação ou saúde adequadas.

Sempre que se fala em assistência social, uma célebre pergunta vem à mente: "Dar o peixe ou ensinar a pescar"?. A conclusão a que se chega é sobre a impossibilidade de se optar por somente uma das duas condutas. Apenas "dar o peixe" leva a uma conduta caritativa que não colabora para a inclusão social do ser humano. Por outro lado, ninguém aprende coisa alguma de estômago vazio.[161]

Assim, a assistência social deve ser um instrumento de transformação social e econômica do país, visando à integração daqueles que estão à margem da sociedade.

Destarte, os programas de assistência social devem ter por finalidade extirpar duas situações distintas, mas quase sempre interligadas. A primeira é a situação do cidadão que passa fome: esta é sanada por meio de benefícios pecuniários, que dão ao necessitado o imprescindível para conseguir alimentar a si e aos seus, retirando-os da miserabilidade em que se encontram; e a segunda é a situação do excluído da sociedade e do mercado de trabalho, que é combatida por meio de serviços que promovam

153. Instituído pela Lei 10.689/2003.
154. Criado em 18.4.2004 (Portaria 78) pelo Ministério do Desenvolvimento Social e Combate à Fome/MDS.
155. Regulado pela Medida Provisória 2.178-36, de 24.8.2001.
156. Este Programa teve sua origem, sob o nome de "Campanha de Merenda Escolar (CME)", no Decreto 37.106, de 31.3.1956.
157. Regido pela Portaria SEAS/MPAS-458, de 4.10.2001.
158. V. Lei 9.533/1997. Para saber mais sobre os projetos de "renda mínima" e sua origem histórica, v. Marcus Orione Gonçalves Correia, José Corrêa Villela e Carlos Otávio Bandeira Lins (coords), *Renda Mínima*, São Paulo, LTr, 2003.
159. Instituído pela Lei 10.219/2001.
160. Regulado pela Lei 10.453/2002.
161. Eugênia Augusta Gonzaga Fávero, Procuradora da República, em parecer exarado nos autos do Processo 2001.61.07.000276-3, da 1ª Vara Federal, em Araçatuba/SP, *apud* Marisa Ferreira dos Santos, "Assistência social – O benefício de prestação continuada", *Revista do Advogado* 95/100-101, Ano XXVII, São Paulo, AASP, dezembro/2007.

a inserção social e profissional do indivíduo, para que ele possa, por si próprio, sem o auxílio pecuniário do Estado, sustentar-se com dignidade e também à sua família.

Nenhuma destas duas grandes vertentes da assistência social pode ser negligenciada pelo Estado, pois são deveres constitucionalmente impostos a ele e, conseqüentemente, direitos subjetivos públicos dos cidadãos.

Logo, a omissão ou a má prestação das atividades de assistência social, seja no tocante à concessão dos benefícios, seja por meio do fornecimento dos serviços, dão ensejo à responsabilização estatal, pela qual o cidadão lesado pode, em juízo, obrigar o Estado a agir adequadamente bem como ser indenizado pelos danos materiais e morais que este lhe tiver causado.

II-7 Da proteção à maternidade e à infância

II-7.1 Proteção à maternidade

102. A proteção à maternidade, além de ser um direito social previsto no art. 6º da CF, encontra-se assegurada também nos arts. 7º, XVIII, 201, II, 203, I, da CF e 10, II, "b" do ADCT.

Em matéria de legislação infraconstitucional, a Consolidação das Leis do Trabalho regulamenta, nos arts. 391 a 400, as medidas que os empregadores devem tomar para que seja assegurada a proteção à maternidade.

Ainda, as Convenções 103/1966 e 183/1988, ambas da Organização Internacional do Trabalho/OIT e ratificadas pelo Brasil, dispõem sobre a proteção à maternidade, mas os direitos da empregada gestante, consagrados na Consolidação das Leis do Trabalho, na legislação de previdência social e na própria Constituição brasileira, superam os previstos nas convenções mencionadas.[162]

A proteção à maternidade não visa a proteger apenas os interesses da gestante, mas também a assegurar os direitos do nascituro, que, para ter um desenvolvimento saudável, depende das boas condições físicas e mentais da genitora.

Na verdade, o amparo à maternidade é tão essencial porque no fundo ela resguarda outra importante instituição, a família, que goza de especial

---

162. Arnaldo Süssekind, "As convenções da OIT sobre proteção à maternidade e a legislação brasileira", *Suplemento Trabalhista* 113/642, Ano 36, São Paulo, LTr, 2000.

proteção do Estado, nos termos do art. 226 da Constituição da República; e, assim, num contexto maior, protege-se também a instituição da sociedade, que não sobreviveria sem a maternidade.[163]

Consoante explica Marly A. Cardone,[164] a expressão "proteção à maternidade" pode ser analisada sob diversos enfoques.

O primeiro deles diz respeito aos princípios e às normas jurídicas que disciplinam o trabalho da mulher a partir da gravidez; ou seja, trata-se da influência da gravidez no contrato de trabalho da mulher nos seus três aspectos temporais: celebração, execução e terminação.

O segundo, adotado pela professora em seu trabalho, é uma concepção intermediária, que encara a trabalhadora como mãe em potencial, destacando a importância de um meio ambiente de trabalho saudável.

O terceiro, muito mais amplo, significa todos os direitos sociais da cidadã-mulher, como parceira na reprodução da espécie, englobando os princípios e normas do direito à saúde, do direito previdenciário e do direito assistencial. Seria, pois, o conjunto de medidas que visam a garantir a toda mulher o exercício de sua função biológica e social de ser mãe.

A proteção à maternidade constitucionalmente garantida é a de caráter mais amplo, englobando todos os aspectos necessários para que a mulher possa gerar ou adotar seus filhos, como saúde, amparo assistencial e garantia de trabalho após o parto ou a adoção.

Neste estudo os direitos relativos à saúde, assistência e previdência já foram tratados genericamente; e, por serem direitos sociais, pertencem a toda a categoria de indivíduos: crianças e adultos, adolescentes e idosos, homens e mulheres – o que, evidentemente, inclui as gestantes.

103. A saúde da mulher é tema essencial para a realização da maternidade. Assim sendo, a Lei 9.263/1996 estabelece, em seu art. 3º, que as instâncias gestoras do Sistema Único de Saúde/SUS, em todos os seus níveis, obrigam-se a garantir, em toda sua rede de serviços, no que respeita à mulher, programa de atenção integral à saúde, que inclua como atividades básicas, dentre outras: (i) a assistência à concepção; (ii) o atendimento pré-natal; e (iii) a assistência ao parto, ao puerpério e ao neonato.

---

163. Nesse sentido, v. também Irany Ferrari, "Maternidade: salário *versus* benefício previdenciário", *Suplemento Trabalhista* 20/96, Ano 35, São Paulo, LTr, 1999.
164. Marly A. Cardone, "Proteção à maternidade. Licença-paternidade", in Arion Sayão Romita (coord.), *Estudos em Homenagem ao Professor Amauri Mascaro Nascimento*, vol. I, São Paulo, LTr, 1991, pp. 274-275.

Cumpre ressaltar que a gestante faz jus, gratuitamente, nos postos de saúde do governo, à realização de exames do pré-natal[165] bem como a pelo menos seis consultas médicas durante o período da gravidez, a fim de avaliar o estado de sua saúde e o do feto durante a gestação.

Ainda, tendo em vista o direito à moradia, a ser estudado em tópico próprio, a gestante tem direito a habitar em um local confortável, com condições de limpeza e espaço adequados, para que possa manter-se saudável antes, durante e após a concepção da nova vida.

Com relação às trabalhadoras, há necessidade de que seu trabalho se desenvolva em local com higiene e segurança[166] para que a maternidade possa ser concretizada de forma adequada, com desenvolvimento saudável do feto e preservação do bem-estar da gestante.

104. O art. 7º, XVII, da CF assegura o direito de licença à gestante, sem prejuízo do emprego e do salário, com a duração de 120 dias.

A Lei 10.421/2002, em atendimento à necessidade de proteção integral à maternidade, incluiu o art. 392-A na CLT para conferir licença-maternidade à empregada que adotar ou obtiver guarda judicial para fins de adoção.

Andou bem o legislador ao conferir proteção também à maternidade oriunda da adoção, já que tanto a criança quanto a (nova) família recebem especial amparo constitucional (arts. 226 e 227) e precisam passar inicialmente um maior tempo juntos para que, superada a fase de adaptação, possam viver em harmonia.

Nestes casos o período de licença varia conforme a idade do adotando. Assim, no caso de adoção ou guarda judicial de criança com até 1 ano de

---

165. Consoante disposição do Ministério da Saúde, é considerado mínimo de exames do pré-natal a serem realizados: (i) exames de sangue, (ii) exames de urina, (iii) exame preventivo de câncer de colo do útero (papanicolau) e, se a mulher desejar, também poderá fazer o (iv) exame anti-HIV.

166. O art. 389 da CLT estabelece que: "Toda empresa é obrigada: I – a prover os estabelecimentos de medidas concernentes à higienização dos métodos e locais de trabalho, tais como ventilação e iluminação e outros que se fizerem necessários à segurança e ao conforto das mulheres, a critério da autoridade competente; II – a instalar bebedouros, lavatórios, aparelhos sanitários; dispor de cadeiras ou bancos, em número suficiente, que permitam às mulheres trabalhar sem grande esgotamento físico; III – a instalar vestiários com armários individuais privativos das mulheres, exceto os estabelecimentos comerciais, escritórios, bancos e atividades afins, em que não seja exigida a troca de roupa e outros, a critério da autoridade competente em matéria de segurança e higiene do trabalho, admitindo-se como suficientes as gavetas ou escaninhos, onde possam as empregadas guardar seus pertences; e IV – a fornecer, gratuitamente, a juízo da autoridade competente, os recursos de proteção individual, tais como óculos, máscaras, luvas e roupas especiais, para a defesa dos olhos, do aparelho respiratório e da pele, de acordo com a natureza do trabalho".

idade o período de licença será de 120 dias. Já a adoção ou guarda judicial de criança a partir de 1 ano até 4 anos de idade dá direito a um período de licença de 60 dias. Finalmente, se a criança tiver de 4 anos até 8 anos de idade o período de licença será de 30 dias.

A Lei 11.770, de 9.9.2008, criou o Programa Empresa-Cidadã, destinado a prorrogar por 60 dias a duração da licença-maternidade prevista no inciso XVIII do art. 7º da CF.[167]

Consoante disposto no § 1º do art. 1º da mencionada lei, a prorrogação será garantida à empregada da pessoa jurídica que aderir ao Programa, desde que a empregada a requeira até o final do primeiro mês após o parto, e concedida imediatamente após a fruição da licença-maternidade de 120 dias.

Assim, para poder gozar da prorrogação da licença-maternidade a empregada depende da filiação da empresa empregadora ao Programa Empresa-Cidadã. Não se trata, portanto, de benefício que será usufruído por todas as gestantes, mas apenas por aquelas que forem empregadas de empresas vinculadas ao Programa.

A prorrogação será garantida, na mesma proporção, também à empregada que adotar ou obtiver guarda judicial para fins de adoção de criança.

A lei estabelece, outrossim, que a empregada perderá o direito à prorrogação se exercer qualquer atividade remunerada ou colocar a criança em creche ou organização similar.

Durante a licença-maternidade a trabalhadora receberá benefício previdenciário denominado *salário-maternidade*, que, no caso da empregada, é pago pela empresa à conta do INSS.

Sendo valor do salário-maternidade ônus do INSS, o Estado, por meio da previdência social, previne possíveis condutas discriminatórias de empresários que pudessem vir a segregar a mulher no mercado de trabalho, por conta de gastos adicionais no período da licença-maternidade em que a empregada, embora não trabalhando, auferisse seu salário a expensas da empresa.

---

167. O Decreto 6.690/2008, com fundamento no art. 2º da Lei 11.770/1998, instituiu no âmbito da Administração Pública Federal direta, autárquica e fundacional o Programa de Prorrogação da Licença à Gestante e à Adotante. São beneficiadas por este programa as servidoras públicas federais lotadas ou em exercício nos órgãos e entidades integrantes da Administração Pública Federal direta, autárquica e fundacional. A prorrogação, neste caso, é custeada com recursos do Tesouro Nacional.

Com efeito, o fato de o sujeito passivo do salário-maternidade ser o Estado, e não o empregador, concorre para que haja iguais oportunidades de trabalho, bem como evita a discriminação por sexo. Conforme prescreve o art. 3º da Lei 11.770/2008, durante o período de prorrogação da licença-maternidade a empregada terá direito à sua remuneração integral, nos mesmos moldes devidos no período de percepção do salário-maternidade pago pelo regime geral de previdência social.[168]

105. Aliás, para proibir práticas discriminatórias em relação à mulher e assegurar a proteção da maternidade, o art. 2º da Lei 9.029/1995 considerou crimes, sujeitos a detenção de um a dois anos e multa, as seguintes condutas: I – a exigência de teste, exame, perícia, laudo, atestado, declaração ou qualquer outro procedimento relativo à esterilização ou a estado de gravidez; II – a adoção de quaisquer medidas, de iniciativa do empregador, que configurem (i) indução ou instigamento à esterilização genética; ou (ii) promoção do controle de natalidade, assim não considerado o oferecimento de serviços e de aconselhamento ou planejamento familiar, realizados através de instituições públicas ou privadas, submetidas às normas do SUS.

Ainda, consoante o art. 392, § 4º, da CLT, com redação dada pela Lei 9.799/1999, são garantidas à empregada, durante a gravidez, a transferência de função quando as condições de saúde a exigirem, assegurada a retomada da função anteriormente exercida, logo após o retorno ao trabalho, bem como a dispensa do horário de trabalho pelo tempo necessário para a realização de, no mínimo, seis consultas médicas e demais exames complementares.

Nesta seara, oportuno esclarecer que, além da licença-maternidade, a CF, no art. 10, II, "b", do ADCT, assegura, até que seja promulgada a lei complementar a que se refere o art. 7º, I, a estabilidade da gestante, que consiste na proibição de sua dispensa arbitrária[169] ou sem justa causa desde a confirmação da gravidez até cinco meses após o parto.[170]

---

168. No caso de prorrogação da licença-maternidade o valor da remuneração da empregada, neste período, é pago diretamente pelo empregador, que poderá, nos termos do art. 5º da Lei 11.770/2008, deduzir do imposto devido o total da remuneração integral da empregada, no caso de ser pessoa jurídica tributada pelo lucro real. V., a propósito, a redação do aludido art. 5º: "A pessoa jurídica tributada com base no lucro real poderá deduzir do imposto devido, em cada período de apuração, o total da remuneração integral da empregada pago nos 60 (sessenta) dias de prorrogação de sua licença-maternidade, vedada a dedução como despesa operacional".

169. *Despedida arbitrária* é aquela que não se funda em motivo disciplinar, técnico, econômico ou financeiro (art. 165 da CLT).

Assim, o art. 10, II, "b", do ADCT estabeleceu hipótese de estabilidade provisória (e não apenas de garantia do salário por prazo determinado) e, por conseguinte, de direito à reintegração no caso de dispensa arbitrária ou sem justa causa, garantindo-se a manutenção do contrato de trabalho.

O início da estabilidade é contado da confirmação da gravidez, feita geralmente pela apresentação de atestado médico ao empregador.

Se a empregada, contudo, não estiver ciente da gravidez no momento da extinção do contrato de trabalho, ainda assim terá direito à estabilidade, porém esta será efetivada nos termos da Súmula 244 do TST (*DJU* 20.4.2005), que estabelece que: I – o desconhecimento do estado gravídico pelo empregador não afasta o direito ao pagamento da indenização decorrente da estabilidade. (art. 10, II, "b", do ADCT); II – a garantia de emprego à gestante só autoriza a reintegração se esta se der durante o período de estabilidade. Do contrário a garantia restringe-se aos salários e demais direitos correspondentes ao período de estabilidade.

Assim, não é possível recusar o direito da gestante à estabilidade integral (com reintegração no emprego) mesmo nos casos, muito freqüentes, em que a empregada desconhece a gravidez no momento da ruptura contratual. Isto porque não é a comunicação ao empregador que confere a estabilidade, mas sim o estado gravídico.[171] A única ressalva feita pelo TST é no sentido de que, proposta a reclamação trabalhista quando já exaurido o período em que é vedada a dispensa arbitrária (período de estabilidade), não é possível a reintegração, restando devida apenas a indenização.

---

170. Não há direito da empregada gestante à estabilidade provisória na hipótese de admissão mediante contrato de experiência, visto que a extinção da relação de emprego, em face do término do prazo, não constitui dispensa arbitrária ou sem justa causa (Súmula 244 do TST).

171. Neste sentido: Édson Silva Trindade, "Considerações sobre a estabilidade decorrente de estado gestacional", *Trabalho e Doutrina: Processo Jurisprudência* 20/60-62, São Paulo, Saraiva, março/1999. Em sentido contrário: Marly A. Cardone, "Proteção à maternidade. Licença-paternidade", cit., in Arion Sayão Romita (coord.), *Estudos em Homenagem ao Professor Amauri Mascaro Nascimento*, vol. I, p. 282 – que afirma: "É preciso, todavia, que a confirmação da gravidez obtida pela empregada e comunicada ao empregador, ainda que seja no momento da despedida, se dê enquanto em vigor o contrato de trabalho, visto que o preceito examinado emprega a preposição 'desde', que significa 'a começar de', e este começo da contagem do período deve ocorrer dentro da vigência do contrato. Se a empregada tiver a confirmação da gravidez após o transcurso do prazo de aviso prévio e notificar o ex-empregador, 'porque de ex-empregador se tratará', o contrato não estará mais em vigor, pois ele terá terminado com o fim do período de aviso prévio, ainda que indenizado".

106. Ainda, visando a proteger a maternidade e a assegurar que a mãe trabalhadora não tenha a preocupação de, após a licença-maternidade, ter que deixar seus filhos pequenos sozinhos para poder retornar ao trabalho, a CF estabeleceu, no art. 7º, XXV, assistência gratuita aos seus filhos e dependentes desde o nascimento até cinco anos de idade em creches e pré-escolas.

Muito se discute quanto ao sujeito passivo desta obrigação,[172] tendo alguns doutrinadores[173] se inclinado a dizer que cabe ao empregador fornecer as creches e pré-escolas aos filhos das empregadas.

Entendemos, como visto em tópico anterior, que se trata de dever do Estado oferecer a educação infantil, por ser este um direito social assegurado às crianças pequenas no art. 208, IV, da CF.

Às empresas cabe, entretanto, o cumprimento do disposto no § 1º do art. 389 da CLT, que prescreve a obrigatoriedade de os estabelecimentos em que trabalharem pelo menos 30 mulheres com mais de 16 anos de idade terem local apropriado onde seja permitido às empregadas guardar sob vigilância e assistência os seus filhos no período da amamentação.

Esses locais destinados à guarda dos filhos das operárias durante o período da amamentação deverão ter, no mínimo, um berçário, uma saleta de amamentação, uma cozinha dietética e uma instalação sanitária (art. 400 da CLT).

Logo, ao Estado cabe a educação dos pequenos, por meio de profissionais habilitados, que estimulem seu desenvolvimento intelectual e cultural, ao passo que as empresas devem apenas fornecer um espaço adequado, dotado de segurança e conforto, para que as lactantes possam estar próximas dos seus bebês, amamentando-os durante os denominados intervalos especiais.

Em que pese às vozes dissonantes,[174] opinamos pela aplicabilidade imediata desse dispositivo (art. 7º, XXV), devendo o Estado fornecer educação infantil gratuita a quem dela necessitar.

Segundo o art. 396 da CLT, a mulher tem direito a dois intervalos (ou descansos) especiais, que não se confundem com os intervalos gerais,

---

172. Quanto ao art. 7º, XXV, "não é indicado o sujeito passivo da obrigação de propiciar o benefício" (Arion Sayão Romita, *O Princípio da Proteção em Xeque e Outros Ensaios*, São Paulo, LTr, 2003, p. 98).

173. Amauri Mascaro Nascimento, *Curso de Direito do Trabalho*, 15ª ed., São Paulo, Saraiva, 1998, p. 715.

174. Arion Sayão Romita entende que "somente por lei ordinária poderá este preceito constitucional tornar-se eficaz" (*O Princípio da Proteção em Xeque e Outros Ensaios*, cit., p. 98).

durante a jornada de trabalho, com duração de meia hora cada um, para amamentar o filho, até que este complete seis meses de idade, período que poderá ser dilatado quando a saúde da criança o exigir.

107. Para a gestante em estado de necessidade social, ou seja, sem trabalho e sem condições de prover a própria subsistência, o Estado, como visto no tópico referente à assistência social, assegura, no art. 22 da Lei 8.742/1993, o benefício do auxílio por natalidade às famílias cuja renda mensal *per capita* seja inferior a um quarto do salário mínimo.[175]

Este dispositivo foi regulamentado pelo Decreto 6.307/2007, que, em seu art. 3º, determina: "O auxílio por natalidade atenderá, preferencialmente, aos seguintes aspectos: I – necessidades do nascituro; II – apoio à mãe nos casos de natimorto e morte do recém-nascido; e III – apoio à família no caso de morte da mãe".

O valor do benefício eventual de auxílio por natalidade é regulamentado pelos Conselhos de Assistência Social dos Estados, do Distrito Federal e dos Municípios, mediante critérios e prazos definidos pelo Conselho Nacional de Assistência Social/CNAS.

O CNAS, no exercício de sua competência, editou, em 19.10.2006, a Resolução 212, estabelecendo, em seu art. 6º, que o benefício natalidade pode ocorrer na forma de pecúnia ou em bens de consumo.

Os bens de consumo, segundo o dispositivo, consistem no enxoval do recém-nascido, que inclui itens de vestuário, utensílios para alimentação e higiene, todos com qualidade que garanta a dignidade e o respeito à família beneficiária.

Quando o benefício natalidade for assegurado em pecúnia deve ter como referência o valor das despesas referente ao enxoval do bebê.

108. Assim, para salvaguardar o mínimo existencial referente à maternidade, o Estado tem, além de fiscalizar o cumprimento da legislação trabalhista pelos particulares, o dever de fornecer: (i) salário-maternidade

---

175. Estendemos a este benefício o raciocínio esposado na interpretação do art. 20, § 3º, da LOAS; ou seja, haverá situações em que a gestante estará inserida em família cuja renda *per capita* seja *superior* a um quarto do salário mínimo e ainda assim essa família não terá condições de arcar financeiramente com seu sustento. Daí por que entendemos que a fixação de um quarto do salário mínimo traz apenas uma presunção *absoluta* da pobreza, e não a única forma de comprová-la. Assim também é o art. 17 da Resolução 212/2006 do CNAS, que dispõe: "Recomendar que o critério de renda mensal *per capita* familiar para acesso aos benefícios eventuais estabelecido pelo Distrito Federal e pelos Municípios atenda ao determinado no art. 22 da Lei n. 8.742, de 1993, *não havendo impedimento para que o critério seja fixado em valor igual ou superior a um quarto do salário mínimo*" (grifamos).

para as trabalhadoras filiadas à previdência social; (ii) benefício eventual de auxílio à natalidade para as gestantes que dele necessitarem; (iii) assistência gratuita aos filhos e dependentes das trabalhadoras desde o nascimento até cinco anos de idade em creches e pré-escolas; e (iv) os exames do pré-natal e demais serviços necessários à saúde da gestante, de forma gratuita, nos hospitais ou postos públicos.

109. O não-atendimento destas imposições constitucionais implica responsabilização estatal, conferindo direito à cidadã de ingressar em juízo pleiteando, conforme o caso, a concessão do benefício previdencial ou assistencial ou a obrigação do Estado de arcar (i) com as mensalidades de uma creche particular para a trabalhadora colocar sua criança ou (ii) com o pagamento dos exames pré-natal realizados em instituições privadas. Tudo isto acrescido, evidentemente, dos danos morais e materiais que forem decorrentes da omissão ou má prestação do Estado.

II-7.2 Proteção à infância[176]

110. O art. 227 do Texto Maior dispõe ser "dever da família, da sociedade e do Estado assegurar à criança e ao adolescente, *com absoluta prioridade*, o direito à vida, à saúde, à alimentação, à educação, ao lazer, à profissionalização, à cultura, à dignidade, ao respeito, à liberdade e à convivência familiar e comunitária, além de colocá-los a salvo de toda forma de negligência, discriminação, exploração, violência, crueldade e opressão" (grifamos).

Vê-se, pois, que são responsáveis pelas crianças e jovens a família, a sociedade e o Estado. Isto quer dizer que o fato de um deles se destacar na proteção dos menores não implica isenção de responsabilidade dos outros.

Como bem explanou Dalmo de Abreu Dallari,[177] o amparo e o apoio à infância e à juventude devem figurar, obrigatoriamente, entre as prioridades

176. Sobre a evolução histórica da proteção conferida à criança e ao adolescente, v. Tânia da Silva Pereira, "Infância e adolescência: uma visão histórica de sua proteção social e jurídica no Brasil", *Revista de Direito Civil, Imobiliário, Agrário e Empresarial* 16-62/34-46, São Paulo, Ed. RT, outubro-dezembro/1992, e também Eduardo Dias de Souza Ferreira, "A infância no constitucionalismo brasileiro: da indiferença à proteção integral", in Lauro Luiz Gomes Ribeiro e Luciana Andréa Accorsi Berardi (orgs.), *Estudos de Direito Constitucional em Homenagem à Professora Maria Garcia*, São Paulo, Thomson IOB, 2007, pp. 83-112.

177. Dalmo de Abreu Dallari, in Munir Cury (org.), *Estatuto da Criança e do Adolescente Comentado*, 9ª ed., atualizada por Maria Júlia Kaial Cury, São Paulo, Malheiros Editores, 2008, p. 44.

dos governantes. Essa exigência constitucional corrobora a importância de atender, com precedência, às pessoas que, por sua suscetibilidade natural ou por estarem em etapa incompleta de seu desenvolvimento, sujeitam-se a maiores riscos. Reconhecendo-se que eles são imprescindíveis para o futuro de todo e qualquer povo, determinou-se como dever de todos os governantes conferir-lhes peculiar atenção. Este dever aplica-se igualmente à família e à sociedade.

Deste modo, a Constituição determinou, como *prioridade absoluta*, a proteção das pessoas em desenvolvimento.

É claro que o art. 227 é de eficácia plena, auto-aplicável. Ora, não se poderia imaginar que os direitos fundamentais da criança e do adolescente, que devem ser atendidos com prioridade absoluta, poderiam estar condicionados a um caráter programático ou de eficácia limitada.[178]

Ademais, esta prioridade absoluta é refletida em diversos artigos constitucionais. Assim, além do art. 6º, o art. 7º, XXXIII, da CF proíbe o trabalho do menor de 16 anos, salvo na condição de aprendiz, a partir de 14 anos; o art. 24, XV, estabelece a competência concorrente da União, dos Estados e do Distrito Federal em matéria de proteção à infância e à juventude; o art. 203, I e II, dispõe ser objetivo da assistência social a proteção à infância bem como o amparo às crianças e adolescentes carentes; e o art. 208, IV, afirma ser dever do Estado o fornecimento de educação infantil às crianças de zero a cinco anos.

Ainda, a incondicional primazia da proteção à criança e ao adolescente fez com que o constituinte tratasse esta matéria em capítulo próprio ("Capítulo VII – Da Família, da Criança, do Adolescente e do Idoso") inserido no Título VIII ("Da Ordem Social").

O § 3º do art. 227 prescreve que o direito à proteção especial conferida à criança e ao adolescente abrangerá os seguintes aspectos: "I – idade mínima de 14 (catorze) anos para admissão ao trabalho, observado o disposto no art. 7º, XXXIII; [*proibição do trabalho noturno, perigoso ou insalubre a menores de 18 e de qualquer trabalho a menores de 16 anos, salvo na condição de aprendiz, a partir de 14 anos*] II – garantia de direitos previdenciários e trabalhistas; III – garantia de acesso do trabalhador adolescente à escola; IV – garantia de pleno e formal conhecimento da atribuição de ato infracional, igualdade na relação processual e defesa técnica por profissional habilitado, segundo dispuser a legislação tutelar específica; V – obediência aos princípios de brevidade, excepcionalidade

---

178. Nilton Kasctin dos Santos, "A estrutura normativa de proteção à infância: breves comentários", *Revista da Ajuris* 29-88/297, Porto Alegre, Ajuris, dezembro/2002.

e respeito à condição peculiar de pessoa em desenvolvimento, quando da aplicação de qualquer medida privativa da liberdade; VI – estímulo do Poder Público, através de assistência jurídica, incentivos fiscais e subsídios, nos termos da lei, ao acolhimento, sob a forma de guarda, de criança ou adolescente órfão ou abandonado; VII – programas de prevenção e atendimento especializado à criança e ao adolescente dependente de entorpecentes e drogas afins".

Destarte, além dos mínimos existenciais previstos no *caput* do art. 227, o Estado tem o dever de assegurar, também com absoluta prioridade, para a efetiva proteção da infância, os direitos previstos no § 3º do mesmo artigo.

Ensina Tânia da Silva Pereira[179] que priorizar o recém-nascido é, acima de tudo, oferecer assistência pré-natal, saneamento básico, saúde, alimentação, vacinação em massa. Priorizar a criança até 12 anos é conceder ensino primário, cultura, lazer, entre outras medidas, bem como oferecer assistência médico-odontológica. Priorizar o adolescente é, além de tudo isto, fornecer-lhe ensino profissionalizante, proteção ao trabalho, assistência familiar e também atendimento ao jovem em situação irregular.

111. Assim, em atendimento ao princípio constitucional de proteção integral à criança e ao adolescente, foi editada, em 13.7.1990, a Lei 8.069, autodenominada *Estatuto da Criança e do Adolescente*/ECA.

O Estatuto da Criança e do Adolescente rompeu definitivamente com a mentalidade que vigorava ao tempo do Código de Menores (Lei 6.697/1979), cujo caráter repressivo e correcional destinava-se apenas aos menores em *situação irregular*. Estes menores eram muitas vezes tratados como se fossem adultos infratores, aplicando-se-lhes praticamente as mesmas medidas judiciais encontradas no Código Penal.

O Estatuto da Criança e do Adolescente, em frontal contraposição a esta ideologia, tratou de albergar a doutrina da proteção integral, prevista no texto constitucional de 1988, visando, pois, a garantir o pleno desenvolvimento da criança e do adolescente, bem como sua inserção no seio social, buscando soluções reais aos problemas que afetam a infância e a juventude.

Ainda, o termo "menor", dado o caráter pejorativo que lhe foi imputado, por conta de ter sido utilizado para designar crianças e adolescentes a partir de suas penúrias ou condutas (menor infrator, menor carente, menor

---

179. Tânia da Silva Pereira, "A Convenção sobre os Direitos da Criança (ONU) e a proteção da infância e adolescência no Brasil", *Revista de Direito Civil, Imobiliário, Agrário e Empresarial* 16-60/23-39, São Paulo, Ed. RT, abril-junho/1992.

abandonado), foi substituído, no Estatuto da Criança e do Adolescente, pela apropriada locução "criança e adolescente (ou jovem)", rompendo de vez com a idéia preconceituosa que pairava sobre o termo dantes utilizado. Criança, para o Estatuto da Criança e do Adolescente, é a pessoa com até 12 anos de idade incompletos; e adolescente é aquele que tem entre 12 e 18 anos de idade.

O § 4º do art. 227 da Constituição da República estabelece que a lei punirá severamente o abuso, a violência e a exploração sexual da criança e do adolescente.

Assim, o ECA trata, em seus arts. a 225 a 244-A, dos crimes praticados contra a criança e o adolescente, por ação ou omissão, sem prejuízo do disposto na legislação penal.[180]

A convivência familiar é um dos direitos da criança e do adolescente, consoante previsto no art. 227, *caput*, da Lei Maior. Tem primazia, por óbvio, a convivência com a família natural, sendo que somente à falta ou impossibilidade desta a criança ou o adolescente serão colocados em família substituta, por meio da guarda, tutela ou adoção.

Com o propósito de cumprir o princípio da isonomia e extirpar de uma vez por todas as odiosas segregações que eram feitas entre os filhos (ilegítimos, espúrios, bastardos, adulterinos, incestuosos etc.), a CF de 1988, em seu art. 227, § 6º, determinou que "os filhos, havidos ou não da relação do casamento, ou por adoção, terão os mesmos direitos e qualificações, proibidas quaisquer designações discriminatórias relativas à filiação".

Assim, o ordenamento jurídico pátrio estabeleceu a igualdade entre os filhos, inclusive no tocante aos direitos patrimoniais, alimentícios e sucessórios, eliminando as duas formas de adoção (simples e plena) previstas na Lei 6.697/1979, consagrando como único instrumento de adoção aquele cujos efeitos são os da antiga adoção plena.

---

180. O CP dispõe, em seu art. 61, II, "h", que é circunstância agravante, quando não constituir ou qualificar o crime, ter o agente cometido o crime contra criança. Ainda, se o crime tiver sido cometido contra criança ou adolescente, tal circunstância será considerada, em inúmeros casos, causa de aumento de pena, como ocorre, por exemplo, nos crimes de: homicídio doloso (art. 121, § 4º, do CP); redução a condição análoga à de escravo (art. 149, § 2º, I, do CP); induzimento, instigação ou auxílio ao suicídio (art. 122, II, do CP); maus-tratos (art. 136, § 3º, do CP); seqüestro e cárcere privado (art. 148, IV, do CP); extorsão mediante seqüestro (art. 159, § 1º, do CP); frustração de direito assegurado por lei trabalhista (art. 203, § 2º, do CP); aliciamento de trabalhadores de um local para outro do território nacional (art. 207, § 2º, do CP); bem como em vários crimes contra a liberdade sexual previstos nos arts. 213 a 232 do CP. Ainda, a Lei 9.455/1997, que trata do crime de tortura, prevê como causa de aumento de pena, de um sexto a um terço, seu cometimento contra criança (art. 1º, § 4º).

Ressalte-se que o art. 23 do ECA veda a perda ou suspensão do pátrio poder pela simples ausência ou carência de recursos materiais. Assim, se não existir outro motivo que por si só autorize a decretação da medida, a criança ou o adolescente serão mantidos em sua família de origem, a qual deverá obrigatoriamente ser incluída em programas oficiais de auxílio.

Logo, a pobreza – miséria material – não pode servir de fundamento para decretação da perda ou suspensão do pátrio poder, até porque, se o Estado tem o dever de proteger a família (art. 226 da CF) e assistir àqueles que estão em situação de risco social (art. 203 da CF), não pode, por óbvio, "desmantelar" a unidade familiar, pela retirada do pátrio poder, em virtude da carência financeira dos genitores.

112. O art. 228 da CF estabelece a inimputabilidade penal dos menores de 18 anos, que ficam sujeitos às normas prescritas no Estatuto da Criança e do Adolescente.

A inimputabilidade absoluta na esfera do direito penal não significa, entretanto, que ao jovem infrator não sejam aplicadas as medidas adequadas, previamente estabelecidas em lei, com a única finalidade de tornar possíveis sua reeducação e encaminhamento, para que se possa desenvolver como ser humano e cidadão.[181] Assim, não é a repressão o remédio a ser imposto no caso do menor infrator, mas sim o ensino e a inserção social.

O art. 98 do ECA, visando ao amparo integral à criança e ao adolescente, estabelece que serão aplicadas medidas de proteção sempre que os direitos dos menores forem ameaçados ou violados, seja por ação ou omissão da sociedade ou do Estado; seja por falta, omissão ou abuso dos pais ou responsável; seja em razão de sua conduta.

As medidas que visam a colocar a criança ou o adolescente a salvo de toda forma de negligência, discriminação, exploração, violência, crueldade e opressão são, dentre outras, as previstas no art. 101 do ECA, que consistem: I – no encaminhamento da criança ou jovem aos pais ou responsável, mediante termo de responsabilidade; II – na orientação, apoio e acompanhamento temporários; III – na matrícula e freqüência obrigatórias em estabelecimento oficial de ensino fundamental; IV – na inclusão em programa comunitário ou oficial de auxílio à família, à criança e ao adolescente; V – na requisição de tratamento médico, psicológico ou psiquiátrico, em regime hospitalar ou ambulatorial; VI – na inclusão em programa oficial ou comunitário de auxílio, orientação e tratamento

---

181. Napoleão X. do Amarante, in Munir Cury (coord.), *Estatuto da Criança e do Adolescente Comentado*, cit., 9ª ed., pp. 370-371.

a alcoólatras e toxicômanos; VII – na colocação do menor em abrigo, sendo este medida provisória e excepcional, utilizável como forma de transição para a colocação em família substituta, não implicando privação de liberdade; e VIII – na colocação em família substituta.

Estas medidas estão definidas com precisão e são exigíveis sempre que se constatar violação aos direitos das crianças e adolescentes. Assim, o cidadão, por meio do direito constitucional de petição, o Conselho Tutelar, através da requisição, o Ministério Público, mediante a representação em juízo, a autoridade policial, por meio de repreensão imediata, e a autoridade judiciária, em decisão fundamentada, têm o dever de salvaguardar a criança e o jovem, denunciando e reprimindo todos e quaisquer maus-tratos que a eles sejam impingidos.

Desta forma, o Estado, em todas as suas expressões, e a sociedade em geral têm o dever de assegurar proteção máxima aos pequenos, que um dia construirão o futuro deste país.

O art. 227, § 1º, da Constituição da República estabelece que o Estado promoverá programas de assistência integral à saúde da criança e do adolescente. Em cumprimento a este dispositivo, a Lei 8.642/1993 instituiu o Programa Nacional de Atenção Integral à Criança e ao Adolescente/ PRONAICA, cuja finalidade é a de integrar e articular ações de apoio ao jovem e à criança.

113. Do exposto, pode-se afirmar que o mínimo existencial que incumbe ao Estado no tocante à proteção da infância é assegurar, com absoluta prioridade, o amparo integral à criança, fornecendo-lhe saúde, com tratamento médico, hospitalar e odontológico, alimentação, educação, lazer, profissionalização, cultura, apoio psicológico, abrigo, assistência, programas de inserção social e benefícios previdenciários (quando for o caso).

114. Assim, a omissão ou negativa do Estado em cumprir seu dever constitucional de fornecer os direitos subjetivos da criança ensejam sua responsabilização por danos morais e materiais causados bem como, conforme o caso, a obrigação de arcar com os custos dos serviços em entidades particulares quando o serviço estatal não estiver à disposição do pequeno cidadão.

II-8 Do lazer

115. Até o advento da Constituição de 1988 o direito ao lazer não tinha previsão constitucional.

Hoje, dentre os direitos sociais encontra-se o direito ao lazer, constitucionalmente garantido no art. 6º e também nos arts. 7º, IV, 217, § 3º, e 227.

Com efeito, o art. 7º, IV, assegura que o salário mínimo deverá atender às necessidades vitais básicas do trabalhador e de sua família, e dentre elas está o lazer.

Também o art. 217, § 3º, estabelece que o Poder Público incentivará o lazer, como forma de promoção social.

Ainda, o art. 227 estabelece ser dever da família, da sociedade e do Estado assegurar à criança e ao adolescente,[182] com absoluta prioridade, o direito ao lazer, dentre outros.

Vê-se, pois, que, nos termos da Constituição, o Estado é responsável pelo oferecimento do lazer, bem como, subsidiariamente, outros grupos sociais também o são.

116. Não é tarefa fácil – e nem mesmo essencial para o presente trabalho – conceituar o *lazer*, apesar de todos nós termos, por experiência própria, uma razoável noção do que ele significa.

José Afonso da Silva diferencia *lazer* de *recreação*, conceituando-os da seguinte forma: "lazer é a entrega à ociosidade repousante". Ao passo que recreação seria "a entrega ao divertimento, ao esporte, ao brinquedo".[183]

Não adotaremos esta distinção, até mesmo porque ambos destinam-se à mesma finalidade – qual seja, o refazimento das forças gastas no trabalho diário.

---

182. A Lei 8.069/1990 (Estatuto da Criança e do Adolescente) trata, em vários artigos, da necessidade do lazer para a formação integral da criança e do adolescente. Assim, seu art. 4º dispõe ser "dever da família, da comunidade, da sociedade em geral e do Poder Público assegurar, com absoluta prioridade, a efetivação dos direitos referentes à vida, à saúde, à alimentação, à educação, ao esporte, ao *lazer*, à profissionalização, à cultura, à dignidade, ao respeito, à liberdade e à convivência familiar e comunitária" (grifamos). Seu art. 59 prevê: "Os Municípios, com apoio dos Estados e da União, estimularão e facilitarão a destinação de recursos e espaços para programações culturais, esportivas e de *lazer* voltadas para a infância e a juventude" (grifamos). O art. 71 estabelece que: "A criança e o adolescente têm direito à informação, cultura, *lazer*, esportes, diversões, espetáculos e produtos e serviços que respeitem sua condição peculiar de pessoa em desenvolvimento" (grifamos). Já o art. 94, em seu inciso XI, dispõe que "as entidades que desenvolvem programas de internação têm as seguintes obrigações, entre outras: (...) XI – propiciar atividades culturais, esportivas e de *lazer*" (grifamos). Finalmente, o inciso XII do art. 124 estabelece que "são direitos do adolescente privado de liberdade, entre outros, os seguintes: (...) XII – realizar atividades culturais, esportivas e de *lazer*" (grifamos).

183. José Afonso da Silva, *Curso de Direito Constitucional Positivo*, 32ª ed., São Paulo, Malheiros Editores, 2009, p. 315.

Apesar de ser de importância transcendental, não apenas ao trabalhador, mas a todas as pessoas, o lazer não é tema a que a doutrina pátria ou mesmo a alienígena dispensem importância.[184] É até bastante compreensível que não se estude o direito ao lazer em um país onde existem necessidades muito mais prementes, como a alimentação, a educação e a saúde, e onde o lazer, para a maioria dos seres humanos, só existe de forma atípica, escassa.[185]

Ocorre que o lazer é também direito subjetivo público do cidadão e foi constitucionalmente assegurado como tal por conta dos inúmeros benefícios de ordem psíquica, física e social que proporciona.

O lazer é tão importante quanto o trabalho para que o homem viva com dignidade.[186] É como bem acentuou Miguel Reale: o homem não pode ser considerado "uma máquina que tem intervalos de inércia para evitar o desgaste e a ruína do material. O 'direito de não trabalhar' é visto como exigência de plenitude existencial, como imperativo de perfectibilidade cultural e ética".[187]

Com efeito, o direito ao lazer não consiste apenas no descansar do trabalhador, mas na oportunidade de aquisição de cultura e qualidade de vida, bem como na sua recuperação física e psíquica.[188]

Os desgastes físicos e mentais ocasionados pelo trabalho levam à necessidade de uma recomposição das forças do homem, para que ele não perca seu equilíbrio.

Como bem advertiu Mirian Freire Pereira,[189] a luta por direitos que resguardassem os trabalhadores do excesso de trabalho é o embrião do direito ao lazer. Assim, a limitação da jornada de trabalho, o descanso semanal remunerado, preferencialmente aos domingos, e as férias cumprem um papel imprescindível para o gozo do lazer.

---

184. Afora os trabalhos de fôlego produzidos por Otávio Amaral Calvet (*Direito ao Lazer nas Relações de Trabalho*, São Paulo, LTr, 2006) e Mirian Freire Pereira (*Direito ao Lazer*, tese de Doutorado, São Paulo, USP, 2002, 258 pp.), apenas os doutrinadores trabalhistas comentaram o tema.

185. Celso Barroso Leite, "Trilogia do século XXI: aposentadoria, desemprego, lazer", *Revista de Previdência Social* 204-21/1.106, São Paulo, novembro/1997.

186. Amauri Mascaro Nascimento, "Direito do trabalho: teoria dos modelos e a essencialidade do lazer", in Celso Lafer e Tércio Sampaio Ferraz Jr. (coords.), *Direito, Política, Filosofia, Poesia – Estudos em Homenagem a Miguel Reale no seu Octogésimo Aniversário*, São Paulo, Saraiva, 1992, p. 388.

187. Miguel Reale, "O direito de não trabalhar", in *Estudos de Filosofia e Ciência do Direito*, São Paulo, Saraiva, 1978, p. 102.

188. Mirian Freire Pereira, *Direito ao Lazer*, cit., p. 113.

189. Idem, p. 116.

117. A limitação da jornada de trabalho, assegurada no art. 7º, XIII e XIV, da Lei Magna, está calcada em três alicerces, quais sejam: (i) a natureza biológica do homem, que precisa do descanso para recuperação da fadiga; (ii) o caráter social, que permite ao trabalhador viver, como ser humano, na coletividade, usufruindo dos prazeres materiais e espirituais existentes, inclusive utilizando seu tempo livre com a família e amigos; e (iii) a índole econômica, porque o descanso assegura um rendimento superior na execução do trabalho.[190]

118. O repouso semanal remunerado, previsto no art. 7º, XV, da CF, serve para que o trabalhador possa recuperar as energias gastas na labuta durante a semana, bem como conviver com sua família, desfrutando, assim, de um período de paz interior.[191]

119. Finalmente, as férias, nos termos do inciso XVII do art. 7º da Constituição da República, são anuais e remuneradas com, pelo menos, um terço a mais que o salário normal. Elas servem para subtrair o trabalhador do ambiente, muitas vezes extremamente competitivo, onde diariamente executa suas tarefas, possibilitando que este restaure suas forças físicas e psíquicas, desfrutando de momentos de prazer e merecido descanso.

Amauri Mascaro Nascimento[192] afirma que a utilização das férias vem adquirindo uma característica de compulsoriedade, pois, além da proibição de trabalho durante seu curso, foram instituídas outras medidas, como o pagamento antecipado da pertinente remuneração e da metade do 13º salário, para que o trabalhador tenha condições econômicas de desfrutar o lazer.

O professor adverte, ainda, que se o trabalhador não conseguir gozar suas férias – não usufruindo, portanto, do descanso a que fazia jus – bem como se não dispuser de verbas para o lazer, as férias não terão atingido seus normais objetivos.

Assim, a limitação da jornada de trabalho, o descanso semanal remunerado e as férias foram instituídos para que o trabalhador possa desfrutar momentos de recreação, repouso e divertimento.

120. Afora isto, o lazer tem inegável enfoque econômico. Assim, além de propiciar a restauração da energia do trabalhador, de modo a assegurar seu nível de produtividade, o lazer, nos termos da teoria proposta por Ber-

---

190. Idem, pp. 121-122.
191. No mesmo sentido Sérgio Pinto Martins, *Direito ao Trabalho*, 5ª ed., São Paulo, Malheiros Editores, 1998, p. 442.
192. Amauri Mascaro Nascimento, *Curso de Direito do Trabalho*, cit., 15ª ed., p. 677.

trand Russel,[193] atua como instrumento para o fim do desemprego, pois o gradativo acréscimo de tempo reservado ao lazer obriga a uma redução do tempo destinado ao trabalho, impondo-se a adoção de jornadas cada vez menores e, conseqüentemente, ocasionando-se a criação de novos postos de trabalho.[194] Com isto, estar-se-ia conciliando o direito ao lazer com o princípio da ordem econômica da busca do pleno emprego, disposto no art. 170, III, da CF.

Ainda, Otávio Amaral Calvet[195] acrescenta que o lazer, sob o enfoque econômico, é um instrumento poderoso de criação de outros setores da economia, especialmente o turismo, pois o desenvolvimento de uma cultura de lazer viabiliza a exploração econômica de diversos campos, como as atividades que envolvem viagens, guias, passagens, hotéis, atividades recreativas etc.

Evidentemente não são apenas os trabalhadores os titulares do direito subjetivo ao lazer, mas todas as pessoas (adultos e crianças), nos termos do art. 6º da Constituição da República.

Luiz Alberto David Araujo e José Luiz Ragazzi[196] relembram que o Estado deve dar às pessoas com deficiência condições de aproveitar o lazer, garantindo, em museus e salas de espetáculos, locais reservados a cadeiras de rodas, maquetes para que pessoas com deficiência visual possam tocar as obras etc.

Consoante exposto, o oferecimento de atividades e locais de lazer é dever do Estado, a quem incumbe fornecer entretenimento e distrações para os cidadãos de todas as idades, a fim de lhes garantir melhores condições de vida, assegurando o bem-estar social.

De fato, as atividades de lazer contribuem para integração social de adultos e crianças, bem como combatem os fatores de marginalização, permitindo que pessoas carentes façam parte de alguma atividade recreativa, esportiva ou cultural que lhes possibilite, além da imperativa inclusão social, também o desfrute de um pouco de divertimento, dignificando suas vidas e auxiliando na construção de uma sociedade justa e solidária.

193. Bertrand Russel, *O Elogio ao Ócio*, 4ª ed., Rio de Janeiro, Sextante, 2002, p. 30.
194. A proposição de Russel sempre sofreu severas críticas e deve ser adotada com ressalvas, já que, como explana Otávio Amaral Calvet (*Direito ao Lazer nas Relações de Trabalho*, cit., pp. 70-71), experiências recentes demonstram que a redução da jornada de trabalho não importou aumento dos postos de trabalho.
195. Otávio Amaral Calvet, *Direito ao Lazer nas Relações de Trabalho*, cit., p. 73.
196. Luiz Alberto David Araujo e José Luiz Ragazzi, "A proteção constitucional das pessoas portadoras de deficiência", *Revista do Advogado* 95/48, Ano XXVII, São Paulo, AASP, dezembro/2007, p. 48.

121. Assim como ocorre com todos os direitos sociais, não há dúvidas de que há um mínimo existencial referente ao lazer, e este é constitucionalmente garantido, incumbindo ao Estado seu fornecimento, sob pena de responsabilidade.

Não se pode negar, contudo, que há uma ampla discricionariedade[197] por parte do Estado na escolha do tipo de lazer que este irá oferecer, não podendo o cidadão exigir que lhe seja fornecido um determinado tipo de recreação, como, por exemplo, a organização de um campeonato de futebol por parte do Estado, quando este tem sua política pública voltada para a formação de um grupo de teatro, que abarca todos os sexos e idades.

O que não pode faltar, em hipótese alguma, é o oferecimento de alguma atividade de lazer, sob pena de afronta expressa ao art. 6º da CF.

Assim, não importa se o Estado irá preparar um campeonato de futebol, oferecer uma palestra de um escritor famoso, proporcionar um curso de jardinagem, organizar um concerto com um quarteto de cordas ou formar um grupo de teatro etc.; o que importa é que pelo menos alguma dessas atividades esteja à disposição dos cidadãos para que possam desfrutar do direito constitucional ao lazer.

Logo, cabe ao Estado – e somente a ele –, analisando seu público-alvo, determinar qual atividade de lazer melhor se adapta a cada comunidade para que, oferecendo-a, possa cumprir seu dever constitucional de proporcionar o lazer.

Nesta seara, cabe a questão: "E se o Estado não oferecer absolutamente qualquer atividade de lazer?".

122. Se o Estado desobedecer ao mandamento constitucional e se quedar inerte no oferecimento, o particular pode ingressar em juízo ordenando que o Estado lhe forneça alguma atividade de lazer,[198] sob pena de, em não o fazendo, ser obrigado a arcar com a atividade escolhida pelo particular, oferecida em alguma instituição privada, bem como a indenizar material e moralmente pelos danos que comprovadamente tiver causado pela omissão no oferecimento do lazer.

197. Sobre discricionariedade adotamos integralmente a posição de Celso Antônio Bandeira de Mello. Assim sendo, não negamos que diante do caso concreto a discricionariedade pode desaparecer, na medida em que é possível existir apenas uma "solução-ótima" para o atingimento da finalidade pública (Celso Antônio Bandeira de Mello, *Discricionariedade e Controle Jurisdicional*, cit., 2ª ed., 9ª tir., 2008). Voltaremos a tratar deste tema no Capítulo IV.

198. Como advertimos, o particular não pode exigir que lhe seja oferecida uma atividade *específica* de lazer, mas apenas que o Estado forneça uma – qualquer uma – atividade dessa natureza.

Se assim não for faz-se letra morta a Constituição, que reputou o lazer como direito fundamental social com aplicabilidade imediata (art. 5º, § 1º, c/c art. 6º).

II-9 Da moradia

123. O direito à moradia[199] foi introduzido no rol do art. 6º da CF pela Emenda Constitucional 26, de 14.2.2000.

É certo que, consoante anotam Olavo Augusto Vianna Alves Ferreira e Rodrigo Pieroni Fernandes,[200] o direito à moradia mesmo antes da Emenda Constitucional 26/2000 já estava reconhecido no art. 7º, IV, da Carta Maior: "São direitos dos trabalhadores urbanos e rurais, (...): (...) IV – salário mínimo, fixado em lei, nacionalmente unificado, *capaz de atender às suas necessidades vitais básicas e às de sua família com moradia*, alimentação, educação, saúde, lazer, vestuário, higiene, transporte e previdência social (...)" (grifos nossos).

Este entendimento parece-nos acertado, pois mesmo antes da Emenda Constitucional 26/2000 o direito à moradia já estava consagrado na Constituição como um direito social (no inciso IV do art. 7º, que trata de direitos individuais dos trabalhadores urbanos, rurais e domésticos).

Em sentido análogo, porém com outro fundamento, José Afonso da Silva[201] entende que o direito à moradia estava consagrado, antes da Emenda Constitucional 26/2000, no art. 23, X, do Texto Maior, que afirma ser competência comum da União, Estados, Distrito Federal e Municípios "promover programas de construção de moradias e a melhoria das condições habitacionais e de saneamento".

---

199. "Distingamos direito à moradia e direito de morar. Os direitos com preposição 'a' são direitos de igualdade: em geral, direitos sociais de acesso, de oportunidade. Por meio deles, a sociedade exerce a justiça distributiva (...). Direitos com preposição 'de' são poder material de exercício. O direito de moradia consiste na posse exclusiva, e com duração razoável, de um espaço onde se tenham proteção contra a intempérie e, com resguardo da intimidade, as condições para prática dos atos elementares da vida (...)" (Sérgio Sérvulo da Cunha, "Direito à moradia", *Revista de Informação Legislativa* 127/50, Ano 32, Senado Federal/Subsecretaria de Edições Técnicas, julho-setembro/1995).

200. Olavo Augusto Vianna Alves Ferreira e Rodrigo Pieroni Fernandes, "O direito constitucional à moradia e os efeitos da Emenda Constitucional 26/2000", *Revista de Direitos Difusos* 2/202 ("Direito urbanístico e qualidade de vida nas cidades"), agosto/2000.

201. José Afonso da Silva, *Curso de Direito Constitucional Positivo*, cit., 32ª ed., p. 314.

Opinamos que o direito à moradia esteve sempre albergado pela Constituição de 1988, na medida em que esta garante o direito à vida. Ora, o direito à vida deve ser reconhecido como direito à vida digna, socialmente integrada, que permita ao cidadão ter um teto para abrigar a si e aos seus.[202] Logo, o direito à moradia está ínsito no direito à vida, pois o lar é o primeiro dos instrumentos necessários para a garantia da dignidade humana e para o fim da exclusão social.

Neste sentido, Márcio Cammarosano[203] recorda que, se não forem proporcionadas "condições de moradia decente ao trabalhador e à sua família desrespeita-se a dignidade da pessoa humana, fundamento da República Federativa do Brasil", bem como se desprestigia "um dos objetivos fundamentais da República", qual seja, a erradicação da pobreza e da marginalização e a redução das desigualdades sociais e regionais.

De qualquer forma, ainda que a Emenda Constitucional 26/2000, no tocante ao direito à moradia, não tenha, para os autores acima mencionados, trazido alguma alteração substancial, serviu para repisar, robustecer e destacar a importância transcendental do direito à moradia, reforçando que o Estado tem o dever de promover todas as medidas que garantam esse direito.

Aliás, a moradia, como local sagrado do cidadão, é sobremaneira resguardada pela Constituição da República, que, em seu art. 5º, XI, estabelece que "a casa é asilo inviolável do indivíduo, ninguém nela podendo penetrar sem consentimento do morador, salvo em caso de flagrante delito ou desastre, ou para prestar socorro, ou, durante o dia, por determinação judicial". Isso revela que a moradia é o local constitucionalmente previsto para o repouso e intimidade do homem.

O direito à moradia significa ocupar um lugar como residência para nele dignamente viver. Assim, o direito à moradia não pode ser interpretado como sendo apenas "um 'teto sobre a cabeça' ou 'espaço físico' para viver, pressupondo a observância de critérios qualitativos mínimos".[204]

---

202. Quanto à vida digna, Cármen Lúcia Antunes Rocha assevera: "Todos os homens têm direito à vida digna e em igualdade de condições que os dignifique mais e mais. O direito à vida é direito fundamental da pessoa" ("Vida digna: Direito, Ética e Ciência (os novos domínios científicos e seus reflexos jurídicos)", in Cármen Lúcia Antunes Rocha (org.), *Direito à Vida Digna*, Belo Horizonte, Fórum, 2004, p. 21).

203. Márcio Cammarosano, "Fundamentos constitucionais do Estatuto da Cidade", in Adilson Abreu Dallari e Sérgio Ferraz (coords.), *Estatuto da Cidade (Comentários à Lei Federal 10.257/2001)*, 2ª ed., São Paulo, Malheiros Editores, 2006, p. 24.

204. Ingo Wolfgang Sarlet, "Algumas anotações a respeito do conteúdo e possível eficácia do direito à moradia na Constituição de 1988", *RTDP* 42/65, São Paulo, Malheiros Editores, 2003.

Com efeito, a habitação deve ser de tamanho apropriado, com adequadas condições de higiene e conforto e que resguarde a intimidade pessoal e a privacidade familiar,[205] pois nossa Constituição prevê como um princípio fundamental a dignidade da pessoa humana (art. 1º, III), assim como o direito à intimidade e à privacidade (art. 5º, X) e que a casa é um asilo inviolável (art. 5º, XI). Então, tudo isso envolve, necessariamente, o direito à moradia. "Não fosse assim seria um direito empobrecido."[206]

124. José Rogério Cruz e Tucci[207] entende,[208] contudo, que esta norma é de natureza programática, não permitindo que os cidadãos usufruam diretamente do benefício sem que o legislador ordinário ou outros órgãos do Governo possibilitem sua concreta satisfação.

Equivocam-se os que opinam pelo caráter programático do direito à moradia, uma vez que a Constituição textualmente assegura a aplicabilidade imediata dos direitos fundamentais (art. 5º, § 1º), dentre os quais estão incluídos os direitos sociais, por serem direitos fundamentais de segunda geração, que, por sua vez, compreendem o direito à moradia.

Logo, afasta-se completamente a natureza programática do direito à moradia para conferir-lhe eficácia e aplicabilidade imediatas, nos termos da Lei Fundamental.

Assim, estamos com Sérgio Sérvulo da Cunha,[209] que sustenta a possibilidade de o cidadão mover ação contra o Estado para garantir seu direito à moradia.

Com efeito, o cidadão tem direito subjetivo público à moradia. Sendo assim, comprovada a insuficiência de recursos para que o cidadão possa, com seus próprios meios, adquirir uma moradia adequada para ele e para sua família, poderá, então, exigir judicialmente que Estado lhe forneça uma, seja por meio de financiamento da construção; seja construindo

---

205. Sérgio Iglesias Nunes de Souza, com propriedade, afirmou: "Não há como conceber o direito ao segredo pessoal, doméstico e profissional, direito à identidade pessoal, familiar e social, se não for concebido, primeiramente ou paralelamente, o direito à moradia. Este é pressuposto, em verdade, daqueles, para o seu exercício de forma plena" (*Direito à Moradia e de Habitação*, São Paulo, Ed. RT, 2004, p. 157).

206. José Afonso da Silva, *Curso de Direito Constitucional Positivo*, cit., 32ª ed., p. 314.

207. José Rogério Cruz e Tucci, *A Penhora e o Bem de Família do Fiador da Locação*, São Paulo, Ed. RT, 2003, pp. 17-19.

208. No mesmo sentido: Luiz Alberto David Araujo e Vidal Serrano Nunes Jr., *Curso de Direito Constitucional*, cit., 9ª ed., p. 205.

209. Sérgio Sérvulo da Cunha, "Direito à moradia", cit., *Revista de Informação Legislativa* 127/52.

diretamente a casa; seja pelo sistema de "mutirão", em que o Estado providencia o material e o auxílio técnico mas é a comunidade local que efetivamente "coloca a mão na massa".

O Estado tem, portanto, dever de proporcionar moradia adequada a quem dela comprovadamente necessitar, sendo que sua omissão ou negativa causa dano (moral e material) ao cidadão, razão pela qual caberá responsabilização do Estado.

Deveras, se o Estado descumpre, por ação ou omissão, dever constitucionalmente garantido, viola a ordem jurídica. Esta violação da ordem jurídica ensejará responsabilização do Estado, gerando direito à indenização ao cidadão lesado, conforme será explanado em capítulo próprio.

125. Assim, se o Estado tem terrenos públicos desocupados, não pode deixar de destiná-los a uma utilização de interesse público, tal qual é a construção de habitações populares, em obediência à função social da propriedade pública, tão bem explanada por Sílvio Luís Ferreira da Rocha.[210]

De fato, se a CF afirma categoricamente, no art. 5º, XXIII, que a propriedade deverá atender à sua função social,[211] não poderá existir (validamente) propriedade que a descumpra, seja ela pública[212] seja ela privada.

210. Diz o autor: "A nosso ver, os bens públicos também estão submetidos ao cumprimento de uma função social, pois servem de instrumento para a realização, pela Administração Pública, dos fins a que está obrigada". E, além, acrescenta: "Para nós, a finalidade cogente informadora do domínio público não resulta na imunização dos efeitos emanados do princípio da função social da propriedade, previsto no texto constitucional. Acreditamos que a função social da propriedade é princípio constitucional que incide sobre toda e qualquer relação jurídica de domínio, pública ou privada (...)" (Sílvio Luís Ferreira da Rocha, *Função Social da Propriedade Pública*, São Paulo, Malheiros Editores, 2005, pp. 125-127).

211. A função social da propriedade, para Celso Antônio Bandeira de Mello, "consiste em que esta deve cumprir um destino economicamente útil, produtivo, de maneira a satisfazer as necessidades sociais preenchíveis pela espécie tipológica do bem (ou pelo menos não poderá ser utilizada de modo a contraditar estes interesses); cumprindo, dessarte, às completas, sua vocação natural, de molde a canalizar as potencialidades residentes no bem em proveito da coletividade (ou, pelo menos, não poderá ser utilizada de modo a adversá-las)". Mas não é só. O autor prossegue afirmando que a função social tem também um conteúdo vinculado a objetivos de justiça social, ou seja, comprometido com o projeto de uma sociedade mais igualitária ou menos desequilibrada, no qual o acesso à propriedade e o uso dela sejam orientados no sentido de proporcionar ampliação de oportunidades a todos os cidadãos, independentemente da utilização produtiva que porventura já esteja tendo (Celso Antônio Bandeira de Mello, "Novos aspectos da função social da propriedade no direito público", *RDP* 84/43-44, São Paulo, Ed. RT, 1986).

212. Nesta seara destaque-se a Medida Provisória 2.220-01, de 4.9.2001, que dispôs sobre a "concessão de uso especial para fins de moradia", a que alude o § 1º do art. 183 da

É como bem acentuou Clóvis Beznos: se "não cumprida pelo proprietário a função social estabelecida pelo ordenamento positivo, deve o direito de propriedade extinguir-se, nas condições previstas na Constituição e nas leis, passando das mãos de seu titular ou para o Estado, ou para quem lhe dê a função almejada".[213]

Nesta seara, cumpre destacar interessante julgado, colacionado por Sílvio Luís Ferreira da Rocha,[214] que admitiu, embora não expressamente, a função social da propriedade pública. Com efeito, no AI 335.347/2000 o egrégio TJSP negou a pretensão da Prefeitura Municipal de São Paulo de reaver determinado bem em face da condição de hipossuficientes dos ocupantes do imóvel.

A ementa do referido julgado, que teve como relator o Des. Rui Stoco, estabeleceu: "Agravo De Instrumento – Reintegração de posse – Insurgência do Município de São Paulo contra a determinação do juízo de origem, que condicionou sejam adotados, pela exeqüente, os meios necessários para abrigar as crianças deficientes e portadores de 'Síndrome de Down', que estão alojadas em pequena e insignificante área pública, como condição para a efetivação da ordem de reintegração na sua posse – Decisão mantida – Recurso não provido. *O Estado não é – e não pode ser – um fim em si mesmo. Também não se admite que esse mesmo Estado coloque a propriedade de bens públicos como valor que supere a vida humana e o bem-estar das pessoas que lhe outorgaram a prerrogativa de as proteger. Ademais, a invasão de terras improdutivas ou não aproveitadas convenientemente ou a ocupação de 'sobras' mal-utilizadas ou não-utilizadas pelo Poder Público, por parte de pessoas doentes e desamparadas, está a revelar um desacerto social, um desvio de rumo e um indício de que alguma coisa não vai muito bem na distribuição de renda e no cumprimento dos objetivos do Estado, estabelecidos expressamente na Constituição Federal*" (3ª Câmara de Direito Público, AI 335.347-5/0, São Paulo, rel. Des. Rui Stoco, j. 21.10.2003, v.u. – grifamos).

CF. A medida provisória estabeleceu que: "Aquele que, até 30 de junho de 2001, possuiu como seu, 5 (por) cinco anos, ininterruptamente e sem oposição, até 250m² (duzentos e cinqüenta metros quadrados) de imóvel público situado em área urbana, utilizando-o para sua moradia ou de sua família, tem o direito à concessão de uso especial para fins de moradia em relação ao bem objeto da posse, desde que não seja proprietário ou concessionário, a qualquer título, de outro imóvel urbano ou rural". Vê-se, pois, que, apesar da limitação temporal inserida no dispositivo, é patente a finalidade social atribuída a imóvel público.

213. Clóvis Beznos, *Aspectos Jurídicos da Indenização na Desapropriação*, Belo Horizonte, Fórum, 2006, p. 110.
214. Sílvio Luís Ferreira da Rocha, *Função Social da Propriedade Pública*, cit., pp. 132-133.

Logo, espaços públicos abandonados, desocupados, não-utilizados ou subaproveitados terão que receber destino que assegure sua função social.

A primeira e mais importante finalidade do terreno é sempre a moradia, na medida em que assegura direito fundamental constitucionalmente estabelecido, bem como garante o princípio da dignidade da pessoa humana (art. 1º, III) e auxilia na erradicação da pobreza e da marginalização e na redução das desigualdades sociais e regionais (art. 3º, III).

Se o Estado, contudo, não tem esses terrenos, deverá retirá-los dos particulares, mediante desapropriação ordinária ou extraordinária,[215] conforme a propriedade privada atenda ou não à sua função social.

Pois bem, em nosso ordenamento jurídico o uso da propriedade é sempre limitado. Determinadas condutas humanas deverão ser regradas, impelidas ou limitadas para que o interesse da coletividade se sobreponha ao interesse individual, possibilitando uma melhor organização com relação a um número maior de pessoas. Isto porque o interesse individual satisfeito trará benefícios apenas a um indivíduo, ao passo que o interesse coletivo satisfeito, mesmo quando desagrada interiormente um número pequeno de indivíduos, beneficia a maior parte da população.

Vê-se, pois, que serão reprimidas, nos termos dos arts. 182, § 4º, e 184, ambos da CF, as propriedades (urbanas e rurais, respectivamente) que descumprirem sua função social, cabendo, pois, ao Estado desapropriá-las para conferir-lhes o destino adequado, seja por meio de reforma urbana ou reforma agrária, agraciando com moradia os menos favorecidos pela fortuna.

126. É certo, contudo, que nem sempre será possível a desapropriação de bens particulares para o atendimento do direito à moradia, bem como muitas vezes o Estado não terá condições de construir habitações populares. Isto porque não raras vezes o Estado não tem verbas orçamentárias

215. Já assinalamos em outra oportunidade: "A propriedade (art. 5º, XXII) não é, portanto, direito absoluto porque a Constituição Federal condiciona seu uso, gozo e disposição ao atendimento de sua função social e, quando o interesse público impõe, autoriza a Administração Pública a intervir para atender às exigências coletivas e reprimir as condutas vedadas pelo ordenamento jurídico mediante desapropriação (arts. 5º, XXIV; 182, § 4º, III; e 184), requisições (art. 5º, XXV), limitações e servidões administrativas e ocupações temporárias (art. 5º, XXV). Com isto, percebe-se que o uso da propriedade encontra-se diretamente associado à sua utilidade coletiva, podendo o Poder Público romper as barreiras que impeçam ou criem embaraços aos objetivos públicos a que se destina" (Carolina Zockun, "A função social da propriedade e a desapropriação para fins urbanísticos", *RTDP* 33/230-254, São Paulo, Malheiros Editores, 2001).

suficientes para implementar o direito à moradia, fornecendo ao cidadão um espaço permanente para morar.

Nestas hipóteses, em que o Estado tem o dever de fornecer o direito à moradia (constitucionalmente garantido como cláusula pétrea e robustecido pela aplicabilidade imediata) mas não consegue obter os meios para implementá-la em definitivo, poderá ele (o Estado) pagar alugueres ou diárias em hospedagens particulares, para que o cidadão necessitado não fique privado do seu direito à moradia.

De fato, para a garantia do mínimo vital basta que o Estado não deixe sem abrigo adequado a quem dele necessitar, ainda que este abrigo seja temporário.

É neste sentido que também se manifesta Sérgio Sérvulo da Cunha,[216] para quem no Estado de Direito, tal qual positivado pela Constituição de 1988, não poderá haver pessoa sem moradia.

Importante destacar que quando se fala em direito à moradia não se exclui a possibilidade de o Estado construir habitações nas quais algumas áreas sejam coletivas, sem que haja violação da intimidade ou da privacidade familiar.

Assim, moradias com cozinhas, lavanderias e até salas-de-estar comuns poderão ser edificadas sem que haja descumprimento dos preceitos constitucionais da intimidade ou privacidade familiar, desde que assegurado o mínimo existencial para garantia da dignidade dos menos favorecidos.

216. A posição de Sérgio Sérvulo da Cunha retira do dispositivo constitucional que garante o direito à moradia sua máxima efetividade. Diz o autor:
"Se há terrenos públicos suficientes, o Estado não pode deixar de destiná-los a essa finalidade; onde há terreno público sem utilização não pode haver pessoa sem moradia. Nesse caso, tem ela ação contra o Estado, para haver posse do terreno mínimo necessário à sua moradia. Titular do direito à moradia – aquele que, como credor, situa-se no pólo ativo dessa relação –, legitimado, portanto, a agir, é a pessoa necessitada de moradia (...). Embora tendo a aparência ou a forma de ação de imissão de posse ou de ação vindicatória da posse, não se trata de ação possessória ou dominial, mas de ação de direito à subsistência (ação para ter moradia), em que a posse da terra ou da casa figura como objeto instrumental. Os direitos à subsistência, por definição, são de atuação imediata; a morte, a degradação, não esperam a burocracia; tratando-se da ocupação de prédio abandonado, devoluto ou sem utilização, não cabe invocar poder de polícia, salvo prova de risco maior, iminente, à subsistência, saúde ou segurança do ocupante.
"Se não há terrenos públicos suficientes ou em condições que satisfaçam o direito à moradia, deve o Estado buscá-los em mãos de particulares, atendidos os direitos e garantias integrantes do estatuto da propriedade" ("Direito à moradia", cit., *Revista de Informação Legislativa* 127/52).

Há que se ressaltar também a necessidade de que as moradias não sejam muito distantes dos pólos aglutinadores de trabalho. Isto porque de nada adianta construir boas moradias em lugares longínquos e isolados se o cidadão precisa "viajar" muitas horas para encontrar trabalho que o habilite a sustentar a si e à sua família.

Nesta seara, cumpre repisar que são fundamentos da República os valores sociais do trabalho, bem como é princípio da ordem econômica a busca do pleno emprego.

Assim, a moradia deverá estar localizada de modo a facilitar a inclusão social, por meio da possibilidade de se encontrar um posto de trabalho.

É claro que a existência de meios de transporte adequados, como ocorre com o rápido e eficiente sistema metroviário do Município de São Paulo (que, entretanto, não tem a abrangência adequada), poderá amenizar as distâncias entre a moradia e o emprego. O que não é possível é o isolamento (total ou parcial) do trabalhador, impossibilitando-o de conseguir um emprego.

Vê-se, pois, que o direito à moradia está, de certa forma, relacionado com o direito ao trabalho, objeto de estudo no próximo tópico.

127. São, portanto, requisitos necessários para que o direito à moradia seja concretizado nos termos da Constituição Federal, dentro do denominado "mínimo existencial", que a habitação tenha dimensão adequada, com satisfatórias condições de higiene e comodidade, e que resguarde a intimidade pessoal e a privacidade familiar, bem como favoreça a inclusão social e o encontro de um posto de trabalho.

II-10 Do trabalho

"E os 'pobres' aparecem sob variados aspectos; aparecem, em muitos casos, como um resultado da violação da dignidade do trabalho humano, e isso quer porque as possibilidades do trabalho são limitadas – e há a chaga do desemprego –, quer porque são depreciados o valor do mesmo trabalho e os direitos que dele derivam, especialmente o direito ao justo salário e à segurança da pessoa do trabalhador e da sua família". (João Paulo II, *Encíclica "Laborem Exercens"*)

128. A ordem social tem como fundamento a primazia do trabalho. O trabalho tem, pois, posição de destaque na Constituição de 1988, colocado que foi como pilar estrutural da ordem social e direito social do cidadão brasileiro.

A Constituição brasileira de 1988, em comparação com as Constituições dos países fundadores do Mercosul, é a que tem o maior número[217] de direitos trabalhistas.[218] Prevê os seguintes, não constitucionalizados pelos demais países: Fundo de Garantia do Tempo de Serviço/FGTS; indenização de 40% na dispensa sem justa causa; salário mínimo; pisos salariais; irredutibilidade do salário; 13º salário; adicional noturno; proteção do salário; salário-família; jornada de seis horas em turnos ininterruptos de revezamento; acréscimo de um terço na remuneração das férias; 50% de adicional de horas extraordinárias; adicional por trabalho penoso; licença-gestante; licença-paternidade; aviso prévio proporcional; creches; prescrição; indenização por acidentes de trabalho; proibição do trabalho noturno, perigoso e insalubre para menores de 18 anos; proibição de trabalho para o menor de 16 anos; direitos do trabalhador avulso; direitos do trabalhador doméstico; direitos trabalhistas diferenciados da mulher.

Vê-se, pois, que a Constituição pátria dá especial tratamento ao trabalho, colocando-o logo no primeiro artigo da Lei Magna como (i) fundamento da República Federativa do Brasil (art. 1º, IV), e depois o declara como (ii) direito e garantia fundamental, ao assegurar a liberdade de exercício de qualquer trabalho, ofício ou profissão (art. 5º, XIII); (iii) direito social (art. 6º); (iv) direito dos trabalhadores[219] (art. 7º); (v) objeto de uma Justiça própria, qual seja, a Justiça do Trabalho (art. 114); (vi) princípio geral da atividade econômica, esta fundada na valorização do trabalho humano e visando à busca do pleno emprego (art. 170, *caput* e inciso VIII); (vii) requisito necessário para o cumprimento da função social da propriedade rural, que deve observar as disposições que regulam as relações de trabalho, bem como realizar exploração que favoreça o bem-estar dos proprietários e dos trabalhadores (art. 186, III e IV); (viii) elemento indispensável para aquisição de imóvel rural ou urbano por meio da usucapião *pro labore* ou especial rural[220] (art. 191); (ix) primado

217. Seguido do Paraguai e depois Argentina e Uruguai.
218. Levantamento elaborado por Amauri Mascaro Nascimento, "Os direitos sociais na Constituição brasileira", in *Constitucionalismo Social – Estudos em Homenagem ao Ministro Marco Aurélio Mendes de Faria Mello*, São Paulo, LTr, 2003, p. 44.
219. O art. 7º da CF estabelece as condições para exercício do direito ao trabalho em uma relação de emprego. Em seus incisos prescreve os direitos para que o trabalhador tenha preservada sua dignidade bem como receba a justa remuneração pela sua mais-valia. Dentre estes direitos, destaquem-se: (i) a proteção contra despedida arbitrária ou sem justa causa; (ii) FGTS; (iii) 13º salário; (iv) irredutibilidade dos salários; (v) férias – dentre outros.
220. Consoante Maria Helena Diniz, a usucapião *pro labore* ou especial rural, prevista no art. 191 da Constituição da República, "encontra sua justificação no fato de o usucapiente *ter tornado, com seu trabalho, produtiva a terra*, tendo nela sua morada" (grifamos) (*Curso*

da ordem social (art. 193); (x) objetivo da assistência social, por meio da integração no mercado de trabalho (art. 203, III); (xi) finalidade da educação, que visa à qualificação para o trabalho (art. 205); e (xii) objeto de proteção contra despedidas arbitrárias ou sem justa causa (art. 10, II, do ADCT).

A importância desse direito social é tamanha que Manoel Gonçalves Ferreira Filho, com propriedade, averbou que o direito ao trabalho "deflui diretamente do direito à vida. Para viver, tem o homem de trabalhar. A ordem econômica que lhe rejeitar o trabalho lhe recusa o direito a sobreviver".[221]

No mesmo sentido, Amauri Mascaro Nascimento[222] afirmou que a preocupação com o direito ao trabalho deve-se ao fato de seu fundamento maior ser o próprio direito à vida; afinal, o ser humano, para viver, precisa prover à sua subsistência, e o trabalho é o meio adequado para tanto.

Daí a razão de a Constituição Federal tratar do direito ao trabalho em tantos artigos.

129. Cumpre salientar que o direito ao trabalho, expressamente previsto no art. 6º da CF como direito social,[223] tem natureza peculiar, como afirmamos no início deste capítulo.

Isto porque seu provedor direto principal não é o Estado, mas sim os particulares, pois no sistema capitalista eles são os protagonistas da ordem econômica, que investem seus esforços e recursos financeiros para o desenvolvimento de uma atividade, visando à satisfação pessoal e à obtenção do justo lucro.

Não obstante a atividade econômica seja aberta a todos os que dela quiserem participar, garantindo-se, assim, a liberdade de iniciativa, ela também é fundada na valorização do trabalho – e, portanto, só será legítima quando assegurar a todos existência digna no interesse da justiça social, consoante estabelece o art. 170 da Constituição da República.

de *Direito Civil Brasileiro*, 18ª ed., 4º vol. – "Direito das Coisas" –, São Paulo, Saraiva, 2002, p. 160).
   221. Manoel Gonçalves Ferreira Filho, *Curso de Direito Constitucional*, cit., 33ª ed., p. 361.
   222. Amauri Mascaro Nascimento, em artigo publicado no jornal *O Estado de S. Paulo* em 27.10.1987, *apud* Yara Chaves Galdino Ramos, *O Direito ao Trabalho e seu Fundamento Constitucional*, tese de Doutorado, São Paulo, USP, 2005, 205 pp., p. 55.
   223. Diversamente, José Afonso da Silva entende que nem o art. 6º nem o art. 7º prescrevem o direito ao trabalho, mas que ele ressai do conjunto de normas da Constituição sobre o trabalho (*Curso de Direito Constitucional Positivo*, cit., 32ª ed., p. 289).

Vê-se, pois, que o direito ao trabalho não está somente relacionado à ordem social, mas também – como ensinam Diogo de Figueiredo Moreira Neto e Ney Prado[224] – se insere profundamente no sistema econômico e é dele dependente.

Não foi por outra razão, portanto, que Gilberto Bercovici destacou que "a Constituição de 1988 tem expressamente uma constituição econômica voltada para a transformação das estruturas sociais".[225]

Com efeito, a ordem social e a ordem econômica não são departamentos estanques desconexos entre si. Ao contrário, a relação entre elas é tão densa e profunda que freqüentemente ao tratarmos de uma estamos também tratando da outra.

Contudo, para os fins deste trabalho foi necessário segmentar as duas searas, fazendo um corte meramente metodológico sobre a matéria, para que pudéssemos analisar mais intensamente a intervenção do Estado na ordem social.

130. A esfera econômica é seara pertencente precipuamente aos particulares, cabendo ao Estado, consoante o disposto no art. 173 da Lei Maior, a exploração direta de atividade econômica somente quando necessária aos imperativos da segurança nacional ou a relevante interesse coletivo, conforme definidos em lei.[226]

Isto porque a função primordial a ser desempenhada pelo Estado é a da prestação dos serviços públicos, que será analisada em capítulo próprio.

Logo, não é tarefa do Estado ser um empregador no sistema capitalista. Ao contrário, seu papel na esfera econômica, ressalvados os casos excepcionais de exploração direta, é o de agente normativo e regulador da atividade econômica, exercendo as funções de fiscalização, incentivo e planejamento, sendo este determinante para o setor público e indicativo para o setor privado, consoante disposto no art. 174 do Texto Supremo.

131. Assim, ao contrário dos demais direitos sociais em que o Estado é obrigado a assegurar ao particular sua concreta fruição, o mesmo não se pode dizer em relação ao direito social ao trabalho. E isso porque não existe o dever estatal de fornecer a todos um posto no mercado de

---

224. Diogo de Figueiredo Moreira Neto e Ney Prado, "Uma análise sistêmica do conceito de ordem econômica e social", *Revista de Informação Legislativa* 86/136, Ano 24, Senado Federal/Subsecretaria de Edições Técnicas, outubro-dezembro/1987.
225. Gilberto Bercovici, *Constituição Econômica e Desenvolvimento*, São Paulo, Malheiros Editores, 2005, p. 30.
226. Ressalvados, também, os casos de monopólio estatal previstos nos incisos I a V do art. 177 da CF.

trabalho, na medida em que (i) a Constituição da República não impõe ao Estado o papel de empregador universal e (ii) não se pode obrigar que os particulares assim procedam na ordem econômica, pois nela impera o primado da livre iniciativa.[227]

Percebe-se, assim, que a atuação estatal em prol da concreta fruição do direito ao trabalho se dá de forma indireta, pois o Poder Público deve assegurar ao particular os meios para que este obtenha um posto de trabalho decente sem, contudo, assegurar-lhe, por força disso, o referido posto.

Aliás, tanto isto é verdade que o ingresso nos quadros da Administração Pública direta e indireta só se dá por meio de concurso público, seja para cargos seja para empregos públicos, conforme preconiza o art. 37, II, da Lei Maior.[228]

Assim, não terá êxito o particular que ingressar em juízo para tentar obrigar o Estado a fornecer-lhe um posto de trabalho: a uma porque não é este o papel constitucionalmente reservado ao Estado; a duas porque só se ingressa em carreira pública por meio do concurso público; e a três porque o primado da livre iniciativa não confere ao Estado a prerrogativa de obrigar os particulares a empregarem.

Isto não quer dizer, entretanto, que não exista um mínimo existencial vinculado ao direito ao trabalho, que o Estado tem o dever de assegurar.

227. Neste sentido, Robert Alexy explica: "En un sistema de economía de mercado, el Estado puede disponer sólo limitadamente del objeto de este derecho. Si quisiera satisfacer el derecho de todo desempleado a un puesto de trabajo, tendría o bien que dar ocupación a todo desempleado dentro del marco de la Administración Pública existente o limitar y hasta eliminar la disponibilidad de los puestos de trabajo por parte de la economía privada. Lo primero, en todo caso como solución general, no puede ser tomado en cuenta, pues, bajo las condiciones dadas, sólo conduciría a la desocupación oculta por el derecho de la Administración Pública. Lo segundo conduce o bien a una amplia reducción de la capacidad de decisión de la economía privada o a su eliminación. Pero esto significa, entre otras cosas, una intervención en los derechos fundamentales de quienes disponen de la propiedad de los bienes de producción" (*Teoría de los Derechos Fundamentales*, cit., 3ª reimpr., p. 492).

228. As únicas exceções ao princípio do concurso público são: (i) os cargos em comissão de livre provimento e exoneração (art. 37, II, da CF); (ii) os casos de contratação por tempo determinado para atender a necessidade temporária de excepcional interesse público (art. 37, IX, da CF); (iii) os ministros do TCU (art. 73, §§ 1º e 2º, da CF); (iv) os conselheiros dos Tribunais de Contas dos Estados e dos Municípios, onde houver (art. 75, *caput*, da CF); (v) os ministros do STJ (art. 104, parágrafo único, da CF); (vi) os ministros do TST (art. 111-A da CF); (vii) os ministros do STM (art. 123 da CF); e (viii) os ministros do STF (art. 101 da CF). Para saber mais sobre provimentos de cargos públicos, v. Márcio Cammarosano, *Provimento de Cargos Públicos no Direito Brasileiro*, São Paulo, Ed. RT, 1984.

Com efeito, é indiscutível que a situação de desemprego permanente de quem quer trabalhar lesa a dignidade da pessoa humana,[229] pois a pessoa sem trabalho, que sobrevive graças à ajuda de caridade, além de se sentir menosprezada, é excluída de seu grupo social.

Por isto, o Estado, paralelamente à ajuda financeira eventualmente dada pela assistência ou previdência social ao trabalhador desempregado, deve criar instrumentos que mantenham o cidadão atualizado, por meio de cursos de reciclagem, formação e profissionalização, garantindo que o direito ao trabalho seja exercido em condições de igualdade, para que, tão logo surja uma oportunidade de trabalho, o cidadão esteja apto a preenchê-la.

132. Desde logo, tal como já o fez José Felipe Ledur,[230] refutamos a idéia de que a obtenção de um posto de trabalho deva ser alcançada a qualquer preço. Se assim fosse, a própria dignidade da pessoa humana seria afrontada; afinal, sempre que as taxas de desemprego atingem níveis alarmantes surgem os subempregos, cujas condições de trabalho são desumanas.[231]

Nesta seara, estamos integralmente com o Magistrado para adotar posição claramente contrária ao discurso político-jurídico que vislumbra na flexibilização das normas de direito do trabalho a solução para a criação de mais empregos.

Embasado em inúmeros dados estatísticos, o autor[232] demonstra que na Grã-Bretanha e nos Estados Unidos da América, países que estimularam o processo de flexibilização dos direitos dos trabalhadores, na realidade ocorreu uma precarização dos empregos,[233] não obstante a versão oficial do aumento de seu nível. O que os fatos revelam é que as formas de su-

229. Robert Alexy, *Teoría de los Derechos Fundamentales*, cit., 3ª reimpr., p. 345.

230. José Felipe Ledur, *A Realização do Direito ao Trabalho*, Porto Alegre, Sérgio Antônio Fabris Editor, 1998, pp. 102-103.

231. Infelizmente, no Brasil ainda existe o trabalho escravo ou semi-escravo, espalhado por todas as regiões. Segundo dados fornecidos pelas equipes do Ministério do Trabalho, as regiões mais afetadas são: as minas de carvão vegetal em Minas Gerais, as fazendas de desmatamento do Sul do Pará, os canaviais do interior do Rio de Janeiro (região próxima ao Município de Campos) e do Espírito Santo, as carvoarias de Goiás e as fazendas de gado do Mato Grosso e Mato Grosso do Sul.

232. José Felipe Ledur, *A Realização do Direito ao Trabalho*, cit., pp. 102-103.

233. No mesmo sentido Yara Chaves Galdino Ramos, demonstrando que "as experiências desastradas de flexibilização serviram apenas para precarizar os postos de trabalho". Como exemplo a autora cita o ocorrido na Espanha em 1994, que, "acompanhando a corrente desregulamentista, flexibilizou a legislação trabalhista. Entretanto, ao vislumbrar que esta medida apenas havia trazido caos e instabilidade aos setores sociais, apresentou um projeto de promoção de emprego, recolocação e requalificação, apresentando bons índices na di-

bemprego que estão sendo geradas a partir da flexibilização dos direitos dos trabalhadores conduzem a situações merecedoras de total aversão, por elementar senso de dignidade.

Logo, o direito ao trabalho assegurado constitucionalmente ao cidadão é aquele que promove o bem-estar e a justiça sociais, erradicando a pobreza e a marginalização, bem como reduzindo as desigualdades sociais e regionais e, sobretudo, dignificando o ser humano.

Assim, qualquer relação de trabalho que não esteja de acordo com o disposto na Constituição Federal será considerada ilegítima, devendo ser a todo custo reprimida pelo Estado.

É por isso que a flexibilização das normas trabalhistas somente poderá ser realizada se estiver em consonância com os fundamentos da República de valorização do trabalho e de dignidade da pessoa humana, almejando sempre a construção de uma sociedade justa e solidária.

133. Dado seu regime peculiar, o direito ao trabalho, apesar de não ser diretamente efetivado pelo Estado, deve ser assegurado por meio de uma política ativa de pleno emprego e de valorização do trabalho, permitindo que os protagonistas da ordem econômica consigam, com o crescimento do país, criar novos postos de trabalho.[234]

Diante disto, o Estado deve implementar planos governamentais para o crescimento e desenvolvimento do país,[235] visando sempre à redução drástica do nível de desempregados, concomitantemente à busca incessante pela valorização do trabalho e pela proteção da saúde e da segurança do trabalhador.

Isto porque o aumento do desemprego e a progressiva falta de trabalho não são fenômenos naturais, mas decorrência de opções políticas feitas pelos gestores da economia.[236]

---

minuição do desemprego" (*O Direito ao Trabalho e seu Fundamento Constitucional*, cit., p. 55).

234. Como forma de incentivar o crescimento econômico, o Ministério do Trabalho e Emprego e o Conselho Deliberativo do Fundo de Amparo ao Trabalhador/CODEFAT instituíram o Programa de Geração de Emprego e Renda/PROGER, que fornece linhas especiais de crédito para financiar quem quer iniciar ou investir no crescimento de seu próprio negócio, tendo por objetivo gerar e manter emprego e renda.

235. Estamos com Yara Chaves Galdino Ramos, para quem o crescimento econômico sem a criação de postos de trabalho e sem o desenvolvimento social passa longe dos desideratos da Constituição. A autora rechaça a idéia de que "tem-se que crescer o bolo para depois reparti-lo" (*O Direito ao Trabalho e seu Fundamento Constitucional*, cit., p. 112).

236. José Felipe Ledur, *A Realização do Direito ao Trabalho*, cit., p. 145.

Cumpre ressaltar também que o legislador está vinculado a não produzir normas que venham a afrontar o direito ao trabalho, o pleno emprego e a valorização do trabalho humano.

Assim, políticas públicas ou normas jurídicas que depreciem o trabalho ou aumentem o desemprego devem ser fulminadas pelo Poder Judiciário, por afronta direta ao texto constitucional.

Saliente-se que o dever do Estado no tocante ao direito do cidadão ao trabalho não se resume apenas à elaboração de políticas públicas e normas protetivas do trabalhador.

Deveras, o Estado deve, para cumprir seu dever constitucional, colocar à disposição dos indivíduos serviços visando à alocação de desempregados (os denominados "bancos de empregos") bem como a oferecer os já mencionados cursos de reciclagem, formação e profissionalização gratuitamente.

Quanto aos "bancos de empregos", destaque-se a atuação do Sistema Nacional de Emprego/SINE, que, instituído pelo Decreto 76.403, de 8.10.1975, nos moldes da Convenção 88 da Organização Internacional do Trabalho/OIT, realiza o Programa de Intermediação de Mão-de-Obra/IMO, para (re)colocar o trabalhador no mercado de trabalho. Para tanto, o SINE dispõe de informações acerca das exigências dos empregadores, que disponibilizam suas vagas junto a esse sistema.

O SINE está voltado ao atendimento dos trabalhadores em geral, desempregados ou em busca de nova ocupação; pessoas portadoras de deficiência; idosos; pessoas que buscam o primeiro emprego; e empregadores da iniciativa privada ou governamental.

Com os "bancos de empregos" reduzem-se os custos e o tempo de espera do trabalhador e do empregador no preenchimento da vaga, bem como se contribui para que os postos de trabalho vagos não sejam extintos ou para que não ocorram as denominadas agregações de ocupação por dificuldades no preenchimento da vaga.

Outrossim, foi regulado pela Lei 11.692, de 10.6.2008, o Programa ProJovem Trabalhador, voltado aos jovens entre 18 e 29 anos em situação de desemprego e que sejam membros de famílias com renda mensal *per capita* de um salário mínimo, nos termos de regulamento, cujo objetivo é prepará-los para o mercado de trabalho e ocupações alternativas, geradoras de renda, bem como qualificá-los para esse mercado e incluí-los socialmente.

Aliás, a profissionalização adequada do jovem é antiga preocupação nacional. Em 1986 o Decreto-lei 2.318 criou o Programa do Bom Menino, que estabelece ser dever das empresas com seis ou mais empregados admitir menores assistidos entre 14 e 18 anos de idade, com duração de trabalho limitada a 4 horas por dia.

Também no tocante à qualificação profissional, a atuação do Estado, embora ainda incipiente, pode ser notada pela instituição do Plano Nacional de Qualificação, que visa, consoante o art. 3º da Resolução 575/2008 do Conselho Deliberativo do Fundo de Amparo ao Trabalhador/CODEFAT, a colaborar para a inserção do trabalhador no mundo do trabalho e contribuir para: I – formação intelectual, técnica e cultural do trabalhador brasileiro; II – elevação da escolaridade do trabalhador, por meio da articulação com as políticas públicas de educação, em particular com a educação de jovens e adultos e a educação profissional e tecnológica; III – inclusão social do trabalhador, combate à discriminação e à vulnerabilidade das populações; IV – obtenção de emprego e trabalho decente e da participação em processos de geração de oportunidades de trabalho e de renda; V – permanência no mercado de trabalho, reduzindo os riscos de demissão e as taxas de rotatividade; VI – êxito do empreendimento individual ou coletivo, na perspectiva da economia popular solidária; VII – elevação da produtividade, da competitividade e da renda; VIII – articulação com as ações de caráter macroeconômico e com micro e pequenos empreendimentos, para permitir o aproveitamento, pelos trabalhadores, das oportunidades geradas pelo desenvolvimento local e regional; IX – articulação com todas as ações do Sistema Público de Emprego, Trabalho e Renda, inclusive com os beneficiários do seguro-desemprego.

134. Merece destaque, ainda, o instrumento do seguro-desemprego, que é um benefício garantido pelo art. 7º, II da CF aos trabalhadores desempregados involuntariamente, cujas finalidades, consoante o art. 2º, I e II, da Lei 7.998/1990, são: (i) assegurar uma renda mínima temporária[237] ao trabalhador formal (celetista) e doméstico desempregado em virtude de dispensa sem justa causa, inclusive a indireta;[238] ao trabalhador formal (celetista) com contrato de trabalho suspenso em virtude de participação em curso ou programa de qualificação profissional oferecido pelo empregador; ao pescador profissional durante o período de defeso

237. Atualmente o período máximo para o recebimento do seguro-desemprego é de cinco meses, nos termos do art. 2º da Lei 8.900/1994, sendo possível seu prolongamento em até dois meses para grupos específicos de segurados. Garante-se ao pescador artesanal receber tantas parcelas quantos forem os meses de duração do período de defeso. O período de defeso só será aceito se determinado por portaria do Instituto Brasileiro do Meio Ambiente e dos Recursos Naturais Renováveis/IBAMA.

238. *Dispensa indireta* é aquela na qual o empregado solicita judicialmente a rescisão motivada por ato faltoso do empregador.

(procriação das espécies); e ao trabalhador comprovadamente resgatado de regime de trabalho forçado ou da condição análoga à de escravo; bem como (ii) auxiliar os trabalhadores na busca ou preservação do emprego, promovendo, para tanto, ações integradas de orientação, recolocação e qualificação profissional.

No inciso III do art. 201 do texto constitucional reitera-se a necessidade de proteção ao trabalhador em situação de desemprego involuntário, estipulando o art. 239 que a arrecadação decorrente das contribuições para o Programa de Integração Social/PIS e para o Programa de Formação do Patrimônio do Servidor Público/PASEP passa, a partir da promulgação da Constituição de 1988, a financiar o programa do seguro-desemprego.

Ainda, o § 4º do mesmo artigo 239 determina que o financiamento do seguro-desemprego receba uma contribuição adicional da empresa cujo índice de rotatividade da força de trabalho superar o índice médio da rotatividade do setor, na forma estabelecida por lei.

O seguro-desemprego é pago pela Caixa Econômica Federal, e seu valor, para o trabalhador formal, é a média dos salários dos últimos três meses anteriores à dispensa, que varia de R$ 465,00 a R$ 870,01, conforme a faixa salarial do trabalhador.

O valor da parcela do benefício para o pescador artesanal, o empregado doméstico e o trabalhador resgatado [*trabalhador que foi submetido a regime de trabalho forçado ou reduzido a condição análoga à de escravo, resgatado em decorrência de ação de fiscalização do MTE*] é de um salário mínimo.

135. Ademais, o Estado tem o dever de, presente o pressuposto constitucional do relevante interesse coletivo, atuar diretamente na ordem econômica, criando frentes de trabalho, a fim de reduzir o número assustador de desempregados que assola este país.

Esses programas de empregos públicos costumam ser de curta duração e usados apenas nas situações emergenciais de alto desemprego, produzindo, no entanto, bons resultados.[239]

---

239. David Capistrano, prefeito de Santos de 1993 a 1996, defrontava-se com a impressionante degradação e poluição das praias. Cadastrou os desempregados da cidade e organizou uma frente de trabalho chamada "Operação Praia Limpa". A Secretaria do Meio Ambiente planejou os trabalhos necessários e as praias foram efetivamente devolvidas, limpas, à população. Neste processo os trabalhadores auferiram seus salários, o que possibilitou uma melhoria nas suas condições de vida. A população ganhou o espaço de lazer e o turismo recobrou suas forças (dados obtidos no *site dowbor.org/04circuloabril.doc*). Com isto, vê-se o benefício trazido tanto para os desempregados quanto para a sociedade.

É justamente isto que ocorre com a contratação do povo do Sertão Nordestino no período das secas: hordas de seres humanos ficam à margem da sociedade, pois não conseguem, na aridez do sertão, obter alimento nem água para seu sustento.

A gravidade da situação é tanta que passa a ser de interesse público a contratação destas pessoas, com recursos públicos, a fim de que elas não morram de inanição. Assim, com fundamento no art. 37, IX, da CF, esses desempregados são contratados para a realização de reformas ou conclusão de obras de infra-estrutura do país ou, ainda, quaisquer outros serviços temporários.

Igualmente, também é possível a realização de programas semelhantes com grupos hipossuficientes, como os portadores de deficiência, trabalhadores com baixa educação, jovens, pessoas de meia-idade, migrantes etc., para serviços de breve duração, como os de lavar os colégios, fazer limpeza de praias, de córregos, reflorestamento em margens de arroio, dentre outros.

Cabe destacar que a criação das frentes de trabalho é exemplo da completa integração existente entre a ordem social e a ordem econômica.

De fato, com uma única atuação (criação de frentes de trabalho) o Estado intervém na ordem social, assegurando o direito social ao trabalho e edificando a dignidade da pessoa humana, ao mesmo tempo em que reflexamente atinge a esfera econômica.

136. Do exposto, tem-se que o Estado, para cumprimento do seu dever de assegurar o mínimo existencial ao trabalhador, precisa: (i) implantar políticas públicas que valorizem o trabalho e visem à erradicação do desemprego; (ii) manter e ampliar a atuação dos denominados "bancos de empregos", para auxiliar o obreiro a encontrar um posto de trabalho decente; (iii) assegurar a percepção do seguro-desemprego àqueles que preencherem os requisitos legais; (iv) oferecer gratuitamente cursos de reciclagem, formação e profissionalização, para que o cidadão possa se inserir no competitivo mercado de trabalho; e (v) criar "frentes de trabalho" sempre que o interesse público assim o exigir, objetivando minimizar a precariedade em que se encontram os grupos sociais hipossuficientes.

Assim, embora o cidadão não possa exigir do Estado um emprego, o mínimo existencial referente ao direito ao trabalho ordena uma intensa atuação estatal que tem por escopo qualificar o operário e auxiliá-lo a encontrar rapidamente um posto de trabalho decente, para que ele e sua família possam viver com dignidade. Vê-se, pois, que, ao contrário do que se costuma afirmar, o mínimo que deve ser oferecido pelo Estado, referente ao direito ao trabalho, não é tão mínimo assim.

137. Se o Estado não oferecer este mínimo existencial constitucionalmente garantido, o particular poderá ingressar em juízo para assegurar seu direito subjetivo público e obrigar o Estado a cumprir seu dever constitucional, sob pena de, não o fazendo, sujeitar-se, conforme o caso, ao pagamento de um curso para qualificação do cidadão em instituição particular ou a arcar com os serviços prestados por uma agência de colocação profissional privada (os chamados *headhunters*), sem prejuízo da indenização devida aos cidadãos lesados moral e materialmente.

II-11 Da segurança

138. Não há consenso sobre o que venha a ser o direito social à segurança. Muitos doutrinadores,[240] ao comentarem o art. 6º da CF, simplesmente não tratam especificamente sobre segurança, limitando-se a abordar os direitos sociais de forma genérica.

Para José Afonso da Silva *segurança* é, como direito social, "especialmente a obtenção de uma convivência social que permita o gozo dos direitos e o exercício de atividades sem perturbação de outrem. Vale dizer, direito à segurança, no art. 6º, prende-se ao conceito de 'segurança pública', (...)".[241]

Segurança pública, para o autor, é a "manutenção da *ordem pública interna*".[242]

No mesmo sentido, José Cretella Jr. entende que "a inclusão da segurança no rol dos direitos sociais revela a intenção do legislador, cumprindo ao governante, por meio de medidas que tem a seu alcance, oferecer condições de segurança máxima ao cidadão brasileiro e ao estrangeiro residente no país, bem como a todo aquele que visite o Brasil, com qualquer tipo de atividade que não perturbe a ordem jurídica, econômica ou social".[243]

---

240. Dentre eles, Alexandre de Moraes trata dos direitos sociais de forma genérica, sem explaná-los individualmente (*Constituição do Brasil Interpretada*, 6ª ed., São Paulo, Atlas, 2006, pp. 479-480). Igualmente, Pinto Ferreira não se dedicou a explicar detidamente cada um dos direitos sociais (*Comentários à Constituição Brasileira*, 1º vol., São Paulo, Saraiva, 1989, pp. 222-224).
241. José Afonso da Silva, *Comentário Contextual à Constituição*, 6ª ed., São Paulo, Malheiros Editores, 2009, p. 187.
242. Idem, p. 635.
243. José Cretella Jr., *Comentários à Constituição Brasileira de 1988*, vol. II, Rio de Janeiro, Forense Universitária, 1991, p. 890.

Assim, estes Mestres[244] afirmam que a segurança prevista no art. 6º da Lei Maior diz respeito à segurança pública, que é esmiuçada adiante, no art. 144 do mesmo diploma.

Embora o termo utilizado seja o mesmo ("segurança"), ousamos discordar dos professores, entendendo que a segurança pública prevista no art. 144 diverge daquela prevista, como direito social, no art. 6º.

Isto porque a segurança pública não tem por finalidade conferir direito social ao cidadão, isto é, direito a fruir, imediatamente, benefícios jurídicos concretos, cujo gozo se faz por meio de prestação positiva, nos termos da classificação proposta por Celso Antônio Bandeira de Mello[245] e por nós adotada integralmente neste trabalho.

A segurança pública não é, pois, direito social, uma vez que não está calcada no princípio da igualdade, nem visa a alcançar uma efetiva redução das desigualdades sociais.

Aliás, cumpre destacar que a segurança pública não é prerrogativa do Estado Social de Direito, mesmo porque todos os Estados, independentemente de serem de Direito, liberais, sociais, socialistas, republicanos, monarquistas ou ditatoriais, devem garantir a segurança pública, para sua própria sobrevivência.

A segurança pública prende-se, pois, à idéia de preservação da ordem pública e da incolumidade das pessoas e do patrimônio, o que – bem se vê – não se relaciona com a idéia de bem-estar e justiça sociais, objetivos a serem alcançados pela concretização dos direitos sociais.

Se isso é verdade, então, o art. 6º da CF de 1988, quando confere ao cidadão o direito social à segurança, não está tratando da segurança pública.

Outros Mestres, também da maior envergadura,[246] postulam ser a segurança prevista no art. 6º da CF uma segurança relacionada ao local de trabalho ou à garantia no emprego.

244. Assim também André Ramos Tavares, *Constituição do Brasil Integrada*, 2ª ed., São Paulo, Saraiva, 2007, p. 60.
245. Celso Antônio Bandeira de Mello, "A eficácia das normas constitucionais sobre justiça social", cit., *RDP* 57-58/233-256.
246. Celso Ribeiro Bastos e Ives Gandra Martins entendem que o capítulo dos direitos sociais dedica-se às relações de trabalho e, por tal razão, abordam apenas os temas relacionados ao direito do trabalho (*Comentários à Constituição do Brasil*, 2º vol., São Paulo, Saraiva, 1989, pp. 396-397). Arnaldo Süssekind também se atém às questões trabalhistas ao comentar os arts. 6º e 7º da CF (*Comentários à Constituição*, obra em co-autoria com Fernando Whitaker da Cunha, Manoel de Oliveira Franco Sobrinho, Celso de Albuquerque Mello e Alcino Pinto Falcão, Rio de Janeiro, Biblioteca Jurídica Freitas Bastos, 1990, pp.

Entretanto, em que pese a ser esta uma argumentação sedutora, dissentimos da opinião dos professores, por quatro razões.

A primeira é que não há uma intervenção direta por parte do Estado no que tange à segurança no local do trabalho, sendo seu papel o de *fiscalizador* do cumprimento das normas de segurança pelos empregadores. Não se está, pois, diante de um direito social, na medida em que este exige, para sua implementação, a formação de uma relação jurídica direta entre Estado e particular – o que não se dá na hipótese vertente.

Também não é a proteção do emprego medida a ser concretizada pelo Estado, já que, como visto no tópico do direito ao trabalho, não cabe ao Estado ser o fornecedor dos postos de trabalho em nosso sistema.

Ademais, há previsão constitucional que alberga precisamente a idéia de segurança no trabalho e no emprego. Com efeito, o art. 7º veicula serem direitos do trabalhador "relação de emprego protegida contra despedida arbitrária ou sem justa causa, (...) "(inciso I) e "redução dos riscos inerentes ao trabalho, por meio de normas de saúde, higiene e *segurança*" (inciso XXII – grifamos).

Assim, se já existe disposição constitucional expressa no sentido de garantir ao trabalhador a proteção relativa ao emprego e à segurança no local de trabalho, não faz sentido considerar que o termo "segurança" no art. 6º da CF signifique exatamente o mesmo do que foi consagrado no art. 7º, I e XXII.

Ora, não é de boa técnica interpretativa presumir a existência de palavras inúteis na Constituição.[247]

Ocorre que se se reputar que o termo "segurança" foi utilizado como sinônimo de "segurança no trabalho" esvaziar-se-á o contido no art. 6º, na medida em que a prescrição garantidora do direito social à segurança seria inócua, já que mera repetição do disposto no art. 7º, I e XXII.

Assim, não se pode considerar que "segurança" no art. 6º é o mesmo que "segurança nas relações trabalhistas".

Ainda, em favor da nossa posição concorre também o fato de que os direitos sociais são conferidos a todos os cidadãos indistintamente, e não apenas à classe dos trabalhadores. Entender que a "segurança" do art. 6º

323-328). Igualmente, Luiz Augusto Paranhos Sampaio explica apenas as conseqüências trabalhistas da previsão constitucional contida no art. 6º (*Comentários à Nova Constituição Brasileira*, São Paulo, Atlas, 1989, pp. 188-193).

247. Carlos Maximiliano, *Hermenêutica e Aplicação do Direito*, 9ª ed., Rio de Janeiro, Forense, 1979, p. 110. Nesta monumental obra o autor afirma: "presume-se que a lei não contenha palavras supérfluas".

significa "segurança no trabalho" é restringir indevidamente o mandamento constitucional, que assegura a todos, homens, mulheres, jovens ou crianças, os direitos fundamentais sociais, e não somente a uma classe deles.

Qual seria, então, o significado de "segurança" no art. 6º da Lei Maior?

139. Acatando a isolada posição de Manoel Gonçalves Ferreira Filho,[248] entendemos que "segurança", no art. 6º, exprime o que a Constituição adiante denomina de "seguridade social".

Para ele: "Os três direitos aqui acolhidos *[saúde, previdência e assistência sociais]* visam à segurança dos seres humanos quanto às áleas da vida: a doença, a invalidez etc.".[249] Ainda que aquele constitucionalista não deixe às claras o *iter* do seu raciocínio, pensamos que ele é perfeitamente justificável se se atentar aos confins da noção de "seguridade social".

De fato, a seguridade social é um direito social do cidadão, que exige uma atuação positiva do Estado para sua concretização e visa a reduzir as desigualdades sociais, em obediência ao princípio da isonomia.

Em um primeiro momento, intérpretes mais afoitos poderiam dizer que o mesmo argumento usado para rechaçar a idéia de que o termo "segurança" não exprime segurança no trabalho poderia ser utilizado para afirmar que "segurança" no art. 6º não significa "seguridade social", porque o próprio art. 6º já tratou do tripé da seguridade social quando estabeleceu que são direitos sociais a saúde, a previdência social e a assistência social – e, que portanto, "segurança", no sentido de "seguridade social", seria uma palavra supérflua.

O fato é que seguridade social não é simplesmente a soma das ações de saúde, previdência e assistência sociais. Ela é isto, sim, mas é também muito mais.

Como bem salientou Sérgio Pinto Martins, "a seguridade social envolve um sistema de direito social. É um direito fundamental da pessoa humana".[250]

Com efeito, a seguridade tem princípios constitucionais específicos que informam os subsistemas da saúde, previdência e assistência, exigindo uma integração entre os três setores, de forma a assegurar que todas as

---

248. Manoel Gonçalves Ferreira Filho, *Comentários à Constituição Brasileira de 1988*, vol. 1, São Paulo, Saraiva, 1990, p. 91.

249. Manoel Gonçalves Ferreira Filho, *Comentários à Constituição Brasileira de 1988*, vol. 4, São Paulo, Saraiva, 1995, p. 49.

250. Sérgio Pinto Martins, *Direito da Seguridade Social*, 24ª ed., São Paulo, Atlas, 2007, p. 27.

contingências e riscos sociais estejam protegidos. Assim, o espaço não-coberto por um dos subsistemas deve obrigatoriamente ser acobertado pelo outro, por conta justamente da idéia de seguridade social, que é, em verdade, a segurança social.

A propósito, muitos autores entendem ser incorreta a nomenclatura "seguridade social", pois se trata de um castelhanismo, advindo de *seguridad*, que significa, nessa língua, "segurança". Daí afirmar-se que o termo correto seria "segurança social",[251] e não "seguridade social" – o que reforça a tese ora esposada de que "segurança" no art. 6º quer dizer "seguridade".

140. A seguridade social rege-se pelos arts. 194 e 195 da Lei Magna.

O parágrafo único do art. 194 estabelece os objetivos da seguridade social, que são, em verdade, princípios deste sistema, pois informam os valores que deverão preponderar quando do atendimento das contingências sociais.

141. Assim, a seguridade social se edifica sobre: (i) a universalidade da cobertura e do atendimento; (ii) a uniformidade e equivalência dos benefícios e serviços às populações urbanas e rurais; (iii) a seletividade e distributividade na prestação dos benefícios e serviços; (iv) a irredutibilidade do valor dos benefícios; (v) a eqüidade na forma de participação no custeio; (vi) a diversidade da base de financiamento; (vii) o caráter democrático e descentralizado da administração, mediante gestão quadripartite, com participação dos trabalhadores, dos empregadores, dos aposentados e do Governo nos órgãos colegiados; bem como (viii) a preexistência de custeio.

142. A universalidade da cobertura e do atendimento representa a própria idéia de seguridade social, "tal como concebida no *Relatório Beveridge*, que defendia um sistema que protegesse o cidadão, do berço ao túmulo, contra todas as situações de necessidade social".[252]

Assim, o sistema deve ser acessível a todas as pessoas que integram a população nacional (aspecto subjetivo), bem como todas as necessidades sociais devem estar acobertadas pela seguridade social (aspecto objetivo).

Este princípio é próprio da seguridade social, o que não significa que ele seja aplicável de forma igual aos subsistemas. Explica-se: a idéia de

---

251. Manoel Gonçalves Ferreira Filho, *Comentários à Constituição Brasileira de 1988*, cit., vol. 1, p. 91.
252. Ionas Deda Gonçalves, *Direito Previdenciário*, cit., 3ª ed., p. 15.

universalização deve ser verificada a partir da integração da saúde com a previdência social e com a assistência social, não podendo existir contingência ou indivíduo descoberto da seguridade social. Isto, entretanto, não implica dizer que inexistam limitações subjetivas e objetivas e que, portanto, pessoas e contingências não possam estar desprotegidas por um subsistema.

O subsistema pode não realizar a cobertura de todas as pessoas ou de todas as suas necessidades sociais, mas o sistema integrado da seguridade social deve garantir a proteção total do cidadão. É, por exemplo, o caso da previdência social, que, embora faça parte do sistema seguridade social, só beneficia aos seus segurados e estabelece rol de contingências a serem protegidas.

Assim, não se pode afirmar que qualquer pessoa que se encontre inválida tenha direito ao benefício previdenciário da aposentadoria por invalidez, mas pode-se assegurar que toda pessoa inválida estará protegida, de alguma forma, pela seguridade social.

Vê-se, portanto, que falar em seguridade social não é o mesmo que falar em previdência social, assistência social e saúde, porque, como dito, ela não é a mera união destes três direitos sociais, mas, sim, um quarto direito social, que integra ações conjuntas destes direitos, visando à mais completa proteção do indivíduo, por meio de um sistema que tem princípios e regras próprios, a serem aplicados diferentemente conforme se trate de saúde, previdência ou assistência.

Assim, fica claro pelo princípio da universalidade da cobertura e do atendimento que o cidadão tem direito não apenas à previdência social, à assistência social e à saúde, consideradas isoladamente, mas também a que exista um conjunto integrado dessas ações, que, na sua totalidade, forme um sistema no qual inexista pessoa ou risco social descobertos.

143. Outro princípio que rege a seguridade social é o da uniformidade e equivalência dos benefícios e serviços às populações urbanas e rurais. Esta norma é um desdobramento do princípio da isonomia, que veda distinções injustificadas entre as pessoas.[253]

---

253. Como bem acentuou Celso Antônio Bandeira de Mello, "as discriminações são recebidas como compatíveis com a cláusula igualitária apenas e tão-somente quando existe um vínculo de correlação lógica entre a peculiaridade diferencial acolhida, por residente no objeto, e a desigualdade de tratamento em função dela conferida, desde que tal correlação não seja incompatível com interesses prestigiados na Constituição" (*O Conteúdo Jurídico do Princípio da Igualdade*, 3ª ed., 16ª tir., São Paulo, Malheiros Editores, 2008, p. 17).

"Uniformidade" corresponde ao acesso de todos às mesmas prestações, ao passo que "equivalência" pressupõe tratamento paritário aos trabalhadores urbanos e rurais.

144. A seletividade e a distributividade na prestação de serviços e benefícios são também pilares do sistema da seguridade. A seletividade consiste na escolha dos riscos sociais a serem cobertos, bem como no tipo de prestação que irá cobri-los. Já a distributividade tem como diretriz a redistribuição de rendas, objetivo maior do sistema, pelo qual são amparados os mais necessitados, a fim de alcançar o bem-estar e a justiça sociais.

145. Igualmente, a irredutibilidade do valor dos benefícios é fundamento da seguridade social. Sua função é impedir que os benefícios pagos em dinheiro sofram diminuição do seu valor nominal e real, para que o poder aquisitivo dos benefícios permaneça o mesmo.

146. Como a seguridade é um direito social pertencente a todos os cidadãos, a Constituição erigiu como diretriz a eqüidade na forma de participação do custeio, isto é, para que se forneçam benefícios e serviços a todos há que se observar o princípio da capacidade contributiva ("quem ganha mais, paga mais; quem nada ganha, com nada contribui, mas mesmo assim tem direito a prestações assistenciais"[254]).

Ainda, este princípio impõe contribuições diferenciadas entre os participantes do custeio, na proporção do risco social que provoquem. Assim sendo, a empresa que cause maior risco de acidente de trabalho deve contribuir com alíquotas diferenciadas em relação às que não provoquem tantos acidentes. É a chamada *adequação entre risco e contribuição*.[255]

147. A diversidade da base de financiamento é outra diretriz do sistema da seguridade social. Este princípio é repetido pelo art. 195 da CF, ao dispor: "A seguridade social será financiada por toda a sociedade, de forma direta e indireta, nos termos da lei".

O custeio é feito mediante recursos provenientes dos orçamentos da União, dos Estados, do Distrito Federal e dos Municípios e também das seguintes contribuições sociais: "I – do empregador, da empresa e da entidade a ela equiparada na forma da lei, incidentes sobre: a) a folha de salários e demais rendimentos do trabalho pagos ou creditados, a qualquer título, à pessoa física que lhe preste serviço, mesmo sem vínculo

---

254. Ionas Deda Gonçalves, *Direito Previdenciário*, cit., 3ª ed., p. 17.
255. Idem, p. 18.

empregatício;[256] b) a receita ou o faturamento;[257] c) o lucro;[258] II – do trabalhador e dos demais segurados da previdência social,[259] não incidindo contribuição sobre aposentadoria e pensão concedidas pelo regime geral de previdência social de que trata o art. 201; III – sobre a receita de concursos de prognósticos;[260] IV – do importador de bens ou serviços do exterior, ou de quem a lei a ele equiparar".[261]

Além destas, a CF, no art. 239, conta também com a contribuição referente ao PIS/PASEP para financiamento da seguridade social, dentre outras, como o salário-educação e o recolhimento referente ao FGTS.

Ademais, poderão ser criadas novas fontes destinadas a garantir a manutenção ou expansão da seguridade social, desde que isto seja feito por meio de lei complementar.

148. É princípio da seguridade social, ainda, o caráter democrático e descentralizado da administração, mediante gestão quadripartite, com participação dos trabalhadores, dos empregadores, dos aposentados e do Governo nos órgãos colegiados.

Esta norma visa a implementar a idéia de participação de todos os interessados, conferindo possibilidade de discussão e deliberação sobre os assuntos que lhes digam respeito, bem como a realização de uma direção democrática nos rumos da seguridade social.

Em atenção a este princípio, o art. 3º da Lei 8.213/1991 instituiu o Conselho Nacional de Previdência Social/CNPS, que tem representantes do Governo Federal, dos aposentados e pensionistas, dos trabalhadores e dos empregadores.

149. Finalmente, há um último princípio da seguridade social, previsto no art. 195, § 5º, da Lei Magna. Trata-se da preexistência de custeio em relação ao benefício ou serviço. Este princípio traduz a idéia de necessidade de estipulação prévia dos recursos financeiros para que determinado serviço ou benefício seja criado ou majorado. É o que Wagner Balera denomina de "regra da contrapartida", isto é, "verdadeira proibição cons-

---

256. Contribuição regulamentada pelo art. 22 da Lei 8.212/1991.
257. Esta contribuição é a COFINS, criada pela Lei Complementar 70/1991, com as alterações feitas, dentre outras, pelas Leis 9.718/1998, 10.833/2003 e 10.865/2004.
258. Esta contribuição é a Contribuição Social sobre o Lucro Líquido/CSLL, regulamentada pela Lei 7.689/1988.
259. Contribuição regulamentada pelo art. 20 da Lei 8.212/1991.
260. Contribuição disciplinada pelo art. 26 da Lei 8.212/1991.
261. Esta contribuição está regulada pelo art. 3º da Lei 10.865/2004 (PIS/PASEP-Importação e COFINS-Importação).

titucional à instituição de novas fontes de custeio sem destinação precisa, assim como em proibição expressa de criação de novas prestações sem a adequada cobertura financeira".[262]

A seguridade social é, então, a segurança social a que faz jus o cidadão, por meio de ações integradas da saúde, previdência e assistência sociais, cujos princípios próprios são aplicados de forma diferente em cada subsistema mas que, conjuntamente, visam a salvaguardar o indivíduo de todos os riscos sociais existentes.

Assim, o cidadão tem direito subjetivo público a que as ações de saúde, previdência e assistência sociais sejam disponibilizadas de modo integrado, visando à completa proteção do indivíduo, a fim de que nenhuma contingência social fique descoberta pelo sistema da seguridade social, sob pena de responsabilização estatal pelos danos morais e materiais que a omissão ou má prestação tiverem comprovadamente causado.

A seguridade social encerra o capítulo referente aos direitos sociais. Passaremos, agora, a estudar a intervenção do Estado na ordem social sob a forma de prestação dos serviços públicos.

---

262. Wagner Balera (coord.), *Curso de Direito Previdenciário – Homenagem a Moacyr Velloso Cardoso de Oliveira*, 4ª ed., São Paulo, LTr, 1998, pp. 39-40.

Capítulo III

DA INTERVENÇÃO DO ESTADO NO DOMÍNIO SOCIAL POR MEIO DOS SERVIÇOS PÚBLICOS

III-1 Breve histórico. III-2 Do serviço público e seu regime jurídico. III-3 Dos serviços públicos na Constituição de 1988.

1. Consoante explana Celso Antônio Bandeira de Mello,[1] o Estado, no exercício de sua função administrativa – ou seja, sob a égide de um regime de direito público –, desempenha as seguintes atividades:

2. (i) Poder de polícia, que é a atividade de condicionamento da liberdade e da propriedade dos indivíduos, com fundamento na supremacia geral da Administração sobre os administrados e na forma da lei, a fim de compatibilizá-las com o bem-estar social.

(ii) Fomento das atividades privadas de interesse coletivo, que será analisado no próximo capítulo.

3. (iii) Intervenção em atos e fatos da vida particular para lhes conferir certeza e segurança jurídicas, realizada diretamente ou por meio de delegação desta atividade a particulares, que, com o reconhecimento do Poder Público, praticam certos atos dotados de força jurídica oficial.

(iv) Instrumentalização através de recursos humanos e materiais para a prestação de quaisquer de suas atividades. Com isto, o Estado aprovisiona-se, voluntária ou compulsoriamente, dos agentes e dos recursos materiais necessários ao implemento de todos os seus cometimentos. São institutos que implementam esta atividade: a tributação, a desapropriação, a requisição etc.

(v) Serviços públicos, que serão objeto de nosso estudo ao longo deste capítulo.

1. Celso Antônio Bandeira de Mello, *Prestação de Serviços Públicos e Administração Indireta*, 2ª ed., São Paulo, Ed. RT, 1983, pp.16-18.

Os direitos sociais, como visto, têm aplicabilidade imediata e, assim sendo, precisam ser concretizados por meio de determinadas atividades.

4. A satisfação material dos direitos sociais dá-se, normalmente,[2] pela prestação dos serviços públicos, que surgiram justamente para romper a estrutura abstencionista do Estado Liberal, cuja única função era a de assegurar a ordem pública mediante uma função de polícia, relegando a satisfação de outras atividades ao livre jogo das forças sociais.[3]

Quanto às demais atividades exercidas pelo Estado, elas não serão objeto de nosso estudo, porquanto não se trata de formas de intervenção estatal na ordem social – salvo, é claro, a atividade de fomento, que, consoante mencionado, será estudada no próximo capítulo.

III-1 Breve histórico

5. A noção de *serviço público* é extremamente cara ao direito administrativo. À época de seu surgimento, seu idealizador, Léon Duguit, liderou a chamada "Escola de Serviço Público", que revolucionou o direito administrativo ao substituir a base fundamental desta matéria, dantes edificada sobre a idéia de *poder* (*puissance publique*), para, a partir de então, consolidá-la sob a idéia de *serviço público*.

Assim, colocou-se o Estado como um ente que existe para servir, e não para mandar. O que ocorreu, portanto, foi uma completa inversão nos valores que deram origem ao direito público.

Não foi por outra razão que Cyr Cambier afirmou que as lições de Duguit fizeram do "poder um dever; do comando, que é ordem dada (*jussus*), um ordenamento, que é medida adotada e adaptada (*ordinatio*)".[4]

Com a subversão dos valores que sustentavam o Estado, este passou a ser visto não mais como uma figura opressora, mas como um provedor, um fornecedor de utilidades para os cidadãos.

---

2. Diz-se "normalmente" porque ela pode ser realizada também por particulares, através das entidades sem fins lucrativos.
3. Fernando Garrido Falla, *Tratado de Derecho Administrativo*, 11ª ed., vol. II, Madri, Editorial Tecnos, 2002, p. 381.
4. No original: "Il conduit à faire du pouvoir un devoir; du commandement, qui est ordre donné (*jussus*), un ordonnancement qui est mesure adoptée et adaptée (*ordinatio*)" (Cyr Cambier, *Droit Administratif*, Bruxelas, Maison Ferdinand Larcier, 1968, p. 228).

Imperioso destacar que Léon Duguit levou ao extremo sua teoria, chegando a afirmar que "o serviço público é o fundamento e o limite do poder governamental. E nisto minha teoria de Estado se encontra acabada".[5]

No mesmo sentido, Georges Vedel e Pierre Devolvé afiançam que "a tese fundamental é que todo o direito administrativo se explica pela noção de serviço público".[6]

Assim, para esta teoria o serviço público seria o pólo aglutinador de todo O direito administrativo.[7] Ou, nas palavras de Jean Rivero: "A Escola do Serviço Público acreditava poder explicar todas as particularidades do direito administrativo pelas necessidades do serviço público".[8]

O mérito da teoria formulada pela Escola de Serviço Público é indiscutível, na medida em que inverteu o eixo metodológico do direito administrativo, retirando-o da idéia de "poder" e passando para a idéia de "servir".

Nas palavras do mentor desta teoria, "se existe um poder público, ele é um dever, uma função e não um direito".[9]

Logo, "não é o 'poder' que serve como razão explicativa dos institutos de direito administrativo, pois as idéias de *dever*, de *função*, é que cumprem com exatidão este papel no Estado de Direito".[10]

O fundamento, pois, do serviço público é justamente o dever estatal de fornecê-lo.[11]

5. Léon Duguit, *Traité de Droit Constitutionnel*, vol II, Paris, Ancienne Librairie Fontemoing & Cie., Éditeurs, 1923, p. 56. No original: "Le service public est le fondment et la limite du pouvoir governemental. Et par là ma théorie de l'État se trouve achevée".

6. No original "La thèse fondamentale est que tout le droit administratif s'explique par la notion de service publique" (Georges Vedel e Pierre Devolvé, *Droit Administratif*, t. I, Paris, Presses Universitaires de France, 1958, p. 111).

7. Em sentido similar, v. também Gaston Jèze, que entende ser o direito administrativo um conjunto de regras relativas aos serviços públicos (*Principios Generales del Derecho Administrativo*, vol. I, tradução argentina da 3ª ed. francesa de 1930, 1948, p. XXIX, in "Prefácio" do autor à edição argentina), e Roger Bonnard (*Précis de Droit Administratif*, 2ª ed., Paris, Librairie du Recueil Sirey, 1935).

8. No original : "L'École du Service Public crut pouvoir expliqué toutes les particularités du droit administratif par les nécessités du service public" (Jean Rivero, *Droit Administratif*, 2ª ed., Paris, Librairie Dalloz, 1962, p. 146).

9. Léon Duguit, *Traité de Droit Constitutionnel*, vol. II, Paris, Ancienne Librairie Fontemoing & Cie., Éditeurs, 1923, p. 57. No original : "S'il y a une puissance publique, elle est un devoir, une fonction et non point un droit".

10. Celso Antônio Bandeira de Mello, *Curso de Direito Administrativo*, 26ª ed., São Paulo, Malheiros Editores, 2009, p. 45.

11. Rod Lorétan, *Droit Public et Droit Privé dans le Service Public*, Lausanne, Imprimérie Rapid, 1937, p. 42. O autor afirma: "Le fondement en est la notion de service à

É certo, contudo, que a suma importância dada ao serviço público como critério para identificar o direito administrativo retira-lhe grande parte da sua importância, pois, reconhecida a maior extensão do conceito de serviço público, deixa de servir como elemento preciso para delimitar o campo de sua aplicação frente aos demais institutos jurídico-administrativos. "Perde, então, aquele que seria justamente seu maior préstimo, tornando-se insuficiente para a caracterização dos vários institutos administrativos e para determinar a ocorrência do regime administrativo."[12]

Assim, apesar de se reconhecer a capital importância desta teoria, não se pode adotá-la, seja por conta de sua insuficiência em definir *serviço público*, seja pela impossibilidade de apartá-lo dos demais institutos de direito administrativo.

É claro que o serviço público é, foi e sempre será matéria de importância transcendental para o direito administrativo, e em especial quando se está diante de um Estado Social, que obriga a uma atuação estatal positiva para a redução das desigualdades sociais.

Tanto é assim que René Chapus[13] define o serviço público como a razão de ser do direito administrativo.

Ademais, a necessária colocação do Estado no pólo passivo de uma relação jurídica, cujo beneficiário é o cidadão, foi um avanço incalculável para o direito administrativo.[14] O Estado passou a ter o dever – e não mais a faculdade – de desempenhar certas atividades indispensáveis à satisfação

---

rendre, de devoir: dans le service public, l'Administration est obligée de fournir à des usagers individuels des prestations déterminées et cette obligation se présente comme un devoir. De cette notion fondamentale découle une conséquence essentielle: l'égalité des usagers devant le service púbiic".

12. Celso Antônio Bandeira de Mello, *Natureza e Regime Jurídico das Autarquias*, São Paulo, Ed. RT, 1967, p. 147.

13. René Chapus, *Droit Administratif Général*, 13ª ed., t. 1, Paris, Éditions Montchrestien, 1999, p. 547. Para o autor, o serviço público é "la raison d'être de l'Administration. Ce que peut avoir relief la détention de prérogatives de puissance publique par l'Administration ne doit pas dissimuler qu'elle n'en dispose que pour assurer au mieux le service de l'intérêt general, c'est-à-dire les services publics".

14. "Veja-se que esta abordagem contende a idéia de que o 'poder' seja o núcleo aglutinante do direito administrativo, rejeita a adoção de uma perspectiva autoritária que assenta a base deste ramo jurídico sobre uma força oriunda do alto e imposta aos administrados, como que hierarquicamente. De revés, propõe uma visão supeditada na convicção de que o direito administrativo e seus institutos organizam-se em torno do dever de servir à coletividade, do encargo de atender a necessidades gerais, sendo elas e só elas as justificativas para o exercício da autoridade" (Celso Antônio Bandeira de Mello, "As bases ideológicas do direito administrativo", in *Constitucionalismo Social – Estudos em Home-*

do interesse da coletividade. Com isso, finalmente o Estado deixou de ser o opressor do cidadão para ser o provedor das necessidades e serviços básicos da coletividade.

6. Cumpre mencionar, muito brevemente, que a noção de serviço público sofreu uma primeira grande crise[15] quando o Estado ampliou suas intervenções, estendendo o rol de suas atividades, composto basicamente de serviços públicos, para realização de atividades de caráter mercantil e industrial, tradicionalmente reservadas à iniciativa privada.

Ademais, o Estado criou figuras de direito privado para realizar serviços públicos e reconheceu que certas atividades de empresas particulares eram serviços públicos, pela sua natureza e abrangência.

Com isso, a noção tradicional de serviço público, edificada com base na associação dos critérios subjetivo, orgânico e material, acabou sensivelmente abalada, mostrando-se desconforme com a realidade – e, por tal razão, perdeu grande parte da sua utilidade.

Na verdade, como bem explanou Dinorá Grotti,[16] a chamada "crise" apenas refletiu um desajuste de uma específica teoria à extensão das prestações estatais, realizadas sob diferentes formas. O encargo público de prestação de serviços públicos não submergiu, nem se encontrava em crise.

Atualmente, uma nova crise do serviço público está em pauta. Garrido Falla adverte que "las corrientes económicas neoliberales postulan de nuevo la vuelta al 'Estado mínimo' con el consiguiente fenómeno de desregulación y privatización (total o parcial) de las empresas económicas en manos públicas. O lo que es lo mismo, la 'muerte del servicio público' (la expresión es de uno de nuestros colegas administrativistas) y la regulación mínima de las actividades empresariales privadas".[17]

Ocorre, portanto, em certa medida, uma crise em sentido inverso da primeira, já que esta surgiu quando o Estado rompeu com sua estrutura liberal abstencionista para, atuando em diversas frentes, inclusive por meio

nagem ao Ministro Marco Aurélio Mendes de Faria Mello, São Paulo, LTr, 2003, p. 219).

15. Para maiores informações sobre a primeira "crise do serviço público" v. Celso Antônio Bandeira de Mello, *Natureza e Regime Jurídico das Autarquias*, cit., 1967, e Dinorá Adelaide Musetti Grotti, *O Serviço Público e a Constituição Brasileira de 1988*, São Paulo, Malheiros Editores, 2003.

16. Dinorá Adelaide Musetti Grotti, *O Serviço Público e a Constituição Brasileira de 1988*, cit., p. 60.

17. Fernando Garrido Falla, *Tratado de Derecho Administrativo*, cit., 11ª ed., vol. II, p. 395.

de atividades empresariais, intervir intensamente nas ordens social e econômica. Ao passo que esta segunda crise visa ao retorno ao Estado mínimo abstencionista, reduzindo a atuação estatal a situações excepcionais.

Embora esta última crise seja conhecida, ela só se aplica ao direito comunitário, já que na União Européia[18] a idéia de serviço público exclusivo do Estado tornou-se incompatível com os princípios da liberdade de iniciativa e livre concorrência, eleitos como pilares fundamentais para a supressão das fronteiras.

Tanto isto é verdade que o Tratado de Roma, de 1957, que instituiu a Comunidade Européia, no art. 86, item 2,[19] substituiu a expressão "serviço público" por "serviços de interesse econômico geral", para eliminar os obstáculos à ordem econômica resultantes da prestação de serviços públicos privativos dos Estados-membros.

É certo, porém, que esta crise européia do serviço público não pode ser juridicamente colocada em discussão em nossa ordem positiva.[20] Não há como uma crise surgida dentro dos confins jurídicos do direito comunitário

18. Esta segunda crise do serviço público surgiu para tentar adequar a completa reestruturação política que ocorreu na Europa com o advento da Comunidade Européia e, posteriormente, da União Européia. Lá, a "morte do serviço público" pode fazer algum sentido. Para Gaspar Ariño Ortiz, por exemplo, "é inútil ficar tentando embalsamar a noção de serviço público, como tentam os franceses, como se dessa maneira pudéssemos mantê-lo vivo. A situação hoje é outra, quase inversa. São os fatos que mandam, mais que a ideologia e a política, e os pressupostos econômicos, sociais, políticos e culturais sobre os quais a instituição do serviço público nasceu e se desenvolveu se modificaram radicalmente" (*Significado Actual de la Noción de Servicio Público, El Nuevo Servicio Público*, Madri, Marcial Pons, 1997, p. 23, *apud* Alexandre Santos Aragão, *Direito dos Serviços Públicos*, Rio de Janeiro, Forense, 2007, p. 248).

19. Art. 86, item 2: "As empresas encarregadas da gestão de serviços de interesse econômico geral ou que tenham a natureza de monopólio fiscal ficam submetidas ao disposto no presente Tratado, designadamente às regras de concorrência, na medida em que a aplicação destas regras não constitua obstáculo ao cumprimento, de direito ou de fato, da missão particular que lhes foi confiada. O desenvolvimento das trocas comerciais não deve ser afetado de maneira que contrarie os interesses da Comunidade" (Maria Sylvia Zanella Di Pietro, *Direito Administrativo*, 20ª ed., São Paulo, Atlas, 2007, p. 93).

20. Entre nós, v., por todos aqueles que acreditam na idéia de crise do serviço público, Alexandre Santos de Aragão, ao afirmar que: "Os conceitos tradicionais do direito administrativo se caracterizam pelos pressupostos ideológicos de supremacia da Administração Pública sobre o particular e do papel do Estado como o grande provedor das necessidades sociais. Não são necessários maiores esforços para constatar que, se esses pressupostos ideológicos não foram totalmente ultrapassados, encontram-se seriamente comprometidos, inquinando também, como não poderia deixar de ser, os conceitos que deles defluíam" (*Direito dos Serviços Públicos*, cit., p. 123).

europeu[21] conseguir irradiar seus efeitos no Estado Brasileiro, pois este é, por definição, um Estado Social de Direito, um Estado-Providência, em que há o inarredável dever estatal de atuar visando a satisfazer os interesses da coletividade.[22] Esta atuação estatal é feita, sobretudo, pela prestação dos serviços públicos, que estão constitucionalmente assegurados, como buscaremos demonstrar em tópico próprio.

É sob este aspecto, de uma Administração prestadora,[23] que iremos abordar a atuação estatal na realização dos serviços públicos.

21. Maria Sylvia Zanella Di Pietro, com propriedade, averbou: "No Brasil não existe justificativa para adotar-se a conclusão de que o conceito de serviço público entrou em crise, tendendo a desaparecer, já que o país não está vinculado a qualquer tratado que estipule medidas semelhantes às impostas à União Européia, mesmo porque a Constituição Federal continua a atribuir atividades ao Poder Público, com caráter de exclusividade, como ocorre, por exemplo, com o art. 21; e continua a prever, como encargo do Estado, a prestação do serviço público, nos termos do art. 175" (*Direito Administrativo*, cit., 20ª ed., p. 94).
22. Celso Antônio deixou anotada sua abalizada opinião sobre os profissionais do Direito que alardearam a "morte do serviço público" em trecho que, mesmo longo, merece, aqui, integral reprodução: "Diante da orquestrada zoeira da privatização, em diferentes partes do mundo, mas sobreposse entre os sub ou semidesenvolvidos (como é natural) e até mesmo no Brasil – em despeito dos dizeres da Constituição –, chegou-se a apregoar o *fim da noção de serviço público* e uma suposta superação do direito administrativo até então existente, substituídos um e outro pelas maravilhas da livre iniciativa e da auto-regulação do mercado, tudo no melhor estilo e sotaque norte-americano. Os que disto se fizeram arautos cumpriram, em sua maioria sem se aperceber, o papel de massa-de-manobra para a portentosa campanha de *marketing* conduzida pelos organismos financeiros internacionais manejados pelos países cêntricos, nos quais, para penetrar livremente nos mercados dos países emergentes e praticar o 'vampirismo econômico', foram elaborados os motes 'globalização' e 'reforma do Estado', em termos que lhes facilitassem os objetivos. Eis por que tal movimento, a fim de causar impressão em meios jurídicos, de cujo apoio não poderia prescindir para a sustentação das indispensáveis teses político-administrativas correlatas, se fez acompanhar de arremedos teóricos na área do direito administrativo, suficientes para impressionar alguns segmentos, que facilmente tomaram a nuvem por Juno, hipnotizados pela aludida manobra publicitária. A difusão deste repertório de *slogans*, dentro e fora do meio jurídico, já entrou de declinar, tanto pelos catastróficos resultados produzidos – a terrível situação da Argentina, que foi um modelo de docilidade, vale como paradigma – como porque a pretendida ocupação dos espaços econômicos a que se propunha já se completou com grande êxito para esta invasão econômica" (*Curso de Direito Administrativo*, cit., 26ª ed., pp. 667-668, nota de rodapé 5).
23. Sob este mesmo enfoque, Carlos E. Delpiazzo averbou: "Por Administración prestacional cabe entender aquella que, para mejor servir a la sociedad a la que se debe, antes de restringir o limitar los derechos de los ciudadanos afecta positivamente y amplía la esfera de derechos de éstos mediante el cumplimiento de determinadas actividades que se traducen en el suministro de bienes o servicios. Se trata de diferentes actividades, de diverso contenido, que realiza la Administración *uti singuli*, es decir, direccionadas individualmente a cada habitante" (*Derecho Administrativo Especial*, vol. 1, Montevidéu, AMF Editorial y Librería Jurídica, 2006, p. 425).

III-2 Do serviço público e seu regime jurídico

7. Inicialmente, contudo, cabe-nos mencionar o que entendemos por "serviço público". Nisto estamos integralmente com Celso Antônio Bandeira de Mello,[24] para quem "*serviço público* é toda atividade de oferecimento de utilidade ou comodidade material destinada à satisfação da coletividade em geral, mas fruível singularmente[25] pelos administrados, (...)". O serviço público é prestado pelo Estado, ou por quem lhe faça as vezes, sob um regime jurídico de direito público.

Com isto, restringe-se a noção de serviço público aos denominados serviços *uti singuli*, ou seja, aqueles individual e singularmente fruíveis por cada um dos administrados, em contraposição ao conceito de serviço público em sentido amplo, que albergaria também os serviços *uti universi*, cujo gozo não é particularizado – como ocorre, por exemplo, com o serviço de iluminação pública.

Para os fins deste trabalho interessam-nos apenas os serviços *uti singuli*, já que são estes que mais concretamente garantem os direitos subjetivos públicos constantes do rol do art. 6º da Constituição da República.

Assim, a noção de serviço público apresentada pelo Mestre amolda-se com perfeição aos nossos propósitos.

Este conceito de serviço público tem, pois, dois elementos, quais sejam: (i) o substrato material,[26] consistente na prestação de utilidade ou

---

24. Celso Antônio Bandeira de Mello, *Curso de Direito Administrativo*, cit., 26ª ed., p. 665.
25. César A. Guimarães Pereira, em excelente trabalho sobre o tema, põe em destaque a posição do usuário na definição de serviço público, afirmando que: "Só haverá serviço público na medida em que seja possível identificar um usuário que possa fruí-lo de modo singular e individual. Além disso, ao mesmo tempo em que se afirma o caráter coletivo do serviço público (que torna 'instrumental' a posição do usuário), destaca-se o papel individual do usuário na relação concreta de serviço. Essa afirmação não nega que o serviço público seja dirigido ao público em geral, a uma pluralidade indeterminada de usuários em potencial. Mas se baseia em que o 'usuário efetivo' é determinado e integra uma relação jurídica concreta. Por isso é que somente os serviços fruíveis singularmente é que podem ser caracterizados como serviços públicos" (*Usuários de Serviços Públicos*, São Paulo, Saraiva, 2006, p. 34).
26. V. também Jean-François Lachaume, Claudie Boiteau e Hélène Pauliat : "Estamos aqui na presença do elemento material da noção, que se caracteriza em função do objetivo prosseguido pela missão de serviço público: trata-se essencialmente de dar satisfação a necessidades coletivas". No original: "Nous sommes ici en présence de l'élément matériel de la notion qui se caractérise en fonction du but poursuivi par la mission de service public: il s'agit pour l'essentiel de donner satisfacion à des besoins collectifs" (*Droit des Services Publics*, 3ª ed., Paris, Éditions Dalloz, 2004, p. 18).

comodidade material desfrutada individualmente pelos administrados, e (ii) o substrato formal, composto por um específico regime de direito público.

O substrato formal é, na verdade, o principal diferenciador entre um serviço público e as demais atividades econômicas,[27] pois nele reside a diferenciação jurídica (e não material) entre o serviço público e todas as demais espécies de prestações privadas.

8. O regime jurídico é, pois, elemento essencial na definição de serviço público, sendo inservíveis as conceituações que não o contemplem, já que inexiste outro critério satisfatório para segregar serviço público de atividade privada, especialmente as que são voltadas para o Terceiro Setor.[28]

Marienhoff adverte a necessidade de o regime jurídico ser sempre de direito público, independentemente de o serviço ser prestado por particulares ou pela própria Administração. Diz o autor: "A pesar de las sensatas observaciones de quienes sostienen que el régimen jurídico del servicio público tanto puede ser de derecho público como de derecho privado, estimo que el 'encuadramiento' de la actividad constitutiva de dicho servicio en el ámbito del derecho público es necesario y es conveniente: por esa vía se evitarán los abusos de cualquier orden en que pudiese incurrir quien preste o realice el servicio (...). La aplicación del régimen y de los principios generales del derecho público le brinda a la Administración Pública el medio idóneo para impedir tales excesos".[29]

27. Para Alain-Serge Mescheriakoff "o único elemento de diferenciação entre o serviço público e uma atividade privada similar é o seu regime jurídico, o fato de que a prestação seja fornecida de maneira pública". No original: "le seul élément de différenciation entre une activité de service public et une activité privée similaire reste son regime juridique, le fait que la prestation soit fournie de manière publique" (*Droit des Services Publics*, 2ª ed., Paris, Presses Universitaires de France, 1991, pp. 101-102).

28. Rafael Bielsa não acrescenta expressamente, na definição de serviço público, o aspecto formal. Para ele, serviço público é "toda acción o prestación realizada por la Administración Pública activa, directa o indirectamente, para la satisfacción concreta de necesidades colectivas, y asegurada esa acción o prestación por el poder de policía". O elemento "poder de polícia", no raciocínio do autor, existe para manter a continuidade e a regularidade do serviço, que não pode parar. Assim, se houver alguma anomalia o Estado deve intervir, aplicando inclusive sanções para os que interromperem a continuidade do serviço. Com a inserção dos fatores (i) regularidade e (ii) continuidade do serviço público, Bielsa acata, ainda que indiretamente, a existência de um regime específico para esta espécie de atividade estatal (*Derecho Administrativo*, 6ª ed., t. I, Buenos Aires, Sociedad Anónima Editora e Impressora, 1964, pp. 466-467).

29. Miguel S. Marienhoff, *Tratado de Derecho Administrativo*, t II, Buenos Aires, Abeledo-Perrot, 1966, p. 45.

Fala-se em regime jurídico quando existem princípios que lhe são peculiares e que guardam entre si uma relação lógica de coerência e unidade. O direito administrativo é sustentado, fundamentalmente, por dois princípios: (i) supremacia do interesse público sobre o privado e (ii) indisponibilidade, pela Administração, dos interesses públicos.[30]

9. Além dos princípios acima transcritos, o serviço público tem princípios peculiares à sua atividade. Maria Sylvia Zanella Di Pietro,[31] estribada na classificação da doutrina francesa, entende serem três os alicerces do regime jurídico atrelado ao serviço público, quais sejam: (i) o princípio da continuidade do serviço, (ii) o princípio da mutabilidade do regime jurídico ou da flexibilidade dos meios aos fins e (iii) o princípio da igualdade dos usuários.

Edmir Netto de Araújo[32] adota os mesmos três princípios, acrescentando um quarto: o princípio do respeito aos direitos dos usuários, que, previsto no art. 175 da CF de 1988, foi regulado pelo Código de Defesa do Consumidor (Lei 8.078/1990) e pela Lei 8.987/1995.

José dos Santos Carvalho Filho[33] arrola quatro princípios vinculados ao serviço público. São eles: (i) princípio da generalidade, (ii) princípio da continuidade, (iii) princípio da eficiência e (iv) princípio da modicidade.

Hely Lopes Meirelles[34] enumera cinco princípios: (i) o da permanência; (ii) o da generalidade; (iii) o da eficiência; (iv) o da modicidade; e (v) o da cortesia.

Como bem destacou Hely Lopes Meirelles, "faltando qualquer desses requisitos ou condições em um serviço público ou de utilidade pública, é dever da Administração intervir para restabelecer seu regular funcionamento ou retomar sua prestação".[35]

A Lei 8.987/1995, que dispõe sobre o regime de concessão e permissão de serviços públicos, estabelece, em seu art. 6º, § 1º, que *serviço*

---

30. Fernando Garrido Falla sintetiza os pilares do direito administrativo afirmando que este se erige sobre o binômio "prerrogativas da administração – direito dos administrados" (*Tratado de Derecho Administrativo*, "Prólogo" à 1ª ed., Madri, 1958).
31. Maria Sylvia Zanella Di Pietro, *Direito Administrativo*, cit., 20ª ed., pp. 95-96.
32. Edmir Netto de Araújo, *Curso de Direito Administrativo*, São Paulo: Editora Saraiva, 2005, pp. 106-111.
33. José dos Santos Carvalho Filho, *Manual de Direito Administrativo*, 17ª ed., Rio de Janeiro, Lumen Juris, 2007, pp. 288-292.
34. Hely Lopes Meirelles, *Direito Administrativo Brasileiro*, 35ª ed., São Paulo, Malheiros Editores, 2009, p. 337.
35. Idem, p. 338.

adequado é o que satisfaz as condições de regularidade, continuidade, eficiência, segurança, atualidade, generalidade, cortesia na sua prestação e modicidade das tarifas.

Para os fins deste estudo, optamos por adotar a posição de Celso Antônio Bandeira de Mello, que identifica 10 princípios regentes do serviço público, por entendermos que esta organização da matéria permite traçar com maior precisão o regime jurídico incidente sobre os serviços públicos.

Assim, o Mestre arrola os seguintes princípios que devem estar presentes para que uma atividade seja qualificada como serviço público: (i) obrigação de desempenho; (ii) supremacia do interesse público; (iii) adaptabilidade; (iv) universalidade; (v) impessoalidade; (vi) transparência; (vii) motivação; (viii) modicidade;[36] (ix) controle sobre as condições de sua prestação; e (x) continuidade.

Expliquemos com vagar esses princípios.

10. (i) A *obrigação de desempenho* exige que o Estado disponibilize o serviço à coletividade, seja diretamente ou indiretamente, neste último caso somente nas modalidades constitucionalmente supostas, isto é, mediante autorização, concessão ou permissão (art. 175). Trata-se de dever inescusável do Estado, sendo que sua omissão enseja responsabilização pelos danos causados aos particulares.

Este princípio é de suma importância, pois determina a atuação positiva do Estado para alcance das suas finalidades precípuas.

Para Bartolomé Fiorini[37] é a característica da obrigatoriedade de prestação que diferencia o serviço público de uma atividade privada.

36. O professor Celso Antônio denomina o princípio de "princípio da *modicidade das tarifas*". Preferimos, entretanto, a nomenclatura utilizada por Hely Lopes Meirelles, Dinorá Grotti e José dos Santos Carvalho Filho, que se referem apenas ao "princípio da modicidade", tendo em vista que não somente as tarifas (valor pago pelo usuário ao concessionário) deverão ser módicas, mas também as taxas (valor pago pelo particular ao Estado ou a entidade da Administração indireta criada para a prestação do serviço). Fazemos esta breve ponderação porquanto adotamos a posição de Geraldo Ataliba quanto à distinção entre *taxa* e *tarifa* (Geraldo Ataliba, "SABESP. Serviço público – Delegação a empresa estatal – Imunidade a impostos – Regime de taxas", *RDP* 92/70-95, Ano 22, São Paulo, Ed. RT, outubro-dezembro/1989).
37. Bartolomé Fiorini, *Derecho Administrativo*, 2ª ed., t. II, Buenos Aires, Abeledo-Perrot, 1976. No original, ensina o autor: "La obligatoriedad del servicio lo diferencia de cualquier clase de actividad privada. Cuando la Administración Pública impone como carga a un sujeto que sus prestaciones se realicen en forma obligatoria para todos y cuantos lo quieran, se instituye realmente un servicio público".

Com efeito, o dever inescusável de desempenho dos serviços públicos é traço essencial para a caracterização deste, já que para as atividades privadas impera a liberdade de iniciativa, ou seja, o particular só atua onde, quando e da forma que bem quiser, observadas as proibições legais.

Dinorá Grotti,[38] com proficiência, esclarece que a utilização dos serviços pelo administrado pode ser compulsória ou facultativa, nos termos da lei, conforme se esteja ou não diante da realização de valores constitucionalmente consagrados.

Com isto, quer-se dizer que o administrado não está, em princípio, obrigado a utilizar o serviço público, salvo nos casos em que este seja necessário para assegurar um interesse público, como ocorre com os serviços públicos de vacinação, de fornecimento domiciliar de água potável, de coleta domiciliar de lixo etc., em que se prestigia a saúde pública, direito social constitucionalmente garantido.[39]

11. (ii) O *princípio da supremacia do interesse público sobre o particular* é alicerce de todo o regime jurídico administrativo, bem como é sustentáculo da estrutura estatal.

Além disto, este princípio é imprescindível para a manutenção da vida em sociedade e até mesmo para a preservação dos interesses particulares, já que o reconhecimento da superioridade dos interesses da coletividade (não dos interesses da pessoa estatal, denominados interesses secundários, mas dos interesses públicos, cuja preservação incumbe ao Estado) é elemento essencial para a harmonia social.[40]

Com efeito, cumpre ao Estado curar os interesses de todos não sob uma perspectiva individual, mas sob uma ótica coletiva,[41] visando, pois, ao bem-estar comum e à justiça social.

Celso Antônio explana a existência inescusável da supremacia do interesse público sobre o privado de modo irrefutável. Com impressionante didática, ensina o professor que "um indivíduo pode ter, e provavelmente

---

38. Dinorá Adelaide Musetti Grotti, *O Serviço Público e a Constituição Brasileira de 1988*, cit., p. 311.
39. Exemplos colacionados por Roque Antonio Carrazza, *Curso de Direito Constitucional Tributário*, 24ª ed., São Paulo, Malheiros Editores, 2008, p. 530.
40. Não aceitamos, portanto, em hipótese alguma, a corrente que nega a existência deste princípio ou, ao menos, pretende redefini-lo. Por todos aqueles que "desconstroem" o princípio da supremacia do interesse público, v. Daniel Sarmento (org.). *Interesses Públicos "Versus" Interesses Privados – Desconstruindo o Princípio de Supremacia do Interesse Público*, 1ª ed., 2ª tir., Rio de Janeiro, Lumen Juris, 2007.
41. Celso Antônio Bandeira de Mello, *Curso de Direito Administrativo*, cit., 26ª ed., p. 60.

terá, pessoal – e máximo – interesse em não ser desapropriado, *mas não pode, individualmente, ter interesse em que não haja o instituto da desapropriação,* conquanto este, eventualmente, venha a ser utilizado em seu desfavor".

E continua: "É óbvio que cada indivíduo *terá pessoal interesse em que exista dito instituto,* já que, enquanto membro do corpo social, necessitará que sejam liberadas áreas para abertura de ruas, estradas, ou espaços onde se instalarão aeródromos, escolas, hospitais, hidroelétricas, canalizações necessárias aos serviços públicos etc., cuja disponibilidade não poderia ficar à mercê da vontade dos proprietários em comercializá-los".

Assim, a supremacia do interesse público é princípio da maior importância para o Estado de Direito, sendo, por óbvio, também aplicado aos serviços públicos.

A incidência deste princípio aos serviços públicos estabelece que as decisões referentes a estes só possam ser tomadas se estiverem de acordo com os interesses da coletividade, isto é, se perseguirem o interesse de todos em uma dimensão coletiva (interesses públicos).

12. (iii) O *princípio da adaptabilidade,* também denominado de *princípio da atualidade ou mutabilidade,*[42] exige que, dentro das possibilidades econômicas do Poder Público, o serviço seja modernizado, atualizado, seguindo-se a evolução tecnológica contemporânea.

Assiste razão a Dinorá Grotti[43] quando afirma que este princípio fundamenta o exercício de muitas das prerrogativas da Administração sobre o serviço, notadamente a da alteração ou extinção unilateral do contrato para melhor conformação às finalidades públicas. São, por exemplo, os casos ocorridos com a substituição do transporte público realizado por meio de bondes e da iluminação pública a gás.

13. (iv) O *princípio da universalidade* significa que os serviços devem ser oferecidos à generalidade do público.

Em matéria de legislação infraconstitucional, a Lei 9.074/1995, que estabelece normas para outorga e prorrogações das concessões e permissões de serviços públicos, em seu art. 3º, IV, concretiza o princípio da universalidade ao dispor a obrigatoriedade ao poder concedente de realizar "atendimento abrangente ao mercado, sem exclusão das populações de baixa renda e das áreas de baixa densidade populacional, inclusive as rurais".

---

42. Dinorá Adelaide Musetti Grotti, *O Serviço Público e a Constituição Brasileira de 1988,* cit., p. 294.
43. Idem, p. 295.

14. (v) O *princípio da impessoalidade*, que deve orientar toda a atuação administrativa, proíbe discriminações injustificadas entre os usuários do serviço público.

Gilberto Bercovici[44] alude à outra dimensão deste princípio, qual seja, a de que todos os cidadãos têm direito aos mesmos serviços públicos essenciais, com base na igualação das condições sociais. Esta homogeneização não tem por escopo a uniformização dos padrões de vida, mas, sim, a satisfação de forma apropriada das necessidades vitais dos membros da sociedade.

15. (vi) As atividades relacionadas ao serviço público devem também obediência ao *princípio da transparência*, cujo escopo é não ocultar dos detentores do poder (o povo, conforme o art. 1º, parágrafo único, da CF) os assuntos de seu próprio interesse.

Ainda, a transparência contribui para assegurar os direitos dos cidadãos e facilitar o controle da sociedade sobre a atividade estatal, bem como conquistar a confiança e o apoio do administrado.[45]

16. (vii) A *motivação* é princípio decorrente da transparência e determina a ampla fundamentação de todas as decisões referentes ao serviço público. "Sem a explicitação dos motivos torna-se extremamente difícil sindicar, sopesar ou aferir a correção daquilo que foi decidido."[46]

17. (viii) Os serviços públicos, quando não forem gratuitos por determinação constitucional ou legal, não poderão onerar em demasia o usuário, já que não se pode marginalizar o acesso de todos à sua utilização. Este princípio, denominado *princípio da modicidade*, tem por objetivo permitir que todos os administrados possam usufruir dos serviços públicos.

Daí por que quando é o próprio Estado quem presta o serviço público a remuneração estatal é feita por meio da cobrança de taxa, que deve observância ao primado da retributividade, não se prestando, pois, à obtenção de lucro.

18. (ix) Pelo *princípio do controle*, as condições da prestação serão fiscalizadas interna e externamente, com o objetivo de verificar se o serviço público está sendo oferecido de forma adequada, com segurança para o usuário e em atendimento a todos os princípios que regem esta matéria.

---

44. Gilberto Bercovici, "Concepção material de serviço público e Estado Brasileiro", in Heleno Taveira Tôrres (coord.), *Serviços Públicos e Direito Tributário*, São Paulo, Quartier Latin, 2005, pp. 76-78.
45. Dinorá Adelaide Musetti Grotti, *O Serviço Público e a Constituição Brasileira de 1988*, cit., p. 294.
46. Adilson Abreu Dallari e Sérgio Ferraz, *Processo Administrativo*, 2ª ed., São Paulo, Malheiros Editores, 2007, p. 76.

Para René Foignet[47] o controle pelo Poder Público é um dos três elementos essenciais do serviço público. Sua criação pelo Estado e a característica de continuidade seriam os outros dois elementos da classificação de Foignet.

19. (x) A *continuidade do serviço público* significa que este não pode ser interrompido, nem suspenso. Este princípio é decorrência do princípio da obrigatoriedade de desempenho.

Assim, por este princípio denotam-se a indispensabilidade e a essencialidade da prestação do serviço público, que deve ser oferecido de forma contínua, sem cessação.[48]

No caso de serviços públicos cuja prestação foi transferida a particulares, lembre-se que as tarifas deverão manter-se sempre módicas. Ocorre que, se mesmo conservando a tarifa em patamar baixo houver impossibilidade de pagamento por parte do cidadão necessitado no tocante a serviços que estão atrelados diretamente à dignidade da pessoa humana – tais como os de água e energia elétrica –, surge a seguinte questão: qual o direito a ser preservado?. "O direito do concessionário de ser remunerado pelo serviço prestado, a fim de evitar o colapso do fornecimento com prejuízo de toda a comunidade, se esse inadimplemento ganhar proporção expressiva; ou os direitos à vida digna, à segurança, à saúde"?[49]

Ana Maria Goffi Flaquer Scartezzini[50] entende que a solução deve ser obtida caso a caso,[51] sendo impossível a fixação de regras absolutas.

47. René Foignet, *Manuel Élémentaire de Droit Administratif*, 17ª ed., Paris, Rousseau et Cie., Éditeurs, 1928, p. 366. No original: "Le service public suppose trois éléments essentiels: 1) il est créé par l'État, le départment ou la commune; 2) il est continu; 3) il est sous la maîtrise ou sous le controle des Pouvoirs Publics".
48. Quanto à greve no serviço público, o STF, nos MI 708-0-DF e 712-8-PA, determinou a aplicação da Lei de Greve dos trabalhadores privados (Lei 7.783/1989) até que seja suprida, pelo Congresso Nacional, a lacuna normativa decorrente da inconstitucional falta de edição da lei especial a que se refere o inciso VII do art. 37 da Constituição da República. Para assegurar a continuidade dos serviços públicos, a entidade representativa dos servidores deverá manter em atividade equipes de servidores com o propósito de assegurar a prestação de serviços essenciais e indispensáveis ao atendimento das necessidades inadiáveis da coletividade.
49. Ana Maria Goffi Flaquer Scartezzini, *O Princípio da Continuidade do Serviço Público*, São Paulo, Malheiros Editores, 2006, p. 113.
50. Idem, ibidem.
51. Como demonstram Ana Maria Goffi Flaquer Scartezzini (*O Princípio da Continuidade do Serviço Público*, cit., pp. 111-116) e Dinorá Adelaide Musetti Grotti (*O Serviço Público e a Constituição Brasileira de 1988*, cit., pp. 270-274), por meio de completíssimo

Nossa posição é no sentido de que ambos os direitos devem ser preservados, o do concessionário e o do usuário. Assim, não poderá haver corte da prestação referente a serviços essenciais, especialmente quando houver comprovação de que o cidadão não tem condições de arcar com os valores cobrados pelas tarifas sem prejuízo de seu sustento ou de sua família.

Aliás, estamos com Rogério Gesta Leal,[52] para quem os meios adequados para que a concessionária receba os valores decorrentes do serviço por ela prestado são a ação de cobrança e a ação de execução. "A suspensão do serviço decorrente de ato unilateral da concessionária, salvo melhor juízo, configura crime de exercício arbitrário das próprias razões, na medida em que viola o sistema jurídico e a própria dignidade da pessoa humana."[53]

Igualmente, não ficará o concessionário sem remuneração pelo serviço prestado, já que cabe ao Estado a repactuação do equilíbrio-econômico financeiro do contrato, o que possibilita seja imposto ao Estado arcar com os custos dos serviços prestados à população carente, que deles não pode prescindir. Nestes casos, portanto, o Estado se encontrará na contingência de subsidiar economicamente a prestação destes serviços.

Como o serviço público é bem relevantíssimo da coletividade, o Estado avoca tais atividades para si por serem consideradas imprescindíveis, necessárias ou convenientes para a sociedade em determinado tempo histórico, retirando-as, salvo exceções, das mãos da iniciativa privada.[54]

Com efeito, como bem acentuou Dinorá Grotti, "cada povo diz o que é serviço público em seu sistema jurídico".[55] Trata-se, pois, de política legislativa alçar à condição de serviço público determinada atividade.

O conceito de *serviço público* é, portanto, jurídico-positivo.[56]

---

levantamento jurisprudencial a respeito desta matéria, nossos Tribunais oscilam entre (i) a possibilidade de corte de energia pelo inadimplemento das tarifas e (ii) a inadmissibilidade do corte, por ser um bem essencial à população.
  52. Rogério Gesta Leal, "O problema da prestação de serviço público essencial enquanto direito social fundamental e sua contraprestação em face da incapacidade financeira do usuário", *RTDP* 48/195-209, São Paulo, Malheiros Editores, 2004.
  53. Idem, ibidem.
  54. Celso Antônio Bandeira de Mello, *Curso de Direito Administrativo*, cit., 26ª ed., p. 662.
  55. Dinorá Adelaide Musetti Grotti, *O Serviço Público e a Constituição Brasileira de 1988*, cit., p. 87.
  56. Antônio Carlos Cintra do Amaral, *Concessão de Serviço Público*, 2ª ed., São Paulo, Malheiros Editores, 2002, p. 17.

Assim, a qualificação de uma atividade como serviço público varia conforme o tempo, o lugar e as necessidades de cada sociedade.

III-3 Dos serviços públicos na Constituição de 1988

20. No Brasil, nosso Texto Maior erigiu algumas atividades à condição de serviço público. O rol, contudo, não é exaustivo, pois dentro de sua área de atuação, isto é, sem adentrar indevidamente na esfera econômica,[57] que é reservada à livre iniciativa, a União, Estados, Distrito Federal e Municípios poderão avocar para si determinada atividade, passando a qualificá-la como serviço público.

Na esfera federal a Constituição já indica expressamente os seguintes serviços públicos: o serviço postal e o correio aéreo nacional (art. 21, X); os serviços de telecomunicações (art. 21, XI); os serviços de radiodifusão sonora e de sons e imagens (art. 21, XII, "a"); os serviços e instalações de energia elétrica e o aproveitamento energético dos cursos de água, em articulação com os Estados onde se situam os potenciais hidroenergéticos (art. 21, XII, "b"); a navegação aérea, aeroespacial e a infra-estrutura aeroportuária (art. 21, XII, "c"); os serviços de transporte ferroviário e aquaviário entre portos brasileiros e fronteiras nacionais, ou que transponham os limites de Estado ou Território (art. 21, XII, "d"); os serviços de transporte rodoviário interestadual e internacional de passageiros (art. 21, XII, "e"); os portos marítimos, fluviais e lacustres (art. 21, XII, "f"); seguridade social (art. 194); serviços de saúde (art. 196); previdência social (art. 201); assistência social (art. 203); e educação (arts. 295 e 208).

Consoante o art. 23 da CF, é competência comum da União, dos Estados, do Distrito Federal e dos Municípios, dentre outras: cuidar da saúde e assistência pública, da proteção e garantia das pessoas portadoras de deficiência (inciso II); e proporcionar os meios de acesso à cultura, à educação e à ciência (inciso V).

Aos Estados cabe explorar, diretamente ou mediante concessão, os serviços locais de gás canalizado (art. 25, § 2º, da CF, com redação dada pela Emenda Constitucional 5/1995).

E para os Municípios a Lei Magna estipulou os seguintes serviços públicos: organizar e prestar, diretamente ou sob regime de concessão ou permissão, os serviços públicos de interesse local, incluído o de transporte coletivo, que tem caráter essencial (art. 30, V); manter, com a cooperação

---

57. Para melhor compreensão da matéria, v. Celso Antônio Bandeira de Mello, *Curso de Direito Administrativo*, cit., 26ª ed., pp. 679 e ss.

técnica e financeira da União e do Estado, programas de educação infantil e de ensino fundamental (art. 30, VI, com redação dada pela Emenda Constitucional 53/2006); e prestar, com a cooperação técnica e financeira da União e do Estado, serviços de atendimento à saúde da população (art. 30, VII).

Com isto, vê-se que a Constituição Federal expressamente tratou do modo de efetivação de alguns dos direitos sociais dispostos no art. 6º por meio da instituição de seus correlatos serviços públicos.

Assim, estão previstos nominalmente no texto constitucional os serviços de previdência social, assistência social, seguridade social, educação e saúde.

21. O direito social à *previdência* é consolidado pela prestação dos serviços públicos de oferecimento de benefícios e serviços previdenciários a quem preencher os requisitos legais.

22. A *assistência social* é assegurada por meio do desempenho dos serviços públicos referentes à concessão de benefícios e serviços assistenciais, que são prestados a quem deles necessitar.

23. O direito social à *educação* é concretizado pelo oferecimento dos serviços públicos de (i) educação infantil, (ii) ensino fundamental no período diurno e noturno, (iii) educação especializada aos portadores de deficiência, (iv) ensino médio e (v) ensino superior.

24. A *saúde* é concretizada por meio dos serviços públicos de atendimento médico e hospitalar, fornecimento de medicamentos, aplicação de vacinas e realização dos exames necessários para apuração das condições físicas e mentais do cidadão, independentemente de sua situação financeira.

25. Finalmente, a *seguridade social* é materializada por serviços públicos de proteção total do indivíduo, por meio da integração das ações de saúde, previdência social e assistência social.

Quanto aos demais direitos sociais, relativos ao trabalho, lazer, moradia e proteção à maternidade e à infância, a forma de sua efetivação é também realizada por meio do "oferecimento, *aos administrados em geral*, de *utilidades ou comodidades materiais* (...) singularmente fruíveis pelos administrados",[58] sob um regime jurídico de direito público, que deve obediência aos princípios acima expostos.

---

58. Celso Antônio Bandeira de Mello, *Curso de Direito Administrativo*, cit., 26ª ed., p. 669.

Nesta seara, cumpre destacar que, em princípio, estes serviços devem ser prestados gratuitamente; mas, havendo contraprestação pelo particular, esta terá que obedecer ao princípio da modicidade, sendo que sua cobrança jamais poderá frustrar o direito do particular a seu gozo.

Assim, os serviços necessários à concretização dos aludidos direitos sociais são serviços públicos, embora como tal não estejam expressamente arrolados na Constituição da República.

Vê-se, pois, que a Constituição erigiu como serviços públicos inúmeras atividades que considerou de especial relevância para a coletividade.

Entretanto, para os fins deste estudo fizemos um corte metodológico dentre os serviços públicos existentes, e trataremos apenas daqueles serviços públicos garantidores dos direitos sociais, previstos no art. 6º da CF.

26. Todos os direitos sociais são efetivados, por parte do Estado, através dos serviços públicos, estejam ou não previstos expressamente como tais pela Constituição 1988.

Isto porque, quando a Constituição "estatui os fins que devem ser atendidos, ou, por definição do legislador ordinário, determina ao Estado que deva prestar determinada atividade, institui um serviço público".[59]

Assim, além dos serviços públicos relativos a educação, saúde, previdência social, assistência social e seguridade social, o Estado tem o dever de implementar serviços públicos que garantam a fruição do direito ao trabalho, moradia, lazer e proteção à maternidade e à infância.

27. Pois bem, o dever do Estado frente ao direito do cidadão ao *trabalho* é materializado especialmente por meio dos serviços públicos de (i) manutenção e ampliação da atuação dos denominados "bancos de empregos", para auxiliar o trabalhador a encontrar um posto de trabalho decente, e (ii) oferecimento gratuito de cursos de reciclagem, formação e profissionalização, para que o cidadão possa inserir-se no mercado de trabalho.

28. O *direito à moradia* também é concretizado por meio de serviços públicos. Embora se possa pensar que o direito à moradia seja efetivado através da realização de obras públicas, estas não passam de mero suporte fático para a garantia desse direito.

Isto quer dizer que a construção de casas populares não assegura, por si só, o direito à moradia, já que este só se viabiliza através de uma atividade prestacional do Estado (serviço público), que determina seja

---

59. Régis Fernandes de Oliveira, "Serviços públicos e tributação. Natureza jurídica da contraprestação de serviços concedidos e permitidos", in Heleno Taveira Tôrres (coord.), *Serviços Públicos e Direito Tributário*, São Paulo, Quartier Latin, 2005, p. 178.

realizado um cadastramento dos necessitados, que virão a ser os futuros beneficiados, ensejando a obediência a uma ordem cronológica, bem como possibilitando a entrega ordenada dos lares construídos.

Logo, a obra pública não é, em si, o instrumento de efetivação do direito à moradia, mas sim o objeto a ser oferecido por meio de uma prestação de serviço público que – este, sim – é o meio para a concretização do direito social em comento.

Tanto isto é verdade que o direito à moradia poderá ser concretizado sem que haja a realização de uma obra pública – como, por exemplo, quando há a colocação do desabrigado em albergues públicos ou até mesmo em estabelecimentos privados, a expensas do Estado, consoante mencionado no capítulo anterior.

29. Com relação ao *direito ao lazer,* este poderá ser materializado por meio de serviços públicos de oferecimento de atividades de recreação – como, por exemplo, a organização de um grupo teatral, de um campeonato de vôlei –, a depender do juízo subjetivo do administrador.

30. A *proteção à infância* é efetivada por meio de serviços públicos que garantam, *com absoluta prioridade,* o amparo integral à criança, fornecendo-lhe saúde, com tratamento médico, hospitalar e odontológico, alimentação, educação, lazer, profissionalização, cultura, apoio psicológico, abrigo, assistência, programas de inserção social e benefícios previdenciários (quando for o caso).

31. A *proteção à maternidade* é realizada por meio dos serviços públicos que impliquem, além dos benefícios assistenciais e previdenciários, (i) assistência gratuita aos filhos e dependentes das trabalhadoras desde o nascimento até cinco anos de idade em creches e pré-escolas e (ii) serviços de saúde relativos aos exames do pré-natal e demais atendimentos necessários à saúde da gestante, de forma gratuita nos hospitais ou postos públicos.

32. Cumpre destacar que a titularidade de todos os serviços públicos é sempre do Estado (União, Estados, Distrito Federal e Municípios), o que não significa que deva obrigatoriamente prestá-los por si ou por pessoa por ele criada.

O Estado reservou a si a titularidade dos serviços públicos justamente para que possa satisfazer o leque de direitos e garantias individuais e sociais previstos na Constituição de 1988.[60]

---

60. Weida Zancaner, "Limites e confrontações entre o público e o privado", in Romeu Felipe Bacellar Filho (coord.), *Direito Administrativo Contemporâneo. Estudos em Memória*

33. Na esteira dos ensinamentos de Celso Antônio,[61] faz-se necessário distinguir entre os serviços públicos *privativos* do Estado – que são os mencionados no art. 21, XI e XII, bem como outros serviços cujo exercício obrigue à prática de atos de império,[62] os quais devem ser prestados pela União diretamente ou mediante autorização, concessão ou permissão – e, de outro lado, os serviços públicos *não-privativos do Estado*.

34. Os serviços públicos não-privativos do Estado englobam os serviços que o Estado tem obrigação de desempenho, conferindo-lhes regime de direito público quando por ele prestados, franqueando, contudo, seu exercício à livre iniciativa, para que esta possa também realizar tais atividades.

Para Celso Antônio Bandeira de Mello[63] encontram-se nesta categoria quatro espécies de serviços públicos, quais sejam: saúde, educação, previdência e assistência social.

O professor menciona apenas as espécies constitucionalmente expressas, não adentrando, pois, os demais serviços públicos necessários à concretização dos direitos sociais referentes ao trabalho, moradia, lazer, seguridade social e proteção à maternidade e à infância.

do *Professor Manoel de Oliveira Franco Sobrinho*, Belo Horizonte, Fórum, 2004, p. 342.

61. Com relação aos serviços públicos na Constituição de 1988, Celso Antônio faz criteriosa e útil distinção: (i) serviços de prestação obrigatória e exclusiva do Estado (serviço postal e correio aéreo nacional); (ii) serviços que o Estado tem obrigação de prestar e obrigação de conceder (rádio e televisão); (iii) serviços que o Estado tem obrigação de prestar, mas sem exclusividade (saúde, educação, assistência social, previdência, rádio e televisão); e (iv) serviços que o Estado não é obrigado a prestar, mas, não os prestando, terá de promover-lhes a prestação, mediante concessão ou permissão (todos os demais serviços públicos) (*Curso de Direito Administrativo*, cit., 26ª ed., p. 682).

62. Conforme Oswaldo Aranha Bandeira de Mello:
"Os *atos de império* seriam aqueles que a Administração Pública tão-somente pratica no uso de suas prerrogativas de autoridade, e se impõem aos cidadãos, obrigados coercitivamente, sem prévio pronunciamento judicial, em virtude do plano diferente das partes, e cujas conseqüências jurídicas se verificam *ipso jure*.

"Os *atos de gestão* seriam aqueles que a Administração Pública pratica no uso das prerrogativas comuns a todos os cidadãos, particulares, na conservação e desenvolvimento do patrimônio público e efetivação dos seus serviços. É de se salientar que não se reduziam aos atos da Administração Pública como particular, de direito privado, com intenção de lucro, sem preocupação imediata e direta do interesse público, mas compreendiam também os atos praticados nas mesmas condições que os particulares, porém feitos na consecução de objetivo público, relativos ao seu patrimônio e aos seus serviços" (*Princípios Gerais de Direito Administrativo*, 3ª ed., vol. I, São Paulo, Malheiros Editores, 2007, p. 481).

63. Celso Antônio Bandeira de Mello, *Curso de Direito Administrativo*, cit., 26ª ed., p. 681.

Assim, ampliando o rol sistematizado por Celso Antônio, entendemos que são serviços públicos *não-privativos* do Estado, além dos mencionados serviços de saúde, educação, previdência social e assistência social, também os relativos ao trabalho, moradia, lazer e proteção à maternidade e à infância.

Logo, apesar de o Estado ter o *dever* de prestar os serviços supramencionados, o particular também pode, preenchidos os requisitos legais, oferecê-los à coletividade, sob um regime – é claro – de direito privado.

35. Outrossim, não constou da sistematização de Celso Antônio o serviço público concretizador da seguridade social, pois esta, apesar de estar expressa na Constituição, não é considerada pela doutrina como um direito social autônomo, mas como um conjunto dos direitos de saúde, assistência social e previdência social.

Para nós, como restou demonstrado no capítulo anterior, a seguridade social é direito social destacado, que tem configuração e existência próprias no sistema; e, por tal razão, a ela vincula-se um serviço público necessário à sua efetivação, que deverá compor o rol dos serviços públicos expressos na Constituição Federal.

A seguridade social é, pois, um direito de proteção integral do cidadão, que visa a assegurá-lo em sua totalidade, desde o nascimento até o óbito, cujas ações consistem na integração dos subsistemas de saúde, previdência social e assistência social.

Assim, na dimensão em que a reputamos, a seguridade social é um dever atribuído intrinsecamente ao Estado, que só poderá ser concretizado por meio dos serviços públicos por ele prestados. Não está, pois, ao alcance do particular a prestação dos serviços relacionados à seguridade social, embora não se negue que este possa prestar separadamente serviços de previdência, assistência e saúde.

Não é admissível que particulares realizem a prestação dos serviços de seguridade social em razão de sua natureza, já que, além de se tratar de *res extra commercium*, não é fática nem juridicamente possível que um particular venha a coordenar um sistema amplíssimo como o da seguridade social, que tem por finalidade resguardar os cidadãos das emergências sociais.

Ademais, esclareça-se que, ao contrário do que ocorre com a seguridade social, a prestação dos serviços de previdência, assistência e saúde pelos particulares foi expressamente admitida pela Constituição, que assegurou a liberdade de iniciativa para tais serviços nos arts. 150, IV, "c", e 195, § 7º (para a assistência), 199 (para a saúde) e 202 (para a previdência).

Assim, a missão constitucional de manter a seguridade social é exclusiva do Estado, que, por meio de suas políticas públicas, administra e gerencia a atuação dos subsistemas de saúde, previdência social e assistência social.

Daí que o serviço público de seguridade social é encargo exclusivo do Estado, não cabendo nem ao menos a possibilidade da transferência de seu exercício.

O fato de os serviços de previdência, assistência e saúde poderem ser prestados pelos particulares não implica, de forma alguma, a possibilidade de estes realizarem os serviços de seguridade social, pois esta é um dever que pode ser cumprido apenas pelo Estado, dado o tratamento que a Constituição imputou à matéria. Aliás, isto só vem a corroborar nossa posição no sentido de que a seguridade é um quarto direito social, e não apenas a combinação entre previdência social, assistência social e saúde.

36. A seguridade social seria, pois, com base na classificação elaborada por Celso Antônio, concretizada por meio de um serviço público de prestação *obrigatória e exclusiva*, tal qual ocorre com o serviço postal e com o correio aéreo nacional.

Por ora, podemos concluir que o Estado intervém na ordem social para garantia dos direitos sociais quando presta serviços públicos de saúde, educação, previdência social e assistência social, bem como os relacionados ao trabalho, moradia, seguridade social, lazer e proteção à maternidade e à infância.

Afora o serviço público de seguridade social, cuja prestação é exclusiva do Estado, todos os demais serviços públicos que efetivam os direitos sociais são serviços públicos não-privativos do Estado, o que possibilita sua prestação por particulares, independentemente de transferência do seu exercício.

37. A Constituição da República considerou de assinalada importância a prestação de serviços públicos, especialmente dos que concretizam os direitos sociais, colocando-os como dever inarredável do Estado.

É direito do administrado exigir a prestação adequada dos serviços públicos, consentânea com os princípios informadores deste instituto jurídico e que vise a atender satisfatoriamente às suas necessidades básicas.

Ainda, o serviço público é um dos instrumentos mais eficazes para a valorização da dignidade humana, bem como para a erradicação da pobreza e da marginalização e redução das desigualdades sociais e regionais.

Com efeito, o Estado, por meio dos serviços públicos – especialmente os voltados à efetivação dos direitos sociais –, fornece ao cidadão as condições necessárias para uma sobrevivência decente, promovendo sua inclusão social e auxiliando na construção de uma sociedade livre, justa e solidária, em que todos possam ter garantida sua dignidade bem como possam exercer de forma plena sua cidadania.

Bem se vê, portanto, que o serviço público é um instrumento de concretização dos direitos sociais, cuja finalidade última é alcançar a justiça e o bem-estar sociais, prestigiando, ainda, o princípio da isonomia, ao conferir oportunidades àqueles economicamente menos favorecidos.

O papel do serviço público na efetivação dos direitos sociais é, portanto, essencial, sendo um meio necessário para a realização dos objetivos fundamentais da República, já que atua na promoção do bem de todos, sem preconceitos de origem, raça, sexo, cor, idade e quaisquer outras formas de discriminação (art. 3º, IV, da CF de 1988).

Desta forma, os serviços públicos são os elementos responsáveis pela materialização dos direitos sociais de educação, saúde, trabalho, moradia, lazer, segurança (seguridade social), previdência social, proteção à maternidade e à infância e assistência social.

Ora, os direitos sociais constituem, como vimos em capítulo anterior, limites materiais à reforma constitucional – e, portanto, são considerados cláusulas pétreas (art. 60, § 4º, da CF).

As cláusulas pétreas garantem a estabilidade da Constituição *contra alterações aniquiladoras do seu núcleo essencial* por meio da irreversibilidade de determinadas normas fundamentais à estrutura do Estado.[64]

Assim, a colocação de determinadas disposições sob o manto da imutabilidade revela, pois, seu *status* jurídico máximo.

As cláusulas petrificadas são, como todas as demais normas constitucionais, de cumprimento obrigatório, mas têm em relação a elas um *plus*, que consiste em sua reforçada proteção constitucional.

Os direitos sociais fazem parte das normas constitucionais que foram alçadas à elevação máxima, sendo sua efetivação um dever inafastável do Estado, que não poderá, em hipótese alguma, postergá-los ou diminuí-los.

Cumpre destacar que aos direitos sociais foi, ainda, conferida função primordial no ordenamento jurídico, por serem eles, ao mesmo tempo, um objetivo e um pilar estruturante do Estado Social.

---

64. J. J. Gomes Canotilho, *Direito Constitucional e Teoria da Constituição*, 7ª ed., Coimbra, Livraria Almedina, 2003, p. 888.

O fato de os direitos sociais serem cláusulas pétreas lhes confere caráter de essencialidade no sistema. Esta essencialidade jurídica é concretizada no mundo fenomênico por meio dos serviços públicos. Com efeito, a estática dos direitos sociais é posta em movimento pela dinâmica dos serviços públicos, que realizam na prática os preceitos da Constituição.

Desta forma, parece razoável inferir: quando a Constituição de 1988 alçou à condição de cláusulas pétreas os direitos sociais, quis não apenas proteger esses direitos materiais em si, mas também os instrumentos que os solidificam.

Isto porque de nada adiantaria assegurar a existência dos direitos sociais se os meios pelos quais eles são concretizados não gozassem de igual proteção.

Os instrumentos indispensáveis para a realização dos direitos sociais, como visto, são os serviços públicos, que podem conjugar os elementos necessários para dar consistência à prescrição constitucional garantidora desses direitos.

Ora, se *quem quer os fins quer os meios*, então, quem quer os direitos sociais quer, com igual veemência, os serviços públicos.

Daí que, sendo a força motriz dos direitos sociais precisamente o serviço público, a ele deve ser conferida também a estatura de cláusula pétrea.

É claro que não são todos os serviços públicos que gozam desta proteção reforçada, mas apenas aqueles que servirem de intermediários para a consecução dos direitos sociais.

Assim sendo, são cláusulas pétreas (implícitas, evidentemente) os serviços públicos de educação, saúde, trabalho, moradia, lazer, seguridade social, previdência social, proteção à maternidade e à infância e assistência social.

A alocação sob a égide da intangibilidade impede a deliberação de proposta de emenda tendente a abolir os serviços públicos que efetivam os direitos sociais.

Com efeito, a lição de Carlos Ayres Britto demonstra que as "cláusulas pétreas, longe de constituir uma exceção ao poder de reforma, são, em verdade, aquela parte da Constituição que nem mesmo admite a exceção do poder de reforma".[65]

---

65. Carlos Ayres Britto, *Teoria da Constituição*, Rio de Janeiro, Forense, 2003, p. 204. O autor explica que só se modifica a Constituição "para que ela permaneça idêntica

Diante disto, vê-se que os serviços públicos que concretizam os direitos sociais estão salvaguardados com intensidade suprema pela Constituição de 1988, razão por que não é possível admitir a existência de suposta crise em torno deste instituto.

Assim, a intervenção na ordem social para assegurar a efetivação dos direitos sociais é dever do Estado, e sua concretização dá-se por meio da prestação dos serviços públicos de educação, saúde, acesso ao trabalho, fornecimento de moradia, lazer, seguridade social, previdência social, proteção à maternidade e à infância e assistência social.

Se o Estado se nega a fornecer os serviços públicos, omite-se em seu dever constitucional.

Como bem acentuou o Min. Celso de Mello em voto proferido no julgamento do MI 712-8-PA: "*A inércia estatal em adimplir* as imposições constitucionais *traduz inaceitável gesto de desprezo* pela autoridade da Constituição *e configura*, por isso mesmo, comportamento que deve ser evitado, *pois nada mais nocivo, perigoso e ilegítimo* que elaborar uma Constituição *sem* a vontade de fazê-la cumprir integralmente, *ou*, então, *de apenas* executá-la com o propósito subalterno de torná-la aplicável *somente* nos pontos que se revelarem *convenientes* aos desígnios dos governantes, *em detrimento* dos interesses maiores dos cidadãos" (grifos do original)

Ainda, a má prestação dos serviços públicos também enseja responsabilização estatal pelos danos causados aos usuários ou a terceiros por eles atingidos.

O serviço público, como procuramos demonstrar, é a mais importante forma de intervenção estatal na ordem social, estando este instituto assegurado constitucionalmente como cláusula pétrea.

Passaremos agora a estudar a outra forma de intervenção estatal na ordem social, que se dá por meio das *atividades de fomento*.

---

a si mesma naquela parte central da sua circunferência axiológica. Ou, por outra, modifica-se a Constituição apenas quanto aos mecanismos de que seus princípios estruturantes precisam para permanecer eficazes".

Capítulo IV

DA INTERVENÇÃO DO ESTADO NO DOMÍNIO SOCIAL POR MEIO DA ATIVIDADE DE FOMENTO

IV-1 Da atividade de fomento à iniciativa privada. IV-2 Da concessão de títulos: IV-2.1 Do título de utilidade pública federal – IV-3 Dos instrumentos fornecidos pela Lei 4.320/1964: IV-3.1 Das subvenções – IV-3.2 Dos auxílios e das contribuições. IV-4 Dos convênios. IV-5 Das organizações sociais. IV-6 Das organizações da sociedade civil de interesse público/OCIPs.

IV-1 Da atividade de fomento à iniciativa privada

1. O texto constitucional prevê a possibilidade de o Estado incentivar a atuação do particular na consecução do interesse público.

O *fomento*, objeto de nosso estudo, será unicamente aquele voltado à intervenção na ordem social, razão por que não trataremos, pois, da atuação estatal incentivadora da ordem econômica, nos moldes previstos pelo art. 174 da Constituição da República.

Pretende-se, assim, fornecer um panorama geral do fomento estatal frente ao Terceiro Setor.

"Terceiro Setor" é a nomenclatura dada às entidades que não fazem parte do setor estatal, isto é, não se vinculam direta ou indiretamente à Administração Pública, nem se dedicam às atividades empresariais, cuja finalidade não é lucrativa e cuja atuação é voltada para a consecução de objetivos sociais.

Logo, ao lado do Primeiro Setor (Estado) e do Segundo Setor (Mercado), surgiu um grupo destinado a propiciar desinteressadamente o desenvolvimento social.

2. O fomento, no dizer de Maria Sylvia Zanella Di Pietro,[1] caracteriza-se por ser um meio de impulsionar a iniciativa privada de interesse

---

1. Maria Sylvia Zanella Di Pietro, *Parcerias na Administração Pública*, 5ª ed., São Paulo, Atlas, 2005, pp. 248-249.

público. Diferencia-se do serviço público, porque neste o Estado adota como sua uma atividade de atendimento a necessidades coletivas, para desempenhá-la sob o regime, total ou parcialmente, de direito público. Já no fomento o Estado deixa a atividade na iniciativa privada e apenas estimula o particular que queira desenvolvê-la, por se tratar de atuação que traz benefício para a coletividade.

Fernando Garrido Falla ensina que a atividade de fomento é "aquella actividad administrativa que se dirige a satisfacer indirectamente ciertas necesidades consideradas de carácter público protegiendo o promoviendo, sin emplear la coacción, las actividades de los particulares o de otros entes públicos que directamente las satisfacen".[2]

3. A doutrina costuma identificar a "subsidiariedade" como princípio norteador da atividade de fomento. Por este princípio, o Estado somente deverá intervir na sociedade quando esta for incapaz de satisfazer seus próprios interesses, restringindo-se a atuação estatal ao incentivo e fomento dos grupos sociais.

Sílvia Faber Torres[3] afirma que a função subsidiária do Estado deve ser manifestada em etapas sucessivas quando restar demonstrada a incapacidade dos grupos sociais de proverem seus interesses. A primeira etapa é realizada por meio de ajuda que proporcione a criação de condições favoráveis para que a ação das comunidades intermediárias possa se desenvolver. Não sendo suficiente o auxílio, põe-se em pauta a segunda fase, que visa a suprir a insuficiência dos grupos sociais por meio de atuação estatal direta no setor deficitário.

Entendemos que este princípio deve ser aplicado com ressalvas, já que, como visto nos Capítulos II e III, o Estado, no tocante aos direitos sociais, não poderá deixar de atuar, pois tem o dever inafastável de prestar diretamente os serviços públicos que os concretizem.

Assim, não nos parece correta a afirmação de que a subsidiariedade "exibe, sem dúvida, um limite à ação do Poder Público",[4] pois, tratando-se de ordem social, a intervenção estatal é uma imposição constitucional.

Isto porque, tal como enfaticamente já antes averbamos, cumpre ao Estado, por si, fornecer os serviços públicos de educação, saúde, acesso ao

---

2. Fernando Garrido Falla, *Tratado de Derecho Administrativo*, 11ª ed., vol. II, Madri, Editorial Tecnos, 2002, p. 359.
3. Sílvia Faber Torres, *O Princípio da Subsidiariedade no Direito Público Contemporâneo*, Rio de Janeiro, Renovar, 2001, pp. 15-19.
4. Idem, p. 19.

trabalho, fornecimento de moradia, lazer, seguridade social, previdência social, proteção à maternidade e à infância e assistência social.

É claro que o Estado poderá fomentar as atividades dos particulares, mas isto não o desonerará de suas missões constitucionais.

É como bem acentuou Sílvio Luís Ferreira da Rocha, ao tratar dos serviços de saúde e educação: "A questão fundamental, no entanto, é saber se a Administração pode, livremente, optar por formas jurídicas de atuação, isto é, se ela pode substituir meios diretos de agir por meios indiretos. Penso que não. Dado o teor do texto constitucional que disciplina o agir da Administração Pública, não lhe é permitido escolher entre a prestação direta de serviços de saúde, ou a possibilidade de entregar a gestão dos serviços de saúde a organizações sociais, mediante celebração de contratos de gestão. (...) a atividade administrativa de fomento, enquanto subsidiária, não desonera a Administração de atuar, de modo direto, na prestação de serviços, como os de saúde e os de educação".[5]

No mesmo sentido a lição de José Roberto Pimenta Oliveira,[6] para quem o princípio da subsidiariedade não autoriza a "mera e desvirtuada" substituição do aparelho administrativo.

Assim, o Estado, apesar de ter a faculdade de fomentar as atividades do Terceiro Setor referentes a educação, saúde, assistência, trabalho, moradia, lazer e proteção à maternidade e à infância, não poderá se eximir de oferecer os serviços públicos correspondentes, tendo em vista a missão que lhe foi constitucionalmente imposta.

4. A este propósito, cumpre destacar que não há um dever constitucionalmente atribuído ao Estado de fomentar as atividades privadas. Trata-se, pois, de política legislativa, que permite ao Estado optar pelas atividades de relevância social que receberão, ou não, incentivo estatal.

Com efeito, as atividades de fomento exigem, direta e indiretamente, o aporte de recursos estatais que são transferidos à sociedade para que os particulares, observadas determinadas diretrizes, possam validamente perseguir o interesse público.

Para que esses recursos estatais possam ser consumidos nesse propósito, é necessária a existência de prévia dotação na lei orçamentária

---

5. Sílvio Luís Ferreira da Rocha, *Terceiro Setor*, 2ª ed., São Paulo, Malheiros Editores, 2006, p. 21.

6. José Roberto Pimenta Oliveira, *Os Princípios da Razoabilidade e da Proporcionalidade no Direito Administrativo Brasileiro*, São Paulo, Malheiros Editores, 2006, p. 531.

anual. E bastaria recordar os princípios da exclusividade[7] e da legalidade financeira[8] para corroborar o que restou dito acima.

Não obstante isso, o Texto Maior, pretendendo ser didático, previu, em seu art. 165, § 6º, que o projeto de lei orçamentária deverá ser acompanhado do demonstrativo do impacto financeiro decorrente da outorga de isenções, anistias, remissões, subsídios e benefícios de natureza financeira, tributária e creditícia, dentre outros.

Assim, sem a previsão orçamentária desses incentivos de natureza econômica a atividade de fomento não poderá ser validamente realizada.

Aliás, a Lei de Responsabilidade Fiscal (Lei Complementar 101, de 4.5.2000), editada para regulamentar os arts. 163 e 169 da CF, veio justamente para regular a execução da política fiscal do país, controlando as despesas pelo critério de disponibilidade de caixa, impondo metas a serem alcançadas e cominando sanções pelo descumprimento das normas ali estabelecidas.[9]

De toda sorte, ultrapassada a etapa legislativa de instituição desses benefícios (autorizadores de atividade de fomento), ingressa-se na efetiva e concreta irradiação dos seus efeitos.

Nesta seara, cabe salientar que o fomento de entidades beneficentes[10] é importante instrumento de intervenção estatal na ordem social, pois permite que o Estado atinja um grande contingente de pessoas necessitadas sem realizar os mesmos gastos que despenderia se não contasse com o apoio e a estrutura de particulares.

7. Segundo o qual a lei orçamentária não conterá dispositivo estranho à fixação de despesas e previsão de receitas.
8. Segundo o qual não poderá ser realizada despesa não prevista em lei orçamentária.
9. "O planejamento orçamentário e a ampla divulgação do que se pretende fazer e, depois, do que realmente se fez com o dinheiro da sociedade constituem, ambos, estratégias para assegurar os dois grandes objetivos da LRF: a prevenção do déficit e a redução da dívida. Para isso, a boa gestão fazendária requer as seguintes responsabilidades: 1) cumprimento de metas e resultados entre receitas e despesas. (...) e 2) obediência a limites e condições para variáveis básicas das finanças públicas" (Flávio C. de Toledo Jr. e Sérgio Ciquera Rossi, *Lei de Responsabilidade Fiscal*, 3ª ed., São Paulo, NDJ, 2005, pp. 11-13).
10. Oportuno esclarecer que *entidade beneficente* é gênero do qual *entidade filantrópica* é espécie. Nas palavras de José Eduardo Sabo Paes: "Entidades sem fins lucrativos ou entidades beneficentes são aquelas que buscam interesses de outrem ou atuam em benefício de outrem que não a própria entidade ou os que a integram. Entidade filantrópica é aquela que atua em benefício de outrem com dispêndio de seu patrimônio, sem contrapartida, ou, em outras palavras, pelo atendimento sem ônus direto do beneficiado" (*Fundações, Associações e Entidades de Interesse Social*, 6ª ed., Brasília, Brasília Jurídica, 2006, p. 646).

As atividades do Terceiro Setor são realizadas de forma voluntária, não sendo possível que o Estado obrigue o particular a desempenhar atividades de benemerência; mas, havendo sua participação espontânea, o Estado poderá auxiliá-lo na consecução de interesses sociais, preenchidos determinados requisitos previamente estipulados em lei.

5. Se o Estado optar por fomentar determinada atividade, nasce para ele o dever de fiscalizá-la, a fim de verificar se os recursos públicos oferecidos ao particular estão sendo efetivamente empregados na consecução das finalidades de interesse público para as quais foram cedidos.

Assim, o fomento público às atividades privadas faz eclodir o dever estatal de avaliar não somente a utilização dos recursos públicos, mas se a entidade privada ainda ostenta a condição de entidade de interesse social, para que, não sendo o caso, se possam retirar os benefícios econômicos eventualmente gozados, fazendo-a ressarcir os cofres públicos pelos valores por ela aproveitados.

O direito positivo prevê, pois, diversos mecanismos para o implemento das atividades de fomento, cujos principais serão tratados a seguir.

Cumpre destacar que o elemento juridicamente aglutinador de todas as formas de fomento é a possibilidade de concessão de benefício econômico que, de modo direto ou indireto, realizará a supressão ou redução dos custos financeiros suportados pela pessoa jurídica beneficiária para consecução de suas finalidades.

IV-2 Da concessão de títulos

6. A concessão de títulos não representa, de per si, a outorga de qualquer benefício direto à atividade de fomento. Com efeito, é por meio deles (títulos) que o Estado declara que determinada pessoa jurídica goza de específicos atributos e que, por tal razão, haverá possibilidade de ela pleitear e, eventualmente, usufruir determinado plexo de benefícios estatais.

Para Paulo Modesto[11] a outorga de títulos a entidades privadas visa a atender aos propósitos de certificação, padronização e controle jurídico. Este controle é realizado não somente para a concessão do título, mas também é feito durante todo o tempo em que o particular o detém, para que, havendo qualquer irregularidade na utilização do título, seja este suspenso ou cancelado.

---

11. Paulo Modesto, "Reforma do marco legal do Terceiro Setor no Brasil", *Revista Eletrônica sobre a Reforma do Estado* 5/4, Salvador, março-maio/2006.

Ainda, com a concessão de títulos jurídicos as entidades beneficiadas são distinguidas das demais, na medida em que ficam sob a égide de um regime jurídico específico. Este regime jurídico inclui instrumentos de controle sobre as atividades das aludidas entidades.[12]

A exteriorização dessa declaração estatal de qualificação de determinadas entidades revela-se justamente por meio dos títulos de utilidade pública ou de benemerência. Esses títulos, a um só tempo, reconhecem o propósito social da pessoa jurídica e lhe conferem, outrossim, o direito subjetivo ao possível gozo de benefícios econômicos.

IV-2.1 Do título de utilidade pública federal

7. O título de utilidade pública federal está disciplinado pela Lei 91, de 28.8.1935, regulamentada pelo Decreto 50.517, de 2.5.1961.

A atribuição do qualificativo de "utilidade pública" será conferida, mediante decreto do Presidente da República, a pedido da parte interessada ou excepcionalmente *ex officio*, às sociedades civis, associações e fundações, constituídas no país, que sirvam desinteressadamente à coletividade.[13]

A outorga deste título é realizada no exercício de competência discricionária.

A concessão discricionária do título remonta, pois, a tempos passados, quando os princípios da legalidade administrativa,[14] isonomia e moralidade não tinham o conteúdo e a importância que lhes são dados hoje pela Constituição de 1988.

Assim, pode-se afirmar que a ampla discricionariedade para a outorga do título foi limitada com o surgimento da Constituição de 1988. A recepção da Lei 91/1935 está adstrita aos confins impostos pelo Texto Maior, que vinculou a atuação da Administração Pública aos princípios acima mencionados.

12. Sílvio Luís Ferreira da Rocha, *Terceiro Setor*, cit., 2ª ed., p. 68.
13. Consoante o art. 1º da Lei 91/1935 e o art. 1º do Decreto 50.517/1961. Este dispositivo foi parcialmente revogado pelo art. 44 do CC de 2002, por força da modificação dos tipos de sociedades até então existentes. Desta forma, não mais sobrevive a figura da sociedade civil. Assim, apenas as associações e fundações poderão receber este título qualificativo.
14. Também conhecido como *princípio da legalidade restrita* ou *princípio da restritividade*, conforme Edmir Netto de Araújo, *Curso de Direito Administrativo*, São Paulo, Saraiva, 2005, p. 51.

8. Nesta seara, cumpre fazer breve menção ao instituto da discricionariedade.

A discricionariedade só existe quando a lei, implícita ou explicitamente, a conferir ao administrador. Sem a existência de prévia lei não há que se falar em competência discricionária, pois a lei é o único instrumento jurídico que validamente atribui competências.

Vê-se, portanto, ser o princípio da legalidade fundamento e limite da atuação discricionária.

Nesse sentido, Eduardo García de Enterría afirma: "Não há, pois, discricionariedade à margem da lei, senão justamente somente em virtude da lei e na medida em que a lei haja disposto".[15]

Assim também Afonso Rodrigues Queiró aduz que "o poder discricionário da Administração nunca é uma *livre* escolha ou livre atividade. É, pelo menos, sempre limitado, dirigido, regulado, ligado, pelo *fim* da lei, pela *ratio legis*, fim que jamais falta (...)".[16]

Ademais, pode ocorrer que, diante do caso concreto, a discricionariedade conferida pela lei desapareça, seja porque só existe um comportamento do administrador que assegure a preservação do interesse público, seja porque a finalidade da lei só admite, para aquele caso concreto, uma única solução.[17]

Se o administrador, contudo, escolher outra solução que não a necessária à preservação do interesse público, o Poder Judiciário, se provocado, tem o *dever* de anular a opção feita pelo administrador, posto que esta anulação esteja calcada não na possibilidade de análise do mérito (conveniência e oportunidade) pelo Poder Judiciário, mas no fato de o administrador ter agido contrariamente à lei, ou ao menos à finalidade da lei. Esta anulação estará, portanto, embasada no controle de legalidade dos atos administrativos.

Assim, a discricionariedade é, no entender do mestre Celso Antônio Bandeira de Mello,[18] a margem de liberdade que permanece ao adminis-

---

15. Eduardo García de Enterría e Tomás-Ramón Feernández, *Curso de Derecho Administrativo*, 12ª ed., Madri, Thomson Civitas, 2002, p. 462. No original: "No hay, pues, discrecionalidad al margen de la ley, sino justamente sólo en virtud de la ley y en la medida en que la ley haya dispuesto".

16. Afonso Rodrigues Queiró, "A teoria do 'desvio de poder' em direito administrativo", *RDA* VII/52-80/73-74, Rio de Janeiro, Renovar, 1947.

17. Celso Antônio Bandeira de Mello, *Discricionariedade e Controle Jurisdicional*, 2ª ed., 9ª tir., São Paulo, Malheiros Editores, 2008, p. 60.

18. Idem, p. 48.

trador para escolher, segundo critérios de razoabilidade, uma, dentre pelo menos duas condutas cabíveis perante cada caso concreto, com o escopo de cumprir o dever de adotar a solução mais apropriada à satisfação da finalidade legal quando, em virtude da fluidez dos termos da lei ou da liberdade conferida no mandamento, dela não se possa extrair objetivamente uma solução unívoca para a situação vertente.[19]

Desta precisa definição extrai-se a necessidade de que a escolha do administrador público seja a mais consentânea com o interesse público, seja a "solução ótima", seja, enfim, aquela que prestigie, acima de tudo, a finalidade legal, colocando-a no degrau mais alto da atuação administrativa.

Do exposto decorre que a discricionariedade é residual, ou seja, só após uma análise detida do caso concreto é que se pode admitir a existência (ou não) da margem de liberdade.

Com isto quer-se dizer que, apesar de a outorga do título de utilidade pública ser realizada no exercício de competência discricionária, ela não significa que o administrador pode por mero capricho, favoritismo ou perseguição outorgar ou não o título para quem quer que seja.[20] Apenas diante do caso concreto é que o administrador poderá verificar se a concessão, ou não, do título corresponde à solução que melhor se harmoniza com o interesse público.

Assim, essa margem de liberdade conferida ao administrador, quando efetivamente estiver presente, não é sindicável pelo Poder Judiciário, pois o ordenamento jurídico conferiu ao administrador – e somente a ele – a possibilidade de decidir qual a solução que esteja melhor se adequado ao interesse público no caso concreto.

19. No mesmo sentido Tomás Hutchinson: "Discrecionalidad no significa *libertad de elección*. La Administración no elige libremente una opción determinada, ya que, como poder en todo momento dirigido por el Derecho, debe orientarse según los parámetros establecidos en la ley y en su mandato de actualización, ponderándolos autónomamente en el marco de la habilitación actuada. Estos parámetros están constituidos, en primer lugar, por los objetivos o fines deducibles de la programación contenida en la ley y que, en ocasiones – sobre todo cuando se trata de normas de programación final –, se recogen expresamente en aquella en forma de directrices para el ejercicio del poder discrecional atribuido. A estos parámetros se unen los de la Constitución, en particular los derechos fundamentales y los principios de proporcionalidad e igualdad" ("Principio de legalidad. Discrecionalidad y arbitrariedad", *Revista Jurídica de Buenos Aires*, 1ª ed., Buenos Aires, Abeledo-Perrot/LexisNexis, 2005, p. 317).

20. Com efeito, não se confunde *discricionariedade* com *arbitrariedade*: "Discricionariedade é liberdade de agir dentro dos limites legais; arbitrariedade é ação fora ou excedente da lei, com abuso ou desvio de poder" (Hely Lopes Meirelles, *Direito Administrativo Brasileiro*, 35ª ed., São Paulo, Malheiros Editores, 2009, p. 139).

9. Mas atualmente há essa margem de liberdade para o administrador em relação à concessão do título de utilidade pública federal? Pensamos que não.

O art. 3º da Lei 91/1935 estabelece que nenhum favor do Estado decorrerá do título de utilidade pública, salvo a garantia do uso exclusivo, pela sociedade, associação ou fundação, de emblemas, flâmulas, bandeiras ou distintivos próprios.

Diante desse primitivo efeito, Damião Alves de Azevedo[21] acerta ao afirmar que a inexistência de quaisquer ônus para a Administração Pública justificava o caráter estritamente discricionário da declaração. Tratava-se, pois, de uma honraria similar aos títulos ou medalhas concedidos a pessoas físicas em virtude de relevantes serviços prestados à Nação.

Todavia, atualmente este título tem grande valor, pois, apesar de não conceder qualquer benefício direto ao seu detentor, é *pressuposto* para o gozo de isenções fiscais ou recebimento de subvenção, auxílio ou doações.

Logo, o que antes se tipificava como uma benesse de *alto valor moral* (juridicamente inconseqüente) passou, hodiernamente, a gozar de *alta significância jurídica*, uma vez que se tornou pressuposto para o gozo de inúmeros benefícios econômicos – e, portanto, patrimonialmente relevante.

Assim, se a pessoa interessada preencher os pressupostos para sua obtenção (e, portanto, legitimada a postular os benefícios econômicos que dele possam defluir) o Poder Público não lhe poderá negar a outorga ao argumento de que se trata de medida *inconveniente* ou *inoportuna* aos interesses públicos. O interesse público, na espécie, exige, pelo contrário, sua indistinta concessão se seus pressupostos legais foram atendidos, já que esta é a única medida que se coaduna com a satisfação dos interesses coletivos.

10. De fato, a obtenção do título de utilidade pública *pode* gerar diversos benefícios, dentre os quais: (i) permitir que os valores doados a essas entidades sejam dedutíveis do imposto sobre a renda a ser pago pelo doador, (ii) isentar essas entidades da contribuição social devida sobre sua folha de salários (se preenchidos os requisitos do art. 28 da Medida

---

21. Damião Alves de Azevedo, "O título de utilidade pública e sua vinculação à isenção da contribuição previdenciária patronal", *Revista de Previdência Social – RPS* 290/6, janeiro/2005.

Provisória 446, de 7.11.2008[22]), (iii) assegurar que o PIS por elas devido seja calculado à alíquota de 1% sobre sua folha de salários (consoante o art. 15 da Lei 9.532/1997, c/c o art. 13, IV, da Medida Provisória 2.158-35, de 24.8.2001), (iv) facultar o acesso dessas pessoas a subvenção e auxílios da União e suas autarquias e (v) ensejar a possibilidade de elas realizarem sorteios, nos termos do art. 4º da Lei 5.768/1971, com a redação dada pela Lei 5.864/1972.

Não há – repita-se – benefício algum direto pela mera concessão do título, mas este é um dos pressupostos para obtenção de diversos benefícios, como referido.

Igualmente, cumpre informar que muitas vezes o título de utilidade pública é *conditio sine qua non* para a obtenção de outros títulos. É o caso do Certificado de Entidade Beneficente de Assistência Social/CEAS, que isenta essas entidades do pagamento da contribuição social sobre sua folha de salários e será outorgado apenas às entidades que forem declaradas de utilidade pública.

22. "Art. 28. A entidade beneficente certificada na forma do Capítulo II fará jus à isenção do pagamento das contribuições de que tratam os arts. 22 e 23 da Lei n. 8.212, de 24 de julho de 1991, desde que atenda, cumulativamente, aos seguintes requisitos: I – seja constituída como pessoa jurídica nos termos do *caput* do art. 1º; II – não percebam, seus diretores, conselheiros, sócios, instituidores ou benfeitores, remuneração, vantagens ou benefícios, direta ou indiretamente, por qualquer forma ou título, em razão das competências, funções ou atividades que lhes sejam atribuídas pelos respectivos atos constitutivos; III – aplique suas rendas, seus recursos e eventual superávit integralmente no território nacional, na manutenção e desenvolvimento de seus objetivos institucionais; IV – preveja, em seus atos constitutivos, em caso de dissolução ou extinção, a destinação do eventual patrimônio remanescente a entidades sem fins lucrativos congêneres ou a entidades públicas; V – não seja constituída com patrimônio individual ou de sociedade sem caráter beneficente; VI – apresente certidão negativa ou certidão positiva com efeito de negativa de débitos relativos aos tributos administrados pela Secretaria da Receita Federal do Brasil e à dívida ativa da União, certificado de regularidade do Fundo de Garantia do Tempo de Serviço – FGTS e de regularidade em face do Cadastro Informativo de Créditos Não Quitados do Setor Público Federal – CADIN; VII – mantenha escrituração contábil regular que registre as receitas e despesas, bem como a aplicação em gratuidade de forma segregada, em consonância com os princípios contábeis geralmente aceitos e as normas emanadas do Conselho Federal de Contabilidade; VIII – não distribua resultados, dividendos, bonificações, participações ou parcelas do seu patrimônio, sob qualquer forma ou pretexto; IX – aplique as subvenções e doações recebidas nas finalidades a que estejam vinculadas; X – conserve em boa ordem, pelo prazo de 10 (dez) anos, contado da data da emissão, os documentos que comprovem a origem de suas receitas e a efetivação de suas despesas, bem como os atos ou operações realizados que venham a modificar sua situação patrimonial; XI – cumpra as obrigações acessórias estabelecidas na legislação tributária; XII – zele pelo cumprimento de outros requisitos, estabelecidos em lei, relacionados com o funcionamento das entidades a que se refere este artigo".

11. Ainda, cumpre mencionar que a entidade que recebe o título de utilidade pública não poderá remunerar seus dirigentes, consoante disposto no art. 1º da Lei 91/1935, com redação dada pela Lei 6.630/1979.

Diógenes Gasparini explica que a não-remuneração dos diretores impede que "os titulares desses cargos percebam uma retribuição (subsídio, vencimento, remuneração, ajuda de custo, porcentagem, *pro labore* em dinheiro ou mesmo bem)".[23]

12. Paulo Modesto entende que o título de utilidade pública perdeu muito de sua credibilidade, na medida em que a ausência de uma legislação apropriada facilitou a ocorrência de dois fenômenos conhecidos: "(a) a proliferação de entidades inautênticas, quando não de fachada, vinculadas a interesses políticos menores, econômicos ou de grupos restritos; (b) o estímulo a processos de corrupção no setor público".[24]

Com isto, o título de utilidade pública foi conferido tanto a entidades de solidariedade social quanto a entidades de favorecimento mútuo (cujo escopo é o favorecimento de um círculo limitado de pessoas – os sócios),[25] desvirtuando, assim, a finalidade do título, que deveria ser atribuído apenas àqueles que *desinteressadamente servissem à coletividade*.[26]

Ademais, há quem entenda que a legislação não previu forma efetiva de controlar a permanência do título nas mãos de quem não mais exerce atividades de benemerência,[27] razão por que muitas delas têm ostentado indevidamente essa qualificação.

Assim, consoante relatório elaborado pelo Núcleo de Seguridade e Assistência Social da PUC/SP, este título poderá render às entidades valiosos benefícios, "sem a contrapartida de apresentarem resultados da sua ação que é desprovida de sintonia com políticas sociais estatais".[28]

13. Ocorre que o Estado tem mecanismos eficientes para controlar a má utilização do título.

Com efeito, como esse título é pressuposto para o gozo e fruição de diversos benefícios econômicos, o Poder Público detém a contínua prer-

---

23. Diógenes Gasparini, "Associação de utilidade pública: declaração", *Cadernos de Direito Municipal – RDP* 77/169, São Paulo, Ed. RT, janeiro-março/1986.
24. Paulo Modesto, "Reforma do marco legal do Terceiro Setor no Brasil", cit., *Revista Eletrônica sobre a Reforma do Estado* 5/6.
25. Idem, ibidem.
26. Sílvio Luís Ferreira da Rocha, *Terceiro Setor*, cit., 2ª ed., p. 73.
27. Paulo Modesto, "Reforma do marco legal do Terceiro Setor no Brasil", cit., *Revista Eletrônica sobre a Reforma do Estado* 5/6.
28. José Eduardo Sabo Paes, *Fundações, Associações e Entidades de Interesse Social*, cit., 6ª ed., p. 639.

rogativa de fiscalizar as pessoas beneficiadas, de modo a apurar se elas fazem, ou não, jus às benesses concedidas.

Nesse sentido, os arts. 113, § 2º, 195 e 196, todos do CTN, por exemplo, conferem à Administração um leque de instrumentos capazes de obrigar o particular a apresentar documentos ou suportar a atividade de fiscalização tendente a apurar o correto atendimento da legislação tributária, aí compreendidos os pressupostos para o usufruto de benefícios fiscais.

Percebe-se, daí, que não foi propriamente a ausência de legislação que possibilitou a ocorrência de toda a sorte de fraudes pelas entidades "pilantrópicas",[29] mas sim a falta de fiscalização do Poder Público em relação ao contínuo atendimento dos pressupostos para manutenção do título de utilidade pública.

Assim, considerando que a intervenção do Estado na ordem social, por meio da atividade de fomento, deve ser realizada por instrumentos que efetivamente auxiliem na perseguição do bem-estar e justiça sociais, tem-se que o título de utilidade pública só poderá ser ostentado por entidades com finalidades sociais.

Isto implica, pois, o dever estatal de fiscalização das atividades dessas entidades, a fim de garantir a transparência na sua utilização bem como a comprovação de que os eventuais benefícios decorrentes deste título sejam utilizados na persecução de interesses sociais.

A declaração de utilidade pública é forma válida de intervenção do Estado na ordem social, sendo necessário fiscalização estatal intensa para que seus fins não sejam desvirtuados.

IV-3 Dos instrumentos fornecidos pela Lei 4.320/1964

14. A Lei 4.320/1964, que estatui normas gerais de direito financeiro para elaboração e controle dos orçamentos e balanços da União, dos Estados, dos Municípios e do Distrito Federal, prevê os seguintes instrumentos de fomento à iniciativa privada: subvenções, auxílios e contribuições – de que trataremos a seguir.

IV-3.1 Das subvenções

15. A Lei 4.320/1964 cria uma confusão terminológica nessa matéria, pois define a *subvenção* como a "transferência destinada a cobrir despe-

---

29. Termo cunhado por Celso Barroso Leite, "Filantrópicas e contribuição social", *Revista da Procuradoria-Geral do INSS* abril/1998, Brasília, MPAS/INSS, p. 32.

sas de custeio das entidades beneficiadas". Obviamente, o que "cobre" as despesas de custeio não é a transferência (que é uma ação humana ou inumana), mas sim o objeto dessa transferência (ou seja, os recursos financeiros repassados).

Daí por que, para nós, a subvenção é o valor a ser transferido para cobrir as despesas de custeio de instituições públicas ou privadas prestadoras de serviços essenciais de assistência social, médica e educacional, sem finalidade lucrativa, às quais não corresponda contraprestação direta em bens ou serviços.[30]

Há duas espécies de subvenção. A primeira – *subvenção social* – tem como sujeito passivo instituições públicas ou privadas de caráter assistencial ou cultural, sem finalidade lucrativa. Já as *subvenções econômicas*[31] têm como sujeito passivo empresas públicas ou privadas de caráter comercial, industrial, agrícola ou pastoril.

O critério de segregação entre essas espécies de subvenção é, pois, de índole objetiva. Deveras, de acordo com o propósito perseguido pelos destinatários da subvenção, diversa será sua modalidade e diverso será, igualmente, seu regime jurídico (até mesmo porque só faria sentido realizar essa classificação – nominando-as de forma distinta – se houvesse tratamento jurídico diferenciado entre elas).

Considerando, portanto, que as subvenções são classificadas como um valor em pecúnia, a lei fixa um limite para sua dotação (lembremo-nos sempre de que a Lei 4.320/1964 cuida de matéria financeira, ou seja, de critérios para realização de despesas).

Assim, a realização da dotação orçamentária e o efetivo empenho[32] desses valores em favor da entidade beneficiária estão condicionados à fixação de critérios objetivos.

Com efeito, ainda que a outorga de subvenções esteja prevista na lei orçamentária, sua concreta e efetiva realização pela Administração depende: (i) da sua concessão em favor de pessoa certa; (ii) da determinação do montante a ser concedido; e, por fim, (iii) da sua efetiva entrega.

---

30. V. art. 12, §§ 2º e 3º, da Lei 4.320/1964.
31. Não trataremos da subvenção econômica, vez que esta se refere à atividade administrativa de fomento à ordem econômica, e não à ordem social.
32. Apenas para fins de registro, consignamos que o art. 60 da Lei 4.320/1964 prescreve que nenhuma despesa (e lembremo-nos que a subvenção é qualificada como despesa) será realizada sem prévio empenho, salvo disposição expressa em sentido contrário. Ainda que a lei pretenda definir o empenho como um ato, é ele, de fato, um procedimento administrativo composto dos seguintes atos: emissão de nota de empenho, liquidação da despesa e ordem de pagamento.

Assim, o art. 16, *caput*, da Lei 4.320/1964[33] prevê que a concessão da subvenção está condicionada à demonstração de que seus destinatários (particulares atuantes no campo da assistência social, médica e educacional) podem, a partir de uma determinada carga de recursos financeiros, desempenhar essas atividades de forma econômica e eficiente.

O art. 32 da Lei de Diretrizes Orçamentárias – Lei 11.768, de 14.8.2008 (que dispõe sobre as diretrizes para a elaboração e execução da Lei Orçamentária de 2009) – veda a destinação de recursos a título de subvenções sociais para entidades privadas, ressalvadas aquelas sem fins lucrativos que exerçam atividades de natureza continuada nas áreas de cultura, assistência social, saúde e educação, observado o disposto no art. 16 da Lei 4.320/1964, e que preencham uma das seguintes condições: "I – sejam de atendimento direto ao público, de forma gratuita, e estejam registradas no Conselho Nacional de Assistência Social – CNAS; II – sejam formalmente vinculadas a organismo internacional do qual o Brasil participe, tenham natureza filantrópica ou assistencial e estejam registradas nos termos do inciso I do *caput* deste artigo; III – atendam ao disposto no art. 204 da Constituição, no art. 61 do ADCT, bem como na Lei n. 8.742, de 7 de dezembro de 1993; IV – sejam qualificadas como organização da sociedade civil de interesse público – OSCIP, com termo de parceria firmado com o Poder Público Federal, de acordo com a Lei n. 9.790, de 23 de março de 1999".

Ademais, a subvenção será – na dicção da Lei 4.320/1964 – concedida em caráter suplementar. Ou seja, o particular deverá ter suas atividades financiadas com recursos próprios para, aí então, poder receber recursos públicos.

O *quantum* a ser repassado para o particular, conforme prescrição legal, é fixado de acordo com o montante do serviço efetivamente prestado ou posto à disposição pela entidade subvencionada, sendo que o valor da subvenção é feito mediante depósito em conta corrente aberta em banco oficial.

A subvenção social é, portanto, forma de intervenção do Estado na ordem social e exige que o particular, com incentivo estatal, possa concretizar, em prol da sociedade, ações voltadas à assistência social, médica e educacional.

33. O art. 16, parágrafo único, da Lei 4.320/1964 dispõe que: "O valor das subvenções, sempre que possível, será calculado com base em unidades de serviços efetivamente prestados ou postos à disposição dos interessados, obedecidos os padrões mínimos de eficiência previamente fixados".

IV-3.2 Dos auxílios e das contribuições

16. Consoante ensinamento de Sílvio Luís Ferreira da Rocha,[34] a finalidade do auxílio e das contribuições é custear despesas de capital, ou seja, aquelas que podem produzir serviços, riquezas, e gerar um incremento do Produto Nacional.

Tanto as contribuições quanto os auxílios podem ser destinados às pessoas de direito público e às entidades sem fins lucrativos.

É certo, contudo, que a Lei 4.320/1964 não lhes definiu propriamente o regime jurídico, limitando-se, pois, a conceituá-los como transferências de capital.[35]

A Lei 11.768/2008, entretanto, esmiuçou a previsão genérica contida na Lei 4.320/1964.

Quanto aos auxílios, seu recebimento só será viabilizado pelo preenchimento dos requisitos previstos nos incisos do art. 34 da Lei 11.768/2008.[36] Já as contribuições só serão concedidas, conforme disposto

---

34. Sílvio Luís Ferreira da Rocha, *Terceiro Setor*, cit., 2ª ed., p. 47.

35. Art. 12, § 6º: "São transferências de capital as dotações para investimentos ou inversões financeiras que outras pessoas de direito público ou privado devam realizar, independentemente de contraprestação direta em bens ou serviços, constituindo essas transferências auxílios ou contribuições, segundo derivem diretamente da Lei de Orçamento ou de lei especialmente anterior, bem como as dotações para amortização da dívida pública".

36. Assim, consoante o art. 34 da Lei 11.768/2008: "É vedada a destinação de recursos a título de auxílios, previstos no art. 12, § 6º, da Lei n. 4.320, de 1964, a entidades privadas, ressalvadas as sem fins lucrativos e desde que sejam: I – de atendimento direto e gratuito ao público e voltadas para a educação especial, ou representativas da comunidade escolar das escolas públicas estaduais e municipais da educação básica ou, ainda, unidades mantidas pela Campanha Nacional de Escolas da Comunidade – CNEC; II – cadastradas junto ao Ministério do Meio Ambiente para recebimento de recursos oriundos de programas ambientais, doados por organismos internacionais ou agências governamentais estrangeiras; III – voltadas a ações de saúde e de atendimento direto e gratuito ao público, inclusive à assistência a portadores de DST/AIDS, prestadas pelas Santas Casas de Misericórdia e por outras entidades sem fins lucrativos, e que estejam registradas no Conselho Nacional de Assistência Social – CNAS; IV – signatárias de contrato de gestão com a Administração Pública Federal, não qualificadas como organizações sociais nos termos da Lei n. 9.637, de 15 de maio de 1998; V – consórcios públicos legalmente instituídos; VI – qualificadas como organização da sociedade civil de interesse público – OSCIP, com termo de parceria firmado com o Poder Público Federal, de acordo com a Lei n. 9.790, de 1999, e que participem da execução de programas constantes do Plano Plurianual, devendo a destinação de recursos guardar conformidade com os objetivos sociais da entidade; VII – qualificadas ou registradas e credenciadas como instituições de apoio ao desenvolvimento da pesquisa científica e tecnológica com contrato de gestão firmado com órgãos públicos; VIII – qua-

nos arts. 33 e 35 da mencionada lei, (i) se houver autorização em lei específica ou (ii) forem destinadas a entidade sem fins lucrativos selecionada para execução, em parceria com a Administração Pública Federal, de programas e ações que contribuam diretamente para o alcance de diretrizes, objetivos e metas previstos no Plano Plurianual.

A diferença clássica entre o auxílio e as contribuições previstas na Lei 4.320/1964 seria apenas de origem formal, isto é, o diploma legislativo que lhes dá origem é diverso: o auxílio deriva diretamente da Lei 4.320/1964 e a contribuição encontra suporte em lei especial.

Entretanto, esta distinção não mais se sustenta, já que a contribuição, como visto, pode não derivar de lei específica.

Aliás, o § 1º do art. 33 da Lei 11.768/2008 estabelece que nesta hipótese de contribuição não autorizada por lei específica deve haver publicação, "para cada entidade beneficiada, de ato de autorização da unidade orçamentária transferidora, o qual conterá o critério de seleção, o objeto, o prazo do convênio ou instrumento congênere e a justificativa para a escolha da entidade".

A contribuição e o auxílio são também formas de intervenção do Estado na ordem social, sendo sua concessão vinculada ao atingimento de finalidades públicas, cabendo ao Estado fiscalizar a utilização adequada destes recursos públicos na implementação das atividades a que foram destinadas.

IV-4 Dos convênios

17. Consoante explana José dos Santos Carvalho Filho,[37] o convênio é o instrumento firmado com o intuito de recíproca cooperação entre os pactuantes, cuja finalidade é o alcance de um interesse comum.

Hely Lopes Meirelles[38] averbou que as diferenças entre o contrato e o convênio consistem, basicamente, no fato de que no contrato os interesses

---

lificadas para o desenvolvimento de atividades esportivas que contribuam para a capacitação de atletas de alto rendimento nas modalidades olímpicas e para-olímpicas, desde que formalizado instrumento jurídico adequado que garanta a disponibilização do espaço esportivo implantado para o desenvolvimento de programas governamentais, e demonstradas, pelo órgão concedente, a necessidade de tal destinação e sua imprescindibilidade, oportunidade e importância para o setor público; ou IX – voltadas ao atendimento de pessoas portadoras de necessidades especiais".

37. José dos Santos Carvalho Filho, *Manual de Direito Administrativo*, 17ª ed., Rio de Janeiro, Lumen Juris, 2007, pp. 177-180.

38. Hely Lopes Meirelles, *Direito Administrativo Brasileiro*, 35ª ed., São Paulo, Malheiros Editores, 2009, p. 411.

são diversos; ao passo que no convênio são paralelos e comuns. Neste último o elemento fundamental é a cooperação, e não o lucro procurado pelos particulares ao celebrar contratos. Assim, pode-se afirmar que no convênio as vontades não se compõem, mas se adicionam.

Sendo o convênio um ajuste de mútua colaboração que visa a um interesse público, não há falar em necessidade de prévia licitação para sua celebração.

É certo, contudo, que o convênio não poderá ser utilizado como um instrumento para encobrir um contrato no qual exista diversidade de interesses, sob pena de ilegalidade do "convênio de fachada" e responsabilização dos agentes que violaram o princípio da isonomia ao não realizarem licitação em um caso em que dela não se poderiam abster.

Maria Sylvia[39] adverte que o convênio não é instrumento prestante para a delegação de serviço público ao particular, pois esta transferência seria incompatível com a própria natureza do convênio. Isto porque na delegação ocorre o trespasse de atividade de uma pessoa para a outra que não a desempenha, visto não ter competência para exercê-la, sem que haja um ato estatal que a habilite. Já no convênio pressupõe-se que as duas pessoas têm competências institucionais comuns e irão trabalhar conjuntamente para alcançar seus objetivos.

Os convênios firmados entre a Administração Pública e os particulares estão regulados pelo art. 116 da Lei 8.666/1993, que dispõe depender a celebração de convênio, acordo ou ajuste de prévia aprovação de competente plano de trabalho proposto pela organização interessada.

O plano de trabalho apresentado pela entidade interessada deverá conter, no mínimo, a identificação do objeto a ser executado, as metas a serem atingidas, as etapas ou fases de execução, o plano de aplicação dos recursos financeiros, o cronograma de desembolso e a previsão de início e término da execução do objeto, bem como da conclusão das etapas ou fases programadas.

Consoante disposto no § 2º do aludido artigo, assinado o convênio, a entidade ou órgão repassador dará ciência do mesmo à Assembléia Legislativa ou à Câmara Municipal respectiva.

As parcelas do convênio serão liberadas em estrita conformidade com o plano de aplicação aprovado, exceto quando o executor atuar em desconformidade com as cláusulas do convênio ou no caso de desvio de

---

39. Maria Sylvia Zanella Di Pietro, *Parcerias na Administração Pública*, cit., 5ª ed., p. 250.

finalidade na aplicação dos recursos público ou, ainda, quando o executor deixar de adotar as medidas saneadoras indicadas pela entidade fornecedora de recursos. Nestas hipóteses as parcelas do convênio serão retidas.

Os saldos de convênio, enquanto não utilizados, serão obrigatoriamente aplicados em instituição financeira oficial, sendo que as receitas financeiras obtidas por meio dessas aplicações serão obrigatoriamente computadas a crédito do convênio e aproveitadas, unicamente, no objeto de sua finalidade.

Quando do término do convênio, os saldos financeiros remanescentes serão devolvidos à entidade ou órgão repassador dos recursos, no prazo improrrogável de 30 dias, contados da sua finalização, sob pena da imediata instauração de tomada de contas especial do responsável, providenciada pela autoridade competente do órgão ou entidade titular dos recursos.

Do veículo normativo mencionado – único diploma legal a tratar da matéria[40] – extrai-se que o convênio travado entre a Administração e os particulares tem por objeto exclusivo a concessão de recursos financeiros para as entidades conveniadas.

Maria Sylvia Zanella Di Pietro entende que a redação desse dispositivo é infeliz, porque parece aplicar-se apenas a projetos estanques (uma obra, um serviço, um parecer, um laudo etc.), e não a serviços contínuos.

Contudo, é certo que os convênios podem ter por objeto a prestação de serviços contínuos, desde que estejam presentes as características apontadas com relação aos ajustes dessa natureza.

A redação do dispositivo também peca quando, logo em seu *caput*, averba que os convênios, acordos, ajustes e outros instrumentos poderão ser celebrados por órgãos e entidades da Administração. Este mesmo equívoco se repete ao longo do artigo.

Ora, os órgãos não têm personalidade jurídica – e, por tal razão, não têm autonomia para, em seu próprio nome, firmar convênios e se obrigar a qualquer prestação, como sugere o dispositivo.

Órgãos são apenas unidades abstratas que sintetizam os vários círculos de atribuições do Estado.[41] Assim, apenas a pessoa é que se pode obrigar, pois só esta é centro de imputação de direitos e obrigações. O órgão é tão-somente parcela da pessoa – e, portanto, não pode firmar convênios.

---

40. Não trataremos dos convênios previstos na Lei 11.107/2005, por não serem considerados como instrumentos de fomento ao Terceiro Setor.

41. Celso Antônio Bandeira de Mello, *Curso de Direito Administrativo*, 26ª ed., São Paulo: Malheiros Editores, 2009, p. 140.

Os convênios, serão, pois, firmados pelas pessoas jurídicas estatais.

Ressalte-se que as exigências impostas pelo dispositivo devem ser cumpridas em tudo que seja compatível com o objeto do convênio, já que a intenção da lei é efetuar o controle sobre a aplicação dos recursos que foram repassados ao particular por meio do convênio. A inobservância do dispositivo será apenas admissível nos casos de convênio que não implique repasses pecuniários ou de bens.

Destaque-se, outrossim, que, se o conveniado recebe determinado valor, este vincula-se ao objeto do convênio durante toda sua execução. Por conta disso, o executor deverá comprovar que o mencionado valor está sendo utilizado em conformidade com as metas estipuladas. Não basta demonstrar apenas o resultado final alcançado; é preciso comprovar que todo o valor repassado foi utilizado na consecução daquele resultado.[42]

Ademais, considerando que o valor recebido pelo conveniado é constituído por dinheiro público, o executor do convênio gerencia dinheiro, bens e valores públicos – e, portanto, submete-se a controle, não só pela entidade repassadora das verbas, mas também pelo Tribunal de Contas, nos termos do parágrafo único do art. 70 da CF.

O convênio constitui importante meio de intervenção estatal no Terceiro Setor; e, por tal razão, deve o Estado exercer fiscalização intensa para que não haja desvios ou abusos em sua utilização.

IV-5 Das organizações sociais

18. Organização social é o título qualificativo que se atribui a certas entidades privadas (associações ou fundações) sem fins lucrativos.

Assim, ser organização social significa possuir um título jurídico especial conferido discricionariamente pelo Poder Público.

19. A matéria é tratada pela Lei 9.637, de 15.5.1998, ao estabelecer, em seu art. 1º, que apenas poderão ser qualificadas como organizações sociais as pessoas jurídicas de direito privado dedicadas ao ensino, à pesquisa científica, ao desenvolvimento tecnológico, à proteção e preservação do meio ambiente, à cultura e à saúde, devendo, ainda, preencher os requisitos previstos no art. 2º da aludida lei.[43]

---

42. Maria Sylvia Zanella Di Pietro, *Parcerias na Administração Pública*, cit., 5ª ed., p. 251.
43. "Art. 2º. São requisitos específicos para que as entidades privadas referidas no artigo anterior habilitem-se à qualificação como organização social: I – comprovar o registro

Dos requisitos previstos no art. 2º, salta aos olhos a previsão contida no inciso I, "d", do dispositivo, que obriga a participação de membros do Poder Público no órgão colegiado de deliberação superior da entidade.

A composição do conselho de administração está estabelecida no art. 3º da lei de regência das organizações sociais,[44] e dispõe que a entidade

de seu ato constitutivo, dispondo sobre: a) natureza social de seus objetivos relativos à respectiva área de atuação; b) finalidade não-lucrativa, com a obrigatoriedade de investimento de seus excedentes financeiros no desenvolvimento das próprias atividades; c) previsão expressa de a entidade ter, como órgãos de deliberação superior e de direção, um conselho de administração e uma diretoria definidos nos termos do estatuto, asseguradas àquele composição e atribuições normativas e de controle básicas previstas nesta Lei;d) previsão de participação, no órgão colegiado de deliberação superior, de representantes do Poder Público e de membros da comunidade, de notória capacidade profissional e idoneidade moral; e) composição e atribuições da diretoria; f) obrigatoriedade de publicação anual, no *Diário Oficial da União*, dos relatórios financeiros e do relatório de execução do contrato de gestão; g) no caso de associação civil, a aceitação de novos associados, na forma do estatuto; h) proibição de distribuição de bens ou de parcela do patrimônio líquido em qualquer hipótese, inclusive em razão de desligamento, retirada ou falecimento de associado ou membro da entidade; i) previsão de incorporação integral do patrimônio, dos legados ou das doações que lhe foram destinados, bem como dos excedentes financeiros decorrentes de suas atividades, em caso de extinção ou desqualificação, ao patrimônio de outra organização social qualificada no âmbito da União, da mesma área de atuação, ou ao patrimônio da União, dos Estados, do Distrito Federal ou dos Municípios, na proporção dos recursos e bens por estes alocados; II – haver aprovação, quanto à conveniência e oportunidade de sua qualificação como organização social, do Ministro ou titular de órgão supervisor ou regulador da área de atividade correspondente ao seu objeto social e do Ministro de Estado da Administração Federal e Reforma do Estado."

44. "Art. 3º. O conselho de administração deve estar estruturado nos termos que dispuser o respectivo estatuto, observados, para os fins de atendimento dos requisitos de qualificação, os seguintes critérios básicos: I – ser composto por: a) 20 a 40% (vinte a quarenta por cento) de membros natos representantes do Poder Público, definidos pelo estatuto da entidade; b) 20 a 30% (vinte a trinta por cento) de membros natos representantes de entidades da sociedade civil, definidos pelo estatuto; c) até 10% (dez por cento), no caso de associação civil, de membros eleitos dentre os membros ou os associados; d) 10 a 30% (dez a trinta por cento) de membros eleitos pelos demais integrantes do conselho, dentre pessoas de notória capacidade profissional e reconhecida idoneidade moral; e) até 10% (dez por cento) de membros indicados ou eleitos na forma estabelecida pelo estatuto; II – os membros eleitos ou indicados para compor o conselho devem ter mandato de 4 (quatro) anos, admitida uma recondução; III – os representantes de entidades previstos nas alíneas 'a' e 'b' do inciso I devem corresponder a mais de 50% (cinqüenta por cento) do conselho; IV – o primeiro mandato de metade dos membros eleitos ou indicados deve ser de 2 (dois) anos, segundo critérios estabelecidos no estatuto; V – o dirigente máximo da entidade deve participar das reuniões do conselho, sem direito a voto; VI – o conselho deve reunir-se ordinariamente, no mínimo, 3 (três) vezes a cada ano e, extraordinariamente, a qualquer tempo; VII – os conselheiros não devem receber remuneração pelos serviços que, nesta condição, prestarem à organização social, ressalvada a ajuda-de-custo por reunião da qual

deverá ter de 20% a 40% de membros natos representantes do Poder Público.

Este dispositivo é suficiente para demonstrar que *praticamente nenhuma* entidade estava apta a receber o qualificativo de organização social com o mero advento da lei.

Com efeito, somente entidades novas, isto é, que foram criadas unicamente com o objetivo de receber esse título, ou entidades que rapidamente se adaptaram por meio da modificação dos seus estatutos, conseguindo contar com membros do Poder Público em seus quadros, puderam granjear tal título.

De fato, muitas entidades com anos de experiência no Terceiro Setor não receberam esta qualificação.

A atribuição do qualificativo de organização social é, como dito, expedida no exercício de competência discricionária, a ser desempenhada pelo Ministro ou titular de órgão supervisor ou regulador da área de atividade correspondente ao seu objeto social e do Ministro de Estado da Administração Federal e Reforma do Estado.[45]

A discricionariedade na outorga deste título enseja questionamentos acerca da lisura de sua concessão, tanto que o Partido dos Trabalhadores/ PT e o Partido Democrático Trabalhista/PDT ingressaram com ação direta de inconstitucionalidade[46] para ver declarada a invalidade integral da Lei 9.637/1998 ou, alternativamente, dos seus arts. 1º a 7º, 10 a 15, 17, 20, 21 e 22.

Rogério Gesta Leal, ao se manifestar sobre a discricionariedade da qualificação, afirma que o Poder Público, quando solicitado, *deve* – e não *pode* – qualificar como tais as organizações que se enquadrem nesta tipificação, "sob pena de, aceita a facultatividade da qualificação por parte do

---

participem; VIII – os conselheiros eleitos ou indicados para integrar a diretoria da entidade devem renunciar ao assumirem funções executivas."

45. Consoante o art. 2º, II, Lei 9.637/1998. Esclareça-se, contudo, que o Ministério da Administração Federal e Reforma do Estado foi extinto pela Medida Provisória 2.216-37, de 31.8.2001, e suas atribuições passaram para a alçada do Ministério do Planejamento, Orçamento e Gestão.

46. Trata-se da ADI 1.923-5-DF, ainda não julgada definitivamente pelo STF. A medida cautelar referente a esta ação direta de inconstitucionalidade foi indeferida em razão da inexistência de *periculum in mora*, "seja mercê do transcurso do tempo – os atos normativos impugnados foram publicados em 1998 –, seja porque no exame do mérito poder-se-á modular efeitos do que vier a ser decidido, inclusive com a definição de sentença aditiva".

Estado, criarmos uma séria possibilidade de arbitrariedade e favoritismos aos amigos do Poder".[47]

20. Recebido o título qualificativo de organização social, a entidade estará apta a travar o denominado contrato de gestão.

Aliás, como bem destacou Sílvio Luís Ferreira da Rocha, "a celebração do contrato de gestão é, sem dúvida, a razão de existir da organização social".[48]

Contrato de gestão, segundo dispositivo legal (art. 5º da Lei 9.637/1998), é "o instrumento firmado entre o Poder Público e a entidade qualificada como organização social, com vistas à formação de parceria entre as partes para fomento e execução de atividades relativas às áreas relacionadas no art. 1º".

O art. 6º estabelece que o contrato de gestão discrimine as atribuições, responsabilidades e obrigações do Poder Público e da organização social, prevendo-se, no art. 7º, a observância dos princípios da legalidade, impessoalidade, moralidade, publicidade e economicidade quando da elaboração do contrato de gestão.

Outrossim, no contrato de gestão devem estar previstos a especificação do programa de trabalho proposto pela organização social, a estipulação das metas a serem atingidas e os respectivos prazos de execução, bem como previsão expressa dos critérios objetivos de avaliação de desempenho a serem utilizados, mediante indicadores de qualidade e produtividade. Há necessidade, igualmente, de inserção de cláusula estabelecendo os limites e critérios para despesa com remuneração e vantagens de qualquer natureza a serem percebidas pelos dirigentes e empregados das organizações sociais (incisos I e II do art. 7º).

A execução do contrato de gestão, consoante o art. 8º da lei, será fiscalizada pelo órgão ou entidade da área de atuação correspondente à atividade fomentada.

Se a organização social descumprir as cláusulas do contrato de gestão, o Poder Executivo procederá à sua desqualificação, que será precedida de processo administrativo, assegurada ampla defesa, respondendo os dirigentes da organização social, individual e solidariamente, pelos danos causados por sua atuação ou omissão.

---

47. Rogério Gesta Leal, *Estado, Administração Pública e Sociedade*, Porto Alegre, Livraria do Advogado, 2006, p. 176.
48. Sílvio Luís Ferreira da Rocha, *Terceiro Setor*, cit., 2ª ed., p. 139.

Por meio do contrato de gestão, *elaborado de comum acordo* entre a entidade privada e o Poder Público, a primeira poderá receber recursos orçamentários, bens públicos (móveis ou imóveis) e até mesmo servidores públicos, custeados pelo Poder Público, para que possa cumprir os objetivos e as metas estabelecidos pelo contrato de gestão, consoante os arts. 12 e 14 da legislação de regência.

21. Ademais, a Lei 9.648/1998 introduziu no rol dos casos de dispensa de licitação, previsto no art. 24 da Lei 8.666/1993, o inciso XXIV, que dispõe ser dispensável a licitação "para a celebração de contratos de prestação de serviços com as organizações sociais, qualificadas no âmbito das respectivas esferas de governo, para atividades contempladas no contrato de gestão".[49]

Com a dispensa da licitação, a entidade qualificada como organização social poderá firmar o contrato de gestão com o Poder Público sem a necessidade de prévio processo seletivo.

Entendemos, contudo, que as disposições normativas que disciplinam o contrato de gestão das organizações sociais são inconstitucionais.

Com efeito, Celso Antônio[50] esclarece que a entidade, para firmar este instrumento, não necessita demonstrar habilitação técnica ou econômico-financeira de qualquer espécie, bastando a concordância de dois ministros de Estado ou, conforme o caso, de um ministro e de um supervisor da área correspondente à atividade exercida pela entidade privada postulante do título qualificativo.

Assim, traçando um paralelo entre os contratos de gestão e os demais contratos da Administração, o professor aduz que o concorrente, para travar com o Poder Público relações contratuais singelas (como um contrato de prestação de serviços), é obrigado a minuciosas demonstrações de capacidade, consoante exigido pelos arts. 27 e ss. da Lei 8.666/1993; já para o contrato de gestão não se faz exigência de capital mínimo nem de comprovação de qualquer suficiência técnica para receber bens públicos, recursos públicos e servidores custeados pelo Estado, sendo suficiente para a realização desta forma de "parceria" apenas a aquiescência dos agentes públicos acima mencionados. Trata-se, pois, da "outorga de uma discricionariedade literalmente inconcebível, até mesmo escandalosa,

---

49. Este artigo também é objeto da mencionada ADI 1.923-5-DF.
50. Celso Antônio Bandeira de Mello, *Curso de Direito Administrativo*, cit., 26ª ed., p. 238.

por sua desmedida amplitude, e que permitirá favorecimentos de toda espécie".[51]

Já dizia Geraldo Ataliba[52] que a lei não é apenas o produto oriundo do Poder Legislativo, "é mais que isso: a lei é, no direito constitucional brasileiro, necessariamente genérica, isônoma, abstrata e irretroativa" (grifamos).

Pois bem, se a lei é necessariamente isônoma, os dispositivos que prevêem a concessão discricionária do título de organização social bem como a "contratação" da entidade sem licitação padecem de inconstitucionalidade, já que não outorgam aos interessados iguais oportunidades de participação.[53]

Daí por que, com base nesses esclarecimentos, restou demonstrada nossa opinião no sentido de que, nesses casos, há inconstitucionalidade do contrato de gestão, verdadeira matriz financeira, que dá vida às organizações sociais.

Além disso, a lei parece também atentar contra o princípio da moralidade administrativa,[54] previsto no art. 37, *caput*, da CF, que preconiza a obediência dos agentes administrativos aos valores éticos da sociedade.

---

51. Idem, p. 239.
52. Geraldo Ataliba, *República e Constituição*, 2ª ed., 4ª tir., São Paulo, Malheiros Editores, 2007, p. 124.
53. Celso Antônio Bandeira de Mello, *Curso de Direito Administrativo*, cit., 26ª ed., p. 239.
54. Para a quase-totalidade da doutrina o princípio da moralidade administrativa diz respeito à obrigatoriedade de se obedecer aos valores éticos da sociedade. Por todos, vale a transcrição do saudoso Oswaldo Aranha Bandeira de Mello, para quem: "São as regras éticas que informam o direito positivo como mínimo de moralidade que circunda o preceito legal, latente na fórmula escrita e costumeira. Encerram normas jurídicas universais, expressão de proteção do gênero humano na realização do Direito. E, para emprestar-se imagem de Carnelutti, pode-se dizer ser o álcool que conserva o vinho, lhe dá vitalidade, está dentro dele, mas com ele não se confunde" (*Princípios Gerais de Direito Administrativo*, 3ª ed., vol. I, São Paulo, Malheiros Editores, 2007, p. 420).
Em posição pioneira, Márcio Cammarosano discorda da corrente majoritária, para afirmar "Não há que se falar em ofensa à moralidade administrativa se ofensa não houver ao Direito (...). Portanto, violar a moralidade é violar o Direito. É questão de legalidade. A só violação de preceito moral, não juridicizado, não implica invalidade do ato. A só ofensa a preceito que não consagra, explícita ou implicitamente, valores morais implica a invalidade do ato, mas não a moralidade administrativa" (*O Princípio Constitucional da Moralidade e o Exercício da Função Administrativa*, Belo Horizonte, Fórum, 2006, p. 114).
De qualquer forma, seja para uma ou para outra teoria, no caso em tela haverá sempre violação da moralidade administrativa, na medida em que as previsões constantes da Lei 9.637/1998, além de violarem a moral comum, são inconstitucionais, por ferirem o princípio

Isto porque tende a criar situações propiciadoras de favoritismos a certas entidades predeterminadas.

22. Também sem que haja prévio procedimento licitatório a entidade qualificada poderá receber, mediante permissão de uso, bens públicos (móveis ou imóveis) necessários ao cumprimento do contrato de gestão (art. 12, § 3º, da lei).

Pela mesma razão dantes exposta, este dispositivo parece estar inquinado de inconstitucionalidade, já que novamente não se prestigiaram os princípios da isonomia e moralidade, permitindo seja favorecida pelo recebimento do bem público apenas a entidade escolhida discricionariamente pela Administração.

23. Além da permissão de uso de bens públicos, é também admitida a cessão de servidores às entidades qualificadas como organizações sociais, consoante o art. 14 da lei.

Tem razão, pois, Celso Antônio Bandeira de Mello[55] ao afirmar que a cessão de servidores às organizações sociais é inconstitucional não por uma, mas por duas razões.

A primeira porque servidores públicos jamais poderiam ser obrigados a trabalhar em entidades particulares, pois os concursos que prestaram foram para pessoas governamentais, e não para entidades particulares. A imposição para que prestem serviços a outrem aniquila os direitos aos vínculos de trabalho que possuem.

Ao pensamento de Celso Antônio acrescentamos mais um argumento para corroborar sua primeira assertiva: no caso de entidades governamentais serem absorvidas por organizações sociais, o art. 22, I, da Lei 9.637/1998 dispõe que é facultada aos órgãos supervisores, "ao seu critério exclusivo, a cessão do servidor, *irrecusável para este*, com ônus para a origem, à organização que vier a absorver as correspondentes atividades" (grifamos).

Quando se estiver diante de situação em que toda a pessoa jurídica administrativa é integralmente absorvida por uma organização social, como ocorrido com a Fundação Roquette Pinto,[56] ficam extintos os cargos públicos que dela constavam.

---

da isonomia expresso no art. 5º, *caput*, da CF, da impessoalidade, consignado no art. 37, *caput*, bem como os correlatos instrumentos relacionados a esse princípio, *e.g.*, a licitação.

55. Celso Antônio Bandeira de Mello, *Curso de Direito Administrativo*, cit., 26ª ed., pp. 240-241.

56. O art. 21 da Lei 9.637/1998 estabeleceu: "São extintos o Laboratório Nacional de Luz Síncrotron, integrante da estrutura do Conselho Nacional de Desenvolvimento

Assim, extinta a pessoa, extintos estarão os cargos, que só podem existir na intimidade de uma pessoa. Observa-se, pois, a máxima "o acessório segue o principal". Destarte, a conseqüência natural do perecimento da pessoa é o perecimento dos cargos, como disposto inclusive pelo art. 22, V, da Lei 9.637/1998.

Logo, os cargos, até então previstos, são efetivamente extintos, já que a entidade da qual faziam parte desapareceu e seus ocupantes são obrigados a exercer atividade em uma organização social, nos termos previstos pelo art. 22 da lei.

Entendemos ser inconstitucional este dispositivo, por violar o disposto no art. 41, § 3º, da CF, com a redação dada pela Emenda Constitucional 19/1998, que estabelece: "Extinto o cargo ou declarada a sua desnecessidade, o servidor estável ficará em disponibilidade, com remuneração proporcional ao tempo de serviço, até seu adequado aproveitamento em outro *cargo*" (grifamos).

Veja-se que, extinto o cargo, o servidor será aproveitado em outro *cargo*, e não em um emprego em uma entidade particular. A Constituição da República previu, portanto, a sistemática a ser adotada nos casos de extinção de cargo, não podendo a lei estabelecer algo diverso para essas hipóteses, sob pena de ofensa ao Texto Maior.

Ressalte-se que *cargo* e *emprego* não se confundem e jamais poderão se confundir, pois seus regimes jurídicos são profundamente distintos. "*Cargos* são as mais simples e indivisíveis unidades de competência a serem expressadas por um agente, previstas em número certo, com denominação própria, retribuídas por pessoas jurídicas de direito público e *criadas por lei*, (...)".[57] Ao passo que a relação de *emprego* é a "relação jurídica de natureza *contratual*, tendo como sujeitos o empregado e o empregador e como objeto o trabalho subordinado, continuado e assalariado".[58]

Claro está, portanto, que jamais um servidor titular de cargo poderá ser obrigado a trabalhar em uma entidade privada, sob pena de se afrontar dispositivo constitucional expresso.

A segunda razão aventada por Celso Antônio é a de que, mesmo rejeitada tal compulsoriedade, ainda assim não se admite que o Estado seja fornecedor de pessoal para entidades particulares.

Científico e Tecnológico – CNPq, e a Fundação Roquette Pinto, entidade vinculada à Presidência da República".

57. Celso Antônio Bandeira de Mello, *Curso de Direito Administrativo*, cit., 26ª ed., p. 251.

58. Amauri Mascaro Nascimento, *Curso de Direito do Trabalho*, 15ª ed., São Paulo, Saraiva, 1998, p. 332.

Com efeito, não é função do Estado deslocar servidores seus, exercentes de função pública, para suprir a falta de pessoal em entidade particular que nem ao menos faz parte da estrutura administrativa.

Há, ainda, outras inconstitucionalidades. Vejamos.

24. Consoante o art. 17 da lei, as compras a serem realizadas pelas organizações sociais não seguirão o rito da Lei de Licitações, mas sim um regulamento próprio (elaborado pela entidade particular), contendo os procedimentos que adotarão para a contratação de obras e serviços bem como para compras com emprego de recursos provenientes do Poder Público.

Este dispositivo legal igualmente viola os princípios da moralidade, legalidade e isonomia, já que essas entidades, por serem em grande parte estruturadas por recursos públicos, bens públicos e servidores públicos, deveriam submeter-se aos mesmos princípios aplicáveis à Administração Pública.

25. Consoante visto linhas atrás, há também a possibilidade de a organização social absorver todo o acervo de alguma entidade governamental e esta última deixar de existir.

Aliás, a própria lei que instituiu o título de organização social se encarregou de extinguir órgão e pessoa governamental. São eles: o Laboratório Nacional de Luz Síncrotron, integrante da estrutura do Conselho Nacional de Desenvolvimento Científico e Tecnológico/CNPq, e a Fundação Roquette Pinto.

Parece claro que uma entidade particular não pode, simplesmente, absorver toda uma pessoa jurídica de direito público, passando a gerenciá-la, utilizando recursos públicos, servidores públicos e bens públicos, sem que haja credenciamento suficiente para tanto, sem comprovar habilitação técnica para o desempenho das atividades, sem jamais ter passado por um único processo de seleção.

Ora, a "aquisição" de entidade pública por organização social, que – repise-se – nem ao menos comprovou capacidade técnica ou financeira para realizar sua gestão, viola a ordem jurídica, na medida em que transfere indevidamente às mãos particulares bem que não pertence a uma pessoa, mas a todo o povo brasileiro.

26. Também sofre de inconstitucionalidade o disposto no art. 22, VI, da lei, que admite a possibilidade de a organização social adotar os símbolos designativos da pessoa governamental que absorveu, acrescendo-se apenas a identificação "OS".

Isto porque símbolos públicos serão ostentados por quem não faz parte da estrutura administrativa. A lei, portanto, enseja a possibilidade de grande confusão, em prejuízo da população, que poderá ser facilmente ludibriada ao se deparar com uma entidade particular, pensando estar diante de um órgão oficial.

Vale o dito popular: o cidadão pode levar "gato por lebre", pois imagina que está recebendo uma prestação do Estado quando, na verdade, está sendo atendido por uma entidade particular, cuja capacidade para prestação do serviço é questionável, haja vista a forma de obtenção do título bem como a inexistência de comprovação de qualquer aptidão técnica para a assinatura do contrato de gestão.

Assim, a Lei 9.637/1998, ao permitir a utilização de símbolos oficiais pela entidade particular, conflita, em tese, com dispositivo do Código Penal.

De fato, o uso indevido de símbolos identificadores de órgãos ou entidades da Administração Pública configura crime de falsificação de selo ou sinal público, previsto no art. 296, § 1º, III, do CP.[59]

Por "uso indevido" entendemos aquele que visa a enganar, falsear, esconder ou ludibriar determinada situação,[60] fazendo-se passar por algo que não é, tal qual ocorrerá com as organizações sociais que ostentarem símbolos oficiais.

Nem se alegue que a lei das organizações sociais excepcionou o Código Penal nesta matéria, sob o argumento de que a primeira é lei posterior e especial em relação ao último – e, portanto, teria a lei das organizações sociais afastado a antijuridicidade do fato apenas para as entidades qualificadas como organizações sociais, que poderiam utilizar os emblemas oficiais por força do permissivo legal. Ou seja, o fato não seria considerado crime quando a entidade a ostentar o símbolo oficial fosse uma organização social.

---

59. "**Falsificação do selo ou sinal público.** Art. 296. Falsificar, fabricando-os ou alterando-os: I – selo público destinado a autenticar atos oficiais da União, de Estado ou de Município; II – selo ou sinal atribuído por lei a entidade de direito público, ou a autoridade, ou sinal público de tabelião:
"Pena – reclusão, de 2 (dois) a 6 (seis) anos, e multa.
"§ 1º. Incorre nas mesmas penas: (...) III – quem altera, falsifica ou *faz uso indevido de marcas, logotipos, siglas ou quaisquer outros símbolos utilizados ou identificadores de órgãos ou entidades da Administração Pública.*" *[Incluído pela Lei 9.983/2000]*
60. A presença do elemento "dolo" é necessária para a tipificação deste crime; por isto está-se a sustentar apenas que *abstratamente* seria possível a configuração deste tipo penal.

Este argumento não se sustenta, pois a Lei 9.637/1998 também nesta matéria é inconstitucional, por ferir novamente o princípio constitucional expresso da moralidade administrativa.

Deveras, como bem sustentou Márcio Cammarosano,[61] o princípio da moralidade tem por destinatário também o legislador, condicionando, assim, a validade – a constitucionalidade – do exercício da função legislativa.

Foram golpeados igualmente os princípios implícitos da boa-fé e da lealdade, permitindo-se que as pessoas sejam enganadas por entidades particulares que ostentam símbolos públicos apesar de não estarem vinculadas ao Estado nem estarem submetidas ao regime jurídico público.

Não foi por outra razão que Adilson Abreu Dallari e Sérgio Ferraz afirmaram: "A boa-fé não é elemento ou circunstância a ser considerada apenas no que diz respeito às relações de direito privado entre particulares, ou de direito penal; a consideração da boa ou má-fé, tanto do particular que se relaciona com a Administração Pública quanto do agente público que se relaciona com o administrado, é também essencial, configurando, sim, um princípio também de direito administrativo".[62]

Ora, se este artigo da aludida lei é inconstitucional, por violar princípios do ordenamento jurídico, então, ele não tem o condão de excepcionar o referido dispositivo do Código Penal, que continua vigendo integralmente para todas as pessoas que indevidamente assumem a utilização de símbolo público.

27. Oportuno repisar que *princípio*, no dizer de Celso Antônio Bandeira de Mello,[63] é o vetor direcional de todo um sistema de direito positivo, sustentáculo estrutural do ordenamento jurídico, pilar edificante que dá harmonia e coerência à ordem jurídica de uma sociedade. Assim é que os princípios correspondem a normas gerais, abstratas e necessárias para construir, sustentar e informar os valores que deverão preponderar na edificação dos confins das prescrições normativas em um dado ordenamento jurídico.

É por isso que ao infringir um princípio se está a atentar de forma muito mais grave contra o sistema do que quando se viola uma norma de

---

61. Márcio Cammarosano, *O Princípio Constitucional da Moralidade e o Exercício da Função Administrativa*, cit., p. 63.
62. Adilson Abreu Dallari e Sérgio Ferraz, *Processo Administrativo*, 2ª ed., São Paulo, Malheiros Editores, 2007, p. 103.
63. Celso Antônio Bandeira de Mello, *Curso de Direito Administrativo*, cit., 26ª ed., pp. 948-949.

estatura hierárquica inferior, pois no primeiro caso atinge-se o coração que bombeia, irradia e espraia seus comandos valorativos para a intelecção do sentido, conteúdo e alcance das demais normas, ao passo que na segunda hipótese atingem-se apenas de modo periférico os valores propugnados pelo ordenamento jurídico.[64]

No caso em comento está-se diante da violação não de um, mas de três princípios constitucionais (quais sejam: princípios da moralidade administrativa, lealdade e boa-fé). É inafastável, portanto, concluir que a violação desses três princípios constitucionais fulmina a validade do art. 22, VI, da Lei 9.637/1998.

Sem embargo, embora o artigo, a nosso ver, seja inconstitucional e, em tese, possa ocorrer a prática de crime de falsificação de sinal público, não seria possível haver responsabilização criminal dos dirigentes da organização social que utilizar símbolo público.

Isto porque enquanto o STF não declarar a inconstitucionalidade do art. 22, VI, da Lei 9.637/1998 este continuará vigendo, constituindo-se, pois, em permissivo legal para a ostentação do símbolo.

Assim, embora em tese possa haver a dita responsabilização criminal, na prática ela se torna inviável, já que o agente sempre poderá alegar que agiu dentro dos ditames da lei e ela (a lei), enquanto não for declarada inconstitucional pelo órgão competente, continuará a existir validamente no sistema.

Ressalte-se, contudo, que o Excelso Tribunal não analisou definitivamente a matéria, mas apenas indeferiu, em sede cautelar, a suspensão dos efeitos dos artigos da Lei 9.637/1998.

28. A despeito das inúmeras inconstitucionalidades apontadas, no que tange às irregularidades na execução do contrato de gestão, o art. 9º da lei estabelece que os responsáveis pela fiscalização do contrato, ao tomarem conhecimento de qualquer irregularidade ou ilegalidade na utilização de recursos ou bens públicos, deverão cientificar o TCU, sob pena de responsabilidade solidária.

Como bem acentuaram Paola Nery Ferrari e Regina Maria Macedo Nery Ferrari,[65] a fiscalização a ser realizada sobre as organizações sociais não consiste em mero controle de resultados, que levaria em conta apenas a eficiência da atividade desempenhada. Ao contrário, há necessidade de

---

64. Idem, p. 949.
65. Paola Nery Ferrari e Regina Maria Macedo Nery Ferrari, *Controle das Organizações Sociais*, Belo Horizonte, Fórum, 2007.

analisar todo o rito pelo qual os resultados foram atingidos, haja vista a necessidade de preservação da ética e da moralidade.

Da mesma forma, o art. 10 estabelece que, havendo indícios de malversação de bens ou recursos públicos, os responsáveis pela fiscalização representarão ao Ministério Público, à Advocacia-Geral da União ou à procuradoria da entidade para que requeiram ao juízo competente a indisponibilidade dos bens da entidade e o seqüestro dos bens dos seus dirigentes, bem como de agente público ou terceiro que possam ter enriquecido ilicitamente ou causado dano ao patrimônio público.

O cidadão poderá, ainda, nos termos do art. 5º, LXXIII, do Texto Maior, propor ação popular para anulação de ato lesivo ao patrimônio público e à moralidade administrativa. O patrimônio das organizações sociais, como visto, depende de recursos públicos – e, portanto, "os responsáveis por tais atos de benemerência com recursos públicos, tanto quanto os beneficiários deles", respondem "patrimonialmente pelo indevido uso de bens e receitas públicas",[66] consoante o art. 11 da Lei 4.717, de 26.6.1965.

Diante do todo exposto, entendemos que a Lei 9.637/1998 não poderia ser em grande parte empregada, já que, como visto, inúmeros de seus dispositivos padecem de inconstitucionalidade. No entanto, enquanto não houver declaração de inconstitucionalidade pelo STF os dispositivos da lei em comento continuam a gozar de presunção de validade.

IV-6 Das organizações da sociedade civil de interesse público/OCIPs

29. Organização da sociedade civil de interesse público é também um título jurídico conferido às entidades sem fins lucrativos que preencherem os requisitos previstos na Lei 9.790, de 23.3.1999, regulamentada pelo Decreto 3.100, de 30.6.1999.

A outorga deste qualificativo é atribuível vinculadamente a pessoas jurídicas de direito privado requerentes. Essas pessoas devem ter entre seus objetivos sociais pelo menos uma das finalidades previstas no art. 3º da mencionada lei,[67] bem como ser regidas por estatutos cujas normas expressamente disponham a respeito das matérias contidas no art. 4º da lei.

---

66. Celso Antônio Bandeira de Mello, *Curso de Direito Administrativo*, cit., 26ª ed., p. 241.

67. "Art. 3º. A qualificação instituída por esta Lei, observado, em qualquer caso, o princípio da universalização dos serviços, no respectivo âmbito de atuação das organizações,

Dentre as normas que obrigatoriamente deverão constar do estatuto, destaquem-se: (i) a necessidade de constituição de um conselho fiscal ou órgão equivalente; (ii) a previsão de que, em caso de dissolução da entidade, o patrimônio líquido desta será transferido a outra organização da sociedade civil de interesse público; (iii) a previsão de que, na hipótese de a pessoa jurídica perder a qualificação de organização da sociedade civil de interesse público, seu acervo patrimonial disponível, adquirido com recursos públicos durante o período em que deteve o título, será transferido a outra entidade qualificada também como organização da sociedade civil de interesse público; e (iv) a obrigatoriedade de que a prestação de contas de todos os recursos e bens de origem pública recebidos pela entidade seja feita em conformidade com o disposto no art. 70, parágrafo único, da CF.

Não poderão receber o qualificativo de organizações da sociedade civil de interesse público as entidades incluídas no rol do art. 2º da lei, quais sejam, as sociedades empresárias, os sindicatos, as associações de classe ou de representação de categoria profissional, as instituições religiosas, as organizações partidárias e assemelhadas, as entidades de benefício mútuo destinadas a proporcionar bens ou serviços a um círculo restrito de associados, as instituições hospitalares privadas não-gratuitas e suas mantenedoras, as escolas privadas dedicadas ao ensino formal não-gratuito e suas mantenedoras, as organizações sociais, as cooperativas, as entidades criadas pelo Estado e as organizações creditícias que tenham qualquer tipo de vinculação com o Sistema Financeiro Nacional.

30. A entidade qualificada como organização da sociedade civil de interesse público poderá remunerar seus dirigentes e prestadores de ser-

somente será conferida às pessoas jurídicas de direito privado, sem fins lucrativos, cujos objetivos sociais tenham pelo menos uma das seguintes finalidades: I – promoção da assistência social; II – promoção da cultura, defesa e conservação do patrimônio histórico e artístico; III – promoção gratuita da educação, observando-se a forma complementar de participação das organizações de que trata esta Lei; IV – promoção gratuita da saúde, observando-se a forma complementar de participação das organizações de que trata esta Lei; V – promoção da segurança alimentar e nutricional; VI – defesa, preservação e conservação do meio ambiente e promoção do desenvolvimento sustentável; VII – promoção do voluntariado; VIII – promoção do desenvolvimento econômico e social e combate à pobreza; IX – experimentação, não lucrativa, de novos modelos sócio-produtivos e de sistemas alternativos de produção, comércio, emprego e crédito; X – promoção de direitos estabelecidos, construção de novos direitos e assessoria jurídica gratuita de interesse suplementar; XI – promoção da ética, da paz, da cidadania, dos direitos humanos, da democracia e de outros valores universais; XII – estudos e pesquisas, desenvolvimento de tecnologias alternativas, produção e divulgação de informações e conhecimentos técnicos e científicos que digam respeito às atividades mencionadas neste artigo."

viços, desde que os valores a serem percebidos sejam compatíveis com os praticados pelo mercado na área correspondente à sua atuação.

José Eduardo Sabo Paes[68] anota que o diploma legal, de forma inovadora, permitiu expressamente a remuneração dos dirigentes da entidade. Entretanto – acresce o autor –, não houve o estabelecimento de um valor máximo a ser pago para os gestores ou prestadores de serviço. O parâmetro legal (valores praticados pelo mercado) é extremamente vago, o que permitirá uma grande margem de discricionariedade na fixação da remuneração dentro das organizações da sociedade civil de interesse público.

31. De toda sorte, se a organização da sociedade civil de interesse público decidir remunerar seus dirigentes ela perderá o título de utilidade pública, por força do art. 1º, "c", da Lei 91/1935, que proíbe a outorga deste título às entidades que remunerem cargos de sua diretoria, conselhos fiscais, deliberativos ou consultivos.

A principal conseqüência da perda do título de utilidade pública é a impossibilidade legal de a entidade receber subvenções, auxílios ou, mesmo, isenções fiscais.[69]

Isto, contudo, não impede que ela receba outros benefícios econômicos. Consoante veremos a seguir, o termo de parceria permite o repasse de recursos públicos a entidades qualificadas como organizações da sociedade civil de interesse público.

De qualquer forma, a perda de outros títulos qualificativos foi praticamente imposta pela lei das organizações da sociedade civil de interesse público quando previu, no art. 18, que as entidades sem fins lucrativos qualificadas com base em outros diplomas legais poderão qualificar-se como organizações da sociedade civil de interesse público desde que atendidos os requisitos legais, "sendo-lhes assegurada a manutenção simultânea dessas qualificações, até 2 (dois) anos contados da data da vigência desta Lei".

Findo este prazo de dois anos, a entidade interessada em manter a qualificação de OSCIP deverá por ela optar, sob pena de perder automaticamente esta qualificação. A opção por este título implica renúncia automática de suas qualificações anteriores.

A Medida Provisória 2.216-37 ampliou o prazo de dois anos para cinco anos, contados da data de vigência da lei.

---

68. José Eduardo Sabo Paes, *Fundações, Associações e Entidades de Interesse Social*, cit., 6ª ed., p. 610.
69. Idem, p. 611.

Com isso, considerando que o prazo de cinco anos dado pela medida provisória acima referida expirou em 24.3.2004, não existem hoje entidades que ostentem simultaneamente o título de OSCIP e o título de utilidade pública.

Ao contrário das organizações sociais, em que há obrigatoriedade de participação de membros do Poder Público no órgão diretivo da entidade, nas pessoas jurídicas qualificadas como OSCIPs, por força da Lei 10.539/2002, é tão-somente facultada a participação de servidores públicos na composição de seus conselhos, sendo vedada aos servidores a percepção de remuneração, a qualquer título.

Consoante o art. 7º da Lei 9.790/1999, a entidade qualificada como organização da sociedade civil de interesse público poderá perder esse título por força de decisão proferida em processo judicial ou administrativo, assegurados o contraditório e a ampla defesa.

Vedado o anonimato, o pedido de perda do qualificativo poderá ser intentado por qualquer cidadão e também pelo Ministério Público.

Sílvio Luís Ferreira da Rocha[70] entende que a desqualificação é medida sancionadora a ser realizada no exercício de competência discricionária, e não vinculada, uma vez que a autoridade administrativa *poderá* – e não *deverá* – proceder à desqualificação da entidade. Assim, há margem de liberdade para apreciação subjetiva do administrador na aplicação da sanção. Cabe ao administrador verificar se no caso concreto a solução que melhor se coaduna com o interesse público é a desqualificação da entidade.

Com efeito, consoante explanado, a discricionariedade existe para que o administrador escolha a "solução ótima" para o caso concreto; e, sendo assim, cabe a ele verificar qual a sanção a ser aplicada em vista da gravidade de infração.

É óbvio que, se a infração for de natureza grave, o administrador não poderá adotar solução diversa da desqualificação da entidade infratora, mesmo porque o interesse público não admite a ostentação do título por quem causou malefícios à coletividade.

32. Tal qual ocorre com as organizações sociais, também as organizações da sociedade civil de interesse público poderão firmar instrumentos de mútua cooperação com o Poder Público. Este instrumento é denominado, pelo art. 9º da Lei 9.790/1999, *termo de parceria*.

O termo de parceria é, nas palavras de Diogo de Figueiredo Moreira Neto, "o instrumento que, uma vez firmado, destina-se à formação de

---

70. Sílvio Luís Ferreira da Rocha, *Terceiro Setor*, cit., 2ª ed., pp. 88-89.

vínculo de colaboração entre as partes, para fomento e execução das atividades de interesse público, por elas desempenhadas, satisfazendo o elenco de cláusulas essenciais".[71]

São cláusulas essenciais do termo de parceria, consoante o art. 10, § 2º, da lei: (i) o objeto pactuado, contendo a especificação do programa de trabalho proposto pela entidade; (ii) a estipulação de metas e resultados a serem alcançados, bem como o cronograma e os prazos de execução; (iii) a previsão dos critérios objetivos de avaliação de desempenho a serem empregados, por meio de indicadores de resultado; (iv) a previsão específica e detalhada de todas as receitas e despesas a serem realizadas com recursos oriundos do termo de parceria; (v) as obrigações da entidade parceira, dentre as quais apresentar ao Poder Público um relatório contendo a comparação específica das metas propostas com os resultados atingidos, bem como a prestação de contas dos gastos e receitas efetivamente realizados, ao término de cada exercício; e (vi) a publicação, em imprensa oficial, de extrato do termo de parceria e da sua execução física e financeira, conforme modelo previsto nos Anexos I e II do Decreto 3.100/1999, sob pena de não liberação dos recursos estabelecidos no termo de parceria.

Para a escolha do parceiro que melhor desempenhará as atividades de interesse público o Poder Público, previamente à celebração do termo de parceria, realizará consulta aos Conselhos de Políticas Públicas das áreas correspondentes de atuação nos respectivos níveis de governo.

Ademais, o Decreto 3.100/1999 estabelece, em seu art. 23, que a escolha da organização da sociedade civil de interesse público para a celebração do termo de parceria poderá ser feita por meio de concurso de projetos, sendo que, instaurado o processo de seleção por concurso, é vedado ao Poder Público celebrar termo de parceria para o mesmo objeto com entidade que não participou do concurso.

Embora a lei não exija a realização de concurso, reputamos obrigatório este procedimento licitatório para assegurar o princípio da impessoalidade, oferecendo igual oportunidade a todos os que queiram afluir ao certame bem como propiciando ao Poder Público a escolha de quem melhor atenda aos interesses da coletividade.

No mesmo sentido, Walter Claudius Rothenburg afirma que as exigências de impessoalidade e moralidade reclamam um procedimento objetivo para a escolha da entidade que firmará a parceria. Afinal, diz o autor, "a perspectiva para o Terceiro Setor é abrir espaço e estimular

---

71. Diogo de Figueiredo Moreira Neto, *Curso de Direito Administrativo*, 14ª ed., Rio de Janeiro, Forense, 2005, p. 279.

a maior participação possível de sujeitos organizados da sociedade em atividades de interesse público".[72]

O Poder Público pode ou não firmar o termo de parceria. Ao contrário do que ocorre com as organizações sociais, em que o contrato de gestão é fator condicionante à obtenção do título,[73] a organização da sociedade civil de interesse público não necessariamente celebrará o termo de parceria.

33. O art. 11 da lei de regência dispõe que a execução do objeto do termo de parceria "será acompanhada e fiscalizada por órgão do Poder Público da área de atuação correspondente à atividade fomentada, e pelos Conselhos de Políticas Públicas das áreas correspondentes de atuação existentes, em cada nível de governo".

Os resultados alcançados com a execução do termo de parceria deverão ser analisados por comissão de avaliação, cujos integrantes serão escolhidos de comum acordo entre o Poder Público e a entidade parceira.

A lei estabelece, ainda, que os termos de parceria estão sujeitos aos mecanismos de controle social previstos na legislação.

Segundo os arts. 12 e 13, qualquer irregularidade constatada pelos responsáveis pela fiscalização na aplicação de bens e recursos públicos deverá ser comunicada, sob pena de responsabilidade solidária, ao TCU, ao Ministério Público ou à Advocacia-Geral da União, para que requeiram ao juízo competente a decretação da indisponibilidade dos bens da entidade e o seqüestro dos bens de seus dirigentes e de agentes públicos ou terceiros que possam ter enriquecido ilicitamente ou causado dano ao erário, além de outras medidas previstas na Lei de Improbidade Administrativa (Lei 8.429/1992) e na Lei Complementar 64/1990 (lei que regulamenta o art. 14, § 9º, da CF, dispondo, dentre outros, sobre os casos de inelegibilidade).

34. As compras a serem realizadas pelas organizações da sociedade civil de interesse público não seguirão o rito da Lei de Licitações, mas sim um regulamento próprio (elaborado pela própria entidade particular), contendo os procedimentos que adotarão para a contratação de obras e serviços bem como para compras com emprego de recursos provenientes do Poder Público. Este procedimento deverá observar os princípios da

---

72. Walter Claudius Rothenburg, "Algumas considerações sobre a incidência de direitos fundamentais nas relações do Estado com empresas e organizações sociais", in Gustavo Justino de Oliveira (coord.), *Terceiro Setor. Empresas e Estado. Novas Fronteiras entre o Público e o Privado*, Belo Horizonte, Fórum, 2007, p.102.
73. Este é o entendimento de Celso Antônio Bandeira de Mello (*Curso de Direito Administrativo*, cit., 26ª ed., p. 238), com o qual concordamos integralmente. Em sentido contrário: Tarso Cabral Violin, *Terceiro Setor e as Parcerias com a Administração Pública – Uma Análise Crítica*, Belo Horizonte, Fórum, 2006, p. 255.

legalidade, impessoalidade, moralidade, publicidade, economicidade e eficiência; princípios, esses, que, aliás, constam obrigatoriamente dos estatutos dessas organizações, consoante o art. 4º, I, da lei de regência.

Os bens imóveis adquiridos com recursos provenientes do termo de parceria serão gravados com cláusula de inalienabilidade.

Diferentemente do que ocorre com as organizações sociais, a lei das OSCIPs não tem os mesmos vícios contidos na Lei 9.637/1998 (lei das organizações sociais). Isto porque a outorga do título é ato vinculado, não há previsão de cessão de servidores, não há absorção de entidades públicas e existe um mecanismo de seleção para a escolha da OSCIP que celebrará o termo de parceria.

Diante disto, vê-se que o título de organização da sociedade civil de interesse público bem como o termo de parceria são instrumentos jurídicos válidos para a intervenção estatal na ordem social.

Estudados os meios pelos quais o Estado pode, utilizando-se do fomento, intervir na ordem social, passemos a analisar a responsabilidade estatal frente à (i) omissão ou má prestação dos serviços públicos concretizadores dos direitos sociais e (ii) omissão ou má prestação dos serviços fomentados.

Não abordaremos os benefícios tributários conferidos às entidades do Terceiro Setor, pois, em razão da amplitude do tema, merece tratamento individualizado,[74] que não se coaduna com o propósito mais genérico deste trabalho.

---

74. V., a respeito desta matéria, as seguintes obras: Leandro Marins de Souza, *A Tributação do Terceiro Setor no Brasil*, São Paulo, Dialética, 2004; Regina Andrea Accorsi Lunardelli, *Tributação do Terceiro Setor*, São Paulo, Quartier Latin, 2006.

Capítulo V

DA RESPONSABILIDADE DO ESTADO E DAS ENTIDADES DO TERCEIRO SETOR

V-1 Da responsabilidade do Estado. V-2 Teoria subjetiva da responsabilização estatal. V-3 Teoria objetiva da responsabilização estatal. V-4 Da responsabilidade estatal na Constituição de 1988. V-5 Do dano indenizável. V-6 Da responsabilidade do Estado pela omissão na prestação dos serviços públicos concretizadores dos direitos sociais. V-7 Da responsabilidade do Estado pelos danos causados na prestação dos serviços públicos concretizadores dos direitos sociais. V-8 Da responsabilidade pela má prestação dos serviços que forem fomentados pelo Estado: V-8.1 Da responsabilidade das entidades do Terceiro Setor – V-8.2 Da responsabilidade das organizações sociais pela má prestação dos seus serviços – V-8.3 Da responsabilidade estatal frente aos danos causados pelos serviços prestados pelas organizações sociais.

V-1 Da responsabilidade do Estado

1. A responsabilidade estatal decorre do princípio da legalidade, nascido com o Estado de Direito, bem como da idéia segundo a qual os encargos realizados em prol da sociedade devem ser suportados de forma eqüânime.

Sob o ângulo da legalidade tem-se que somente quando os governantes foram submetidos à lei é que foi possível responsabilizá-los por seus atos.

Assim, a construção de uma teoria de responsabilização estatal surgiu a partir do momento em que o Estado passou a se submeter ao princípio da legalidade, devendo, assim, garantir os cidadãos contra suas condutas ilícitas.[1]

2. Desta forma nasce a teoria subjetiva, que obriga à responsabilização estatal sempre que o dano tiver sido causado por conduta contrária ao Direito.

---

1. Maria Emília Mendes Alcântara, *Responsabilidade do Estado por Atos Legislativos e Jurisdicionais*, São Paulo, Ed. RT, 1988, p. 16.

3. Apesar dos indiscutíveis avanços oriundos da adoção desta teoria, pode-se afirmar que ela se tornou incapaz de assegurar o cidadão contra todos os danos causados pelo Estado na execução de suas atividades, já que se limitava a garantir os administrados frente às condutas ilícitas do Estado, nada discorrendo sobre os danos ocasionados por comportamentos estatais lícitos.

Logo, embora não se discuta a grande evolução que representou essa teoria, ainda assim não se estava diante da melhor solução, pois "essa teoria ainda pede muito da vítima, que, além da lesão sofrida injustamente, fica no dever de comprovar a *falta do serviço* para obter a indenização".[2]

4. Por conta disto, e considerando que a atuação estatal passou a ser cada vez mais intervencionista, multiplicaram-se as possibilidades de o Estado causar danos por meio de atividades lícitas que visassem, inclusive, à proteção do interesse público.

Se o Estado Moderno adota o princípio da igualdade de todos perante a lei, só se pode concluir ser antijurídica a conduta estatal que agrave de forma diferente a alguém, ao exercer atividade no interesse de todos, sem indenizar o lesado.[3]

5. Daí nasce a teoria objetiva, cuja proposição consiste em perquirir a existência de um nexo causal entre o evento lesivo e a atuação do agente estatal como apto a determiná-lo, não sendo relevante para a responsabilização estatal a existência de dolo ou culpa.

Expliquemos, com mais detença, as duas teorias da responsabilização estatal: a teoria subjetiva e a teoria objetiva.

V-2 Teoria subjetiva da responsabilização estatal

6. Pela responsabilidade subjetiva, aquele que, em razão de conduta contrária ao Direito, seja por dolo, seja por culpa, causar dano a alguém tem obrigação de indenizá-lo.

Do mesmo modo, se existir um dever de impedir o dano e o agente obrigado a isto não obtiver sucesso em fazê-lo, estar-se-á diante da responsabilidade subjetiva por omissão.

2. Hely Lopes Meirelles, *Direito Administrativo Brasileiro*, 35ª ed., São Paulo, Malheiros Editores, 2009, p. 657.
3. Celso Antônio Bandeira de Mello, *Curso de Direito Administrativo*, 26ª ed., São Paulo, Malheiros Editores, 2009, p. 989.

Celso Antônio[4] explica que, em face dos princípios publicísticos, não se exige a identificação de uma culpa *individual* para que os efeitos da responsabilidade subjetiva possam eclodir. Isto porque esta noção civilista foi suplantada pela idéia de *faute du service* entre os franceses.[5]

A *faute du service* ou culpa do serviço, cuja tradução equivocada gerou também a "falta" do serviço, foi sistematizada por Paul Duez.[6]

Segundo este autor, a *faute du service*, embasada sempre na noção de culpa, ocorre pela tríplice modalidade: (i) quando o serviço, devendo funcionar, não funciona, (ii) funciona mal ou (iii) funciona tardiamente.[7]

De toda sorte, nem todo funcionamento defeituoso do serviço acarreta a responsabilidade do Estado: deve-se considerar a "diligência média que se poderia legitimamente exigir do serviço".[8]

Assim, a culpa do serviço não dependia da existência de ato individualizado do agente, já que a má prestação do serviço era, no mais das vezes, elemento suficiente para ensejar a reparação dos danos causados.[9]

Isto não quer dizer, contudo, que a *faute du service* seja modalidade de responsabilidade objetiva, pois seu fundamento, como bem acentuou Oswaldo Aranha Bandeira de Mello,[10] reside na noção de culpa, não necessariamente atrelada à idéia de elemento subjetivo de um indivíduo, mas sim como uma falha no serviço, em que se verifica o descumprimento dos padrões legalmente exigíveis para o desempenho daquela atividade.

4. Celso Antônio Bandeira de Mello, *Curso de Direito Administrativo*, cit., 26ª ed., p. 989.
5. É como disse André de Laubadère: "Mais la faute administrative peut encore consister dans une *faute anonyme* dont l'auteur n'apparaît pas de manière precise, du moins sous la forme d'un fonctionnaire determiné; c'est le service dans son ensemble qui a mal fonctionné, dont le comportement n'a pas été ce que l'on aurait pu normalement en attendre" (*Manuel de Droit Administratif*, 18ª ed., Paris, Librairie Générale de Droit et de Jurisprudence, 1967, p. 125).
6. Paul Duez, *La Responsabilité de la Puissance Publique*, Paris, Librairie Dalloz, 1927, pp. 15-22.
7. Idem, ibidem.
8. Idem, p. 14. No original: "Enfin, tout fonctionnement défectueux du service n'entraîne pas de la responsabilité. Il faut pour cela un certain degré de défectuosité. Le Conseil d'État s'applique à élaborer une théorie très nuancée: il apprécie la faute *in concreto*, d'après la diligence moyenne qu'on peut légitimement exiger du service".
9. Romeu Felipe Bacellar Filho, *Direito Administrativo e o Novo Código Civil*, Belo Horizonte, Fórum, 2007, p. 211.
10. Oswaldo Aranha Bandeira de Mello, *Princípios Gerais de Direito Administrativo*, vol. II, Rio de Janeiro, Forense, 1969, pp. 480 e ss.

Celso Antônio Bandeira de Mello[11] adverte que muitas vezes há necessidade de se admitir a presunção da culpa por parte do Estado, tendo em vista a enorme dificuldade da vítima em provar que o serviço não funcionou adequadamente, sob pena de se negar efetividade a esta forma de responsabilização.

Para nós, a presunção estatal da culpa é a regra, já que diante do Estado pressupõe-se sempre a vulnerabilidade da vítima.

A presunção estatal da culpa somente é afastada nas hipóteses em que o particular é o único a deter a comprovação de que a atuação estatal foi (in)adequada. Neste caso, poderá ser dele exigida a apresentação desta prova. Em todos os outros casos incumbe ao Estado o ônus da prova negativa, isto é, cabe a ele demonstrar que não agiu com dolo ou culpa.

Cumpre destacar que a presunção da culpa é plenamente albergada pela noção de responsabilidade subjetiva, pois o Estado sempre pode fazer a prova de que atuou dentro do patamar devido, elidindo, pois, sua obrigação de ressarcimento – o que não seria possível se se estivesse diante da responsabilidade objetiva.[12-13]

Vê-se, pois, que esta forma de responsabilização subjetiva (*faute du service*) corresponde a uma linha intermediária entre a responsabilidade tradicional do direito civil e a responsabilidade objetiva.

V-3 Teoria objetiva da responsabilização estatal

7. Pela responsabilidade objetiva há a obrigação de indenizar quando alguém causa dano a outrem em razão de conduta lícita ou ilícita. Assim, para configurá-la basta a existência de relação de causalidade entre o comportamento estatal e o dano ocorrido.

Afasta-se, pois, do dogma da culpa, estabelecendo-se que a responsabilidade objetiva restará configurada apenas com a presença do liame causal entre a conduta do Estado e o dano sofrido pelo particular.

Esta teoria estriba-se nos princípios (i) da legalidade, necessária para recompor o estado de juridicidade, que é atingido quando se comete um ato ilícito, e (ii) da isonomia, que exige a repartição dos ônus provenientes

---

11. Celso Antônio Bandeira de Mello, *Curso de Direito Administrativo*, cit., 26ª ed., p. 994.
12. Idem, ibidem.
13. Nesse sentido também é a lição de Sérgio Cavalieri Filho, *Programa de Responsabilidade Civil*, 6ª ed., 3ª tir., São Paulo, Malheiros Editores, 2006, p. 251.

de atos ou efeitos lesivos, impedindo que somente alguns sejam onerados por prejuízos que deveriam ser suportados por toda a coletividade.[14]

No caso de atividades lícitas que causem danos aos particulares, o fundamento estatal é apenas o princípio da isonomia, já que não se pode pretender que apenas alguns arquem com os danos oriundos de atividades que beneficiam toda a coletividade.[15]

Excluem a responsabilidade do Estado, por romperem o nexo causal entre o dano ocorrido e o comportamento estatal, a força maior,[16] a culpa exclusiva da vítima ou a culpa exclusiva de terceiro completamente alheio à máquina estatal.[17]

Na verdade, não há propriamente uma exclusão de responsabilidade estatal, já que não ocorre, sequer, uma conduta do Estado que possa desencadear um dano, pois este é causado ou exclusivamente pela vítima, ou por forças da Natureza ou, ainda, integralmente por terceiros. Nestes casos não chega sequer a nascer a responsabilidade estatal – e, portanto, não há que se falar em "exclusão" de algo que nunca existiu.

Passemos, agora, a analisar como se dá a responsabilidade estatal na Constituição de 1988.

V-4 Da responsabilidade estatal na Constituição de 1988

8. A responsabilidade estatal é tratada no art. 37, § 6º, da CF, que dispõe: "As pessoas jurídicas de direito público e as de direito privado prestadoras de serviços públicos responderão pelos danos que seus agentes,

---

14. Celso Antônio Bandeira de Mello, *Curso de Direito Administrativo*, cit., 26ª ed., p. 997.
15. Idem, ibidem.
16. Como bem adverte Lúcia Valle Figueiredo:
"Não se pode, entretanto, cogitar da existência de força maior quando, por exemplo, ocorram inundações na cidade, previsíveis e que demandariam obras de infra-estrutura não realizadas.
"Doutra parte, também não se poderia dizer ter ocorrido força maior se tombasse árvore sobre carro estacionado, por ocasião de tempestade, se a árvore, por hipótese, estivesse sem exame de suas raízes por muito tempo. Ou, ainda, se já fora condenada por agrônomos" (*Curso de Direito Administrativo*, 9ª ed., São Paulo, Malheiros Editores, 2008, p. 302).
17. Edmir Netto de Araújo ensina que, "no caso fortuito, em que a causa permanece desconhecida, diferentemente do que sucede na força maior, inexiste a possibilidade exoneratória quando a responsabilidade é fundada no risco" (*Curso de Direito Administrativo*, São Paulo, Saraiva, 2005, p. 728).

nessa qualidade, *causarem* a terceiros, assegurado o direito de regresso contra o responsável nos casos de dolo ou culpa" (grifamos).

Acatamos a doutrina de Celso Antônio Bandeira de Mello,[18] para entender que este dispositivo constitucional alberga três tipos de responsabilidade.

O primeiro é a *responsabilidade objetiva do Estado* (e das pessoas jurídicas de direito privado prestadoras de serviço público) pelos danos que causarem a terceiros, através de seus atos comissivos.

Nesta seara abrimos um pequeno parêntese para fazer breve menção sobre a responsabilidade das pessoas jurídicas prestadoras de serviços públicos, por seus atos comissivos, frente aos usuários do serviço e aos terceiros não-usuários.

Entendemos que a responsabilidade dessas pessoas por atos comissivos é sempre objetiva, independentemente de sua conduta lesiva ter atingido um usuário do serviço ou um terceiro.

Neste sentido, Weida Zancaner afirma: "Importante esclarecer que a Constituição não prescreve que o lesado, para lograr a responsabilidade objetiva do prestador do serviço, seja usuário".[19]

Assim, tal qual já o fez a professora, dissentimos da decisão proferida pela 2ª Turma do STF no RE 302.622-4, em que se assentou o seguinte: "A responsabilidade civil das pessoas jurídicas de direito privado prestadoras de serviço público é objetiva relativamente aos usuários do serviço, não se estendendo a pessoas outras que não ostentem a condição de usuário".[20]

In casu, transeunte foi atropelado por ônibus de empresa concessionária de serviço público e, embora tenha ocorrido uma lesão antijurídica em decorrência da prestação de um serviço público, não foi conferida a responsabilização objetiva da concessionária, sob o argumento de que o pedestre não era usuário.

Ora, se a Constituição Federal não fez este discrímen, tanto que utilizou o termo "terceiros", e não "usuários", não caberia ao intérprete restringir o alcance de sua previsão, sob pena de violação do preceito constitucional.

18. Celso Antônio Bandeira de Mello, *Curso de Direito Administrativo*, cit., 26ª ed., pp. 1.020-1.032.
19. Weida Zancaner, "Responsabilidade do Estado, serviço público e os direitos dos usuários", in Juarez Freitas (org.), *Responsabilidade Civil do Estado*, São Paulo, Malheiros Editores, 2006, pp. 351.
20. Idem, ibidem, nota de rodapé 24.

Assim, vê-se que a responsabilidade da prestadora de serviço público por seus atos comissivos é sempre objetiva, não importando quem seja o prejudicado.

Fechamos o parêntese.

O segundo tipo é a *responsabilidade subjetiva do Estado* (e das pessoas jurídicas de direito privado prestadoras de serviço público) pelos danos que decorrerem de sua omissão. Neste caso há necessidade de se perquirir a *faute du service*; ou seja, independentemente de culpa individual do agente, deve-se verificar se o serviço, devendo funcionar, (i) não funcionou, (ii) funcionou mal ou (iii) funcionou tardiamente.

O último tipo de responsabilização é a do agente faltoso, em que o Estado, embora responsável pelos danos que seus agentes causarem, tem assegurada a ação de regresso para obter ressarcimento do servidor que violou a ordem jurídica e onerou os cofres públicos com seu comportamento.

Como bem adverte Juarez Freitas,[21] o Estado tem o inafastável dever de promover a ação regressiva se estiverem presentes a culpa ou o dolo. Isto porque não há um poder de sancionar, mas sim um dever-poder de aplicar a sanção.

Cumpre destacar que o Estado só responderá se o funcionário estiver no desempenho de sua função, cargo ou emprego públicos; caso contrário estar-se-á diante de situação em que há culpa exclusiva de terceiro, não havendo, portanto, responsabilização estatal pelo dano causado.

Se estiver no exercício de suas atribuições públicas a responsabilidade do agente é subjetiva, ou seja, o Estado tem que provar a culpa ou dolo do funcionário.

Ainda, é pressuposto para que o Estado possa obrigar o agente faltoso a ressarci-lo a existência de condenação estatal sujeitando-o a indenizar a vítima por conta de ato lesivo do agente.

Estamos integralmente com Oswaldo Aranha Bandeira de Mello[22] ao afirmar que o lesado tem a faculdade de propor ação de indenização contra o agente, contra o Estado ou contra ambos, como responsáveis solidários, nos casos de dolo ou culpa.

21. Juarez Freitas, "Responsabilidade civil do Estado e o princípio da proporcionalidade: vedação de excesso e de inoperância", in Juarez Freitas (org.), *Responsabilidade Civil do Estado*, São Paulo, Malheiros Editores, 2006, p. 172.
22. Oswaldo Aranha Bandeira de Mello, *Princípios Gerais de Direito Administrativo*, cit., vol. II, pp. 481-482.

É certo que para a vítima o caminho mais fácil é o da teoria objetiva, em que há apenas a necessidade de se provar o nexo de causalidade entre a conduta estatal e o dano. Mas esta teoria só impera diante do Estado. Sendo assim, a proposição da ação somente contra o agente ou contra o agente e o Estado acarretaria, para o autor, a necessidade de provar a culpa individual do servidor – o que poderia tornar o processo mais lento e gravoso para o prejudicado.

Em síntese, de acordo com a interpretação que adotamos do art. 37, § 6º, da Lei Maior, a responsabilidade será: (i) *objetiva*, se se estiver diante de comportamento ativo do Estado que cause dano a terceiro, e (ii) *subjetiva*, se o dano tiver sido causado por omissão estatal, sendo que o Estado tinha o dever legal de impedir a ocorrência do evento danoso.

Com efeito, o art. 37, § 6º, da CF textualmente afirma que o Estado responderá pelos danos que seus agentes, nesta qualidade, *causarem* a terceiros. Isto quer dizer que o dispositivo exige uma atuação positiva para que se possa admitir a responsabilidade objetiva.

Diógenes Gasparini explana a teoria: "O texto constitucional em apreço exige para a configuração da responsabilidade objetiva do Estado uma ação do agente público, haja vista a utilização do verbo 'causar' ('causarem'). Isso significa que se há de ter por pressuposto uma atuação do agente público e que não haverá responsabilidade objetiva por atos omissivos".[23]

No caso de omissão estatal, para que possa haver responsabilização é necessário que a inação dê ensejo a uma conduta ilícita.

De fato, se o Estado só age quando a lei obriga sua atuação, a omissão passível de responsabilização é aquela considerada ilícita – isto é, o Estado deveria agir e não agiu –, sendo, portanto, necessária a aferição de dolo ou culpa.

Isto porque, se o Estado não agiu, não pode ser ele causador do dano; e, se não causou o dano, não pode ser por ele responsabilizado, salvo se fosse, de direito, obrigado a impedir o evento danoso. É esta a razão da necessidade da presença da *culpa do serviço* para que se possa caracterizar a ilicitude estatal.

Solução diversa, adotando a responsabilidade objetiva na inação estatal, conduziria a absurdos, pois, "ante qualquer evento lesivo causado por terceiro, como um assalto em via pública, uma enchente qualquer,

---

23. Diógenes Gasparini, *Direito Administrativo*, 9ª ed., São Paulo, Saraiva, 2004, p. 886.

uma agressão sofrida em local público, o lesado poderia sempre argüir que o 'serviço não funcionou'. A admitir-se a responsabilidade objetiva nestas hipóteses, o Estado estaria erigido em segurador universal!"[24] (grifamos).

Do exposto, vê-se que a regra do art. 37, § 6º, do texto constitucional é: o Estado e as pessoas jurídicas de direito privado prestadoras de serviços públicos respondem *objetivamente* pelos danos causados a terceiros por atos comissivos (lícitos ou ilícitos) e *subjetivamente* pelos danos gerados por sua omissão (sempre ilícita).[25]

V-5 Do dano indenizável

9. Celso Antônio[26] explica que só nasce para o Estado o dever de indenizar quando estiverem presentes dois traços necessários para a caracterização do dano.

O primeiro é que o dano deve lesar um *direito* da vítima, não bastando a existência de mero dano econômico. Assim, deve estar presente "um agravo a algo que a ordem jurídica reconhece como garantido em favor de um sujeito".[27]

É como bem acentuou Romeu Felipe Bacellar Filho: o bem ou interesse questionado deve estar juridicamente protegido, "de modo a impedir que o ressarcimento possa abranger bens oriundos de comportamentos reprováveis, ou interesses considerados escusos de acordo com o conjunto normativo".[28]

---

24. Celso Antônio Bandeira de Mello, *Curso de Direito Administrativo*, cit., 26ª ed., p. 1.005.
25. Não podemos deixar de referir, contudo, que a maior parte da doutrina adota a responsabilização objetiva do Estado, tanto na ação quanto na omissão. V., a propósito: Hely Lopes Meirelles, *Direito Administrativo Brasileiro*, cit., 35ª ed., pp. 660 e ss.; Amaro Cavalcanti, *Responsabilidade Civil do Estado*, Rio de Janeiro, Laemmert & Cia. Editores, 1905, p. 284; Edmir Netto de Araújo, *Curso de Direito Administrativo*, cit., pp. 732-734; Maria Sylvia Zanella Di Pietro, *Direito Administrativo*, 20ª ed., São Paulo, Atlas, 2007, pp. 570-572; Diogo de Figueiredo Moreira Neto, *Curso de Direito Administrativo*, 14ª ed., Rio de Janeiro, Forense, 2005, pp. 588-589; Weida Zancaner, *Da Responsabilidade Extracontratual da Administração Pública*, São Paulo, Ed. RT, 1981, pp. 57-69; bem como o inovador trabalho de Juarez Freitas, "Responsabilidade civil do Estado e o princípio da proporcionalidade: vedação de excesso e de inoperância", vit., in Juarez Freitas (org.), *Responsabilidade Civil do Estado*, pp. 170-197.
26. Celso Antônio Bandeira de Mello, *Curso de Direito Administrativo*, cit., 26ª ed., p. 1.010.
27. Idem, p. 1.011.
28. Romeu Felipe Bacellar Filho, *Direito Administrativo e o Novo Código Civil*, cit., p. 236.

Isto não implica dizer que apenas as condutas ilícitas geram danos indenizáveis, mas sim que somente serão indenizados os danos "ilegítimos", ou seja, aqueles que agravam um direito, independentemente de serem provenientes de condutas lícitas ou ilícitas. Com isto, vê-se que o foco está concentrado sobre o dano, e não sobre a conduta.

Cumpre igualmente ressaltar que a indenização abrange, consoante o art. 5º, X, da Constituição de República, os danos morais e os danos materiais.

Aliás, a Súmula 37 do STJ já deixou assentado que "são cumuláveis as indenizações por dano material e dano moral oriundos do mesmo fato".

Assim, o ressarcimento poderá recair sobre (i) danos materiais, (ii) danos morais ou (iii) danos materiais e morais.

O outro ponto necessário para a qualificação do dano é que ele seja certo, real, não eventual. Isto quer dizer que se exige a certeza da ocorrência do evento, embora possa ser ele atual ou futuro.

Nos danos oriundos de atividades lícitas da administração Celso Antônio[29] agrega, além da necessidade de lesão jurídica e certeza do dano, dois outros elementos necessários para que haja reparação, quais sejam: a especialidade e a anormalidade.

O dano é especial quando recai sobre um ou alguns indivíduos, não sendo, pois, uma lesão genérica, disseminada pela coletividade; ao passo que dano anormal é "aquele que supera os meros agravos patrimoniais pequenos e inerentes às condições de convívio social".[30]

Em resumo, serão indenizáveis (i) os danos, oriundos de condutas ilícitas comissivas ou omissivas,[31] que consistirem em um agravo a direito da vítima e forem dotados de certeza; e (ii) os danos decorrentes de atividades lícitas que, além de certos e ofensivos a direito do lesado, forem anormais e especiais.

V-6 Da responsabilidade do Estado pela omissão na prestação dos serviços públicos concretizadores dos direitos sociais

10. Consoante explanado acima, o Estado responde subjetivamente pela omissão causadora de dano ao particular, desde que seja legalmente exigida sua atuação.

---

29. Celso Antônio Bandeira de Mello, *Curso de Direito Administrativo*, cit., 26ª ed., p. 1.013.
30. Idem, ibidem.
31. Lembre-se que a responsabilidade por inação do Estado depende sempre da ilegitimidade da omissão.

Pois bem, no que tange aos serviços públicos de educação, saúde, acesso ao trabalho, oferecimento de moradia, lazer, segurança (seguridade social), previdência social, proteção à maternidade e à infância e assistência social o Estado tem o inarredável dever de fornecê-los, até porque, como visto, trata-se de direitos subjetivos públicos do cidadão, com proteção reforçada, por serem cláusulas pétreas.

A negativa em prestar tais serviços constitui, pois, violação da ordem jurídica, razão pela qual o Estado responde, com fundamento na *faute du service*, pelos danos materiais e morais que sua inação causou ao particular.

Lembre-se que o ônus da prova é, via de regra, do Estado, pois, como dito, impera a presunção estatal da culpa. Sendo assim, para isentar-se de responsabilidade, incumbe ao Estado provar que o serviço estava à disposição do indivíduo e este não se utilizou dele porque não quis.

Esta parece ser a única forma de o Estado não responder na hipótese vertente, já que não é possível alegar a inexistência do dever legal de agir, pois os serviços públicos que efetivam os direitos sociais são deveres constitucionalmente impostos ao Estado, não podendo se eximir de sua prestação.

Ademais, é indubitável que o não-oferecimento dos serviços públicos que materializam os direitos sociais causa danos àqueles que deles necessitam, razão pela qual o particular tem direito de exigir, em juízo, as indenizações material e moral a que fizer jus, bem como de obrigar o Estado a lhe fornecer a prestação devida ou a arcar com os valores decorrentes desta prestação em instituição privada.

Assim, por exemplo, a omissão estatal no oferecimento da educação infantil causa indiscutível dano moral à criança, que ficará sem o adequado desenvolvimento cultural. Neste caso, o responsável pela criança[32] poderá ingressar em juízo para exigir que o Estado, cumulativamente, (i) a indenize moralmente e (ii) a coloque em uma vaga na rede pública; ou, não havendo possibilidade de colocá-la em rede oficial de ensino, por tal ou qual motivo, (iii) seja obrigado a custear as mensalidades de uma escola particular.

Diante disto, vê-se que a omissão na prestação dos serviços concretizadores dos direitos sociais enseja responsabilização estatal, fun-

---

32. O CPC dispõe, em seu art. 8º: "Os incapazes serão representados ou assistidos por seus pais, tutores ou curadores, na forma da lei civil".

damentada na *faute du service*, pelos danos morais e materiais causados aos particulares.

V-7 Da responsabilidade do Estado pelos danos causados na prestação dos serviços públicos concretizadores dos direitos sociais

11. Quanto aos danos causados pela prestação inadequada dos serviços públicos – ou seja, danos oriundos de condutas comissivas do Estado –, a responsabilização é objetiva.

Isto quer dizer que basta a demonstração do nexo de causalidade entre a atuação estatal e o dano causado para que haja a responsabilização estatal, sendo desnecessário, portanto, perseguir a culpa do agente ou do serviço.

Assim, se, durante uma intervenção cirúrgica, o médico do Estado esquece um bisturi dentro do corpo do operado e este vem a falecer, há responsabilidade estatal objetiva, cabendo indenização por danos morais e materiais à família do paciente.

É claro que o Estado tem o dever de responsabilizar o médico por sua atuação negligente, mas isto não tem o condão de postergar a indenização devida aos lesados.

Neste sentido, assiste razão a Weida Zancaner[33] quando sustenta que em uma ação impetrada pelo lesado contra o Estado não cabe denunciação à lide do agente faltoso, pois isto importaria a fusão, em um mesmo processo, de assuntos relacionados à responsabilidade objetiva e à responsabilidade subjetiva.

A conjugação de assuntos tão díspares procrastinaria o feito, causando sérios prejuízos ao autor, já que "o reconhecimento de um legítimo direito da vítima" dependeria da "solução de um outro conflito intersubjetivo de interesses (entre o Estado e o funcionário)", totalmente alheio ao direito do autor, retardando injustificadamente o recebimento da indenização a que faz jus.[34]

Logo, o Estado responde objetivamente pelos danos causados por suas condutas comissivas, o que inclui a prestação inadequada dos serviços públicos de educação, saúde, acesso ao trabalho, oferecimento de moradia, lazer, segurança (segurança social), previdência social, proteção à maternidade e à infância e assistência social.

---

33. Weida Zancaner, *Da Responsabilidade Extracontratual da Administração Pública*, cit., p. 64.
34. Idem, p. 65.

V-8 Da responsabilidade pela má prestação dos serviços que forem fomentados pelo Estado

V-8.1 Da responsabilidade das entidades do Terceiro Setor

12. Em primeiro lugar, cumpre ressaltar que o Estado não é responsável pela má prestação dos serviços que fomenta, salvo em uma única hipótese, que será tratada adiante.

Assim, se uma entidade particular que serve desinteressadamente à coletividade, não cobrando remuneração pelo fornecimento de seus serviços, lesa um indivíduo, por ação ou omissão, caberá exclusivamente a ela responder, nos termos da lei civil, pelos danos que causou.

Isto porque, se não foi o Estado a agir, não pode ser ele responsabilizado pela atuação dos outros, ainda que tenha concedido auxílio financeiro de forma direta ou indireta.

O Estado, portanto, não responde, em hipótese alguma, pelos danos que a entidade beneficente causar. Não há nem mesmo responsabilidade estatal subsidiária, já que a entidade é totalmente alheia à máquina estatal, bem como não se trata de prestadora de serviço público.

Com efeito, já vimos em capítulo anterior que a entidade beneficente presta um serviço de interesse coletivo, mas não um serviço público, haja vista que tais serviços (i) são abertos à iniciativa privada e (ii) não estão impregnados pelo substrato formal necessário à caracterização de um serviço como público, isto é, não se submetem ao regime jurídico de direito público.

Destarte, o serviço prestado pela entidade particular é regido pelo direito privado, não sendo, pois, exclusivo do Poder Público.

Assim sendo, a entidade do Terceiro Setor que não cobrar remuneração pela contraprestação de seus serviços, a nosso ver, responde nos termos do art. 927 do CC, que dispõe: "Aquele que, por ato ilícito (arts. 186 e 187), causar dano a outrem, fica obrigado a repará-lo".

Trata-se de responsabilidade subjetiva – e, portanto, o lesado terá que fazer a prova do dolo ou culpa para ser ressarcido. Não havendo culpa ou dolo, não haverá qualquer responsabilidade.[35]

Outrossim, cumpre destacar que não se está diante de responsabilidade regida pelo Código de Defesa do Consumidor (Lei 8.078/1990), uma

---

35. Maria Helena Diniz, *Curso de Direito Civil Brasileiro*, 7º vol., São Paulo, Saraiva, 2003, p. 40.

vez que a relação entre a entidade filantrópica e o cidadão (que se utiliza dos seus serviços) não é de consumo, haja vista inexistir (i) remuneração por tais serviços,[36] ao menos no que tange ao necessitado; (ii) finalidade lucrativa; e (iii) atividade mercantil.[37]

Se a entidade cobrar pela utilização dos serviços, ainda que sem finalidade lucrativa, estar-se-á diante de uma relação consumerista – e, portanto, aplicar-se-ão as disposições constantes do Código de Defesa do Consumidor.

Se, entretanto, nenhum valor for cobrado do usuário, a responsabilidade da entidade, pelos danos causados, será aquela disposta na lei civil.

Desta forma, vê-se que essas entidades do Terceiro Setor respondem, frente aos cidadãos que utilizam dos seus serviços, nos termos do Código Civil, não sendo em hipótese alguma amparadas pelo Estado, quer solidária, quer subsidiariamente.

V-8.2 Da responsabilidade das organizações sociais pela má prestação dos seus serviços

13. Ao contrário das demais entidades do Terceiro Setor, a responsabilidade das organizações sociais frente aos danos que causarem a terceiros não é subjetiva e nem é regida pela legislação civil ou consumerista.

Estamos, pois, com Cristiana Fortini,[38] que entende ser objetiva a responsabilidade das organizações sociais, nos termos do art. 37, § 6º, da CF.

36. Veja-se que o art. 3º, § 2º, do CDC estabelece que o serviço, na relação de consumo, é "qualquer atividade fornecida no mercado de consumo, *mediante remuneração*, inclusive as de natureza bancária, financeira, de crédito e securitária, salvo as decorrentes das relações de caráter trabalhista" (grifamos).
37. Embora os serviços públicos também possam ser dotados destas três características – (i) inexistência de remuneração, (ii) finalidade não-lucrativa e (iii) atividade não mercantil –, o Código do Consumidor a eles se aplica por força do art. 22 e seu parágrafo único, que dispõem:
"Art. 22. Os órgãos públicos, por si ou suas empresas, concessionárias, permissionárias ou sob qualquer outra forma de empreendimento, são obrigados a fornecer serviços adequados, eficientes, seguros e, quanto aos essenciais, contínuos.
"Parágrafo único. Nos casos de descumprimento, total ou parcial, das obrigações referidas neste artigo, serão as pessoas jurídicas compelidas a cumpri-las e a reparar os danos causados, *na forma prevista neste Código*" (grifamos).
38. Cristiana Fortini, "Organizações sociais: natureza jurídica da responsabilidade civil das organizações sociais em face dos danos causados a terceiros", *Revista Interesse Público* 38/113-121, Porto Alegre, Notadez, julho-agosto/2006.

Acompanhando integralmente as lições da professora, reproduziremos brevemente seu raciocínio.

As entidades que receberem o qualificativo de organizações sociais deverão, consoante o art. 1º da Lei 9.637/1998, desempenhar ao menos uma das seguintes atividades: saúde, educação, pesquisa científica, desenvolvimento tecnológico, proteção e preservação do meio ambiente e cultura.

Esses serviços não são exclusivos do Estado, estando, pois, abertos à iniciativa privada.

Assim, quando se está diante de uma escola particular não se depara com a prestação de serviço público, pois essas pessoas privadas não agem como substitutas do Estado. "O estudante quando ali se dirige não objetiva encontrar o Estado no outro lado da relação."[39]

Logo, para essas pessoas privadas não se poderia aplicar a responsabilidade consagrada pelo art. 37, § 6º, da CF, pois sua atuação não visa a substituir o Estado, embora seja evidente o interesse público no sentido de que a atividade seja prestada de forma satisfatória.

É diversa, contudo, a situação das organizações sociais.

Com efeito, a organização social trava um contrato de gestão com o Estado, em que este é, muitas vezes, o provedor integral da atividade fomentada.

De fato, por meio da atividade de fomento, as organizações sociais recebem recursos, servidores e bens móveis e imóveis do Poder Público, a fim de cumprir as metas definidas no contrato de gestão. Ou seja, o Estado dá os fins e os meios para que o particular possa desempenhar a atividade objeto daquela avença.

Além disso, os arts. 18 e ss. da Lei 9.637/1998 permitem que as organizações sociais absorvam um órgão ou uma pessoa estatal e passem a desempenhar por conta própria aquela atividade, valendo-se dos meios físicos e materiais das entidades absorvidas.[40]

Diante disto, Cristiana Fortini questiona: "Qual a razão de tamanha 'boa vontade estatal'?".[41]

---

39. Idem, p. 117.
40. Não reproduziremos as inconstitucionalidades da Lei 9.637/1998, porquanto já foram tratadas no capítulo anterior.
41. Cristiana Fortini, "Organizações sociais: natureza jurídica da responsabilidade civil das organizações sociais em face dos danos causados a terceiros", cit., *Revista Interesse Público* 38/118.

E responde: a justificativa reside no fato de que a organização social não se iguala à escola particular citada acima.

A distinção existe porque a organização social age como se o Estado ali estivesse, substituindo-o no desempenho dos serviços de saúde, educação, pesquisa científica, desenvolvimento tecnológico, proteção e preservação do meio ambiente e cultura.

Tanto a organização social atua no lugar do Estado que, acrescendo ao pensamento de Cristiana Fortini, destacamos a possibilidade de a organização social ostentar o símbolo designativo da entidade pública que tiver absorvido, nos termos do art. 22 da Lei 9.637/1998.

Assim, se o Estado oferece toda a estrutura necessária ao funcionamento da organização social, mediante o fornecimento de bens, servidores e recursos orçamentários, não há como enquadrá-la no mesmo rol das demais pessoas jurídicas de direito privado que desempenham serviços da mesma natureza com meios próprios e eventual subsídio financeiro do Estado.

Cumpre relembrar, outrossim, que o conselho de administração da organização social é composto por membros natos advindos do Poder Público, na proporção de 20% a 40% – o que remarca a forte presença do Estado na condução da entidade, o mesmo não ocorrendo com as demais entidades beneficentes.

Ainda, cabe ressaltar que as organizações sociais estão sujeitas aos princípios da legalidade, impessoalidade, moralidade, publicidade e economicidade, o que não guarda paralelo com outras entidades que atuam no Terceiro Setor.

Assim, quando uma organização social atua na área do ensino não se está diante de uma entidade particular, mas sim de uma pessoa que age no lugar do Estado, com bens, recursos e servidores estatais.

O influxo do regime de direito público é, portanto, inevitável, restando clara a diferença substancial entre estas organizações e as demais entidades do Terceiro Setor.

Embora reconheçamos que a criação das organizações sociais visou justamente à "fuga" da disciplina jurídica administrativa, este objetivo não foi alcançado, haja vista a intensa relação existente entre o Estado e tais entidades, que – repita-se – substituem a atuação estatal.

Diante da situação *peculiar* em que se encontram as organizações sociais, Cristiana Fortini concluiu que "a regência publicista estaria a exigir que a responsabilidade de tal entidade fosse guiada pelo disposto no art. 37, § 6º, da Constituição da República".[42]

No mesmo sentido, Marçal Justen Filho afiançou: "Suponha-se que um paciente sofra dano nas instalações de um hospital transferido a organização social através de contrato de gestão. Não é cabível negar a aplicação do regime da responsabilidade civil de direto público em favor do paciente. Em suma, *as regras acerca da responsabilidade civil contidas no art. 37, § 6º, da CF/1988 serão aplicáveis no curso da atividade desenvolvida pela organização social*. O contrato de gestão não pode eliminar os direitos de que os usuários seriam titulares, sempre que a atuação da organização social seja substitutiva da estatal"[43] (grifamos).

Não obstante isso, uma primeira leitura do art. 37, § 6º, da Constituição da República poderia colocar em xeque esse raciocínio.

Com efeito, a responsabilidade ali prevista decorre de ato (i) de pessoa jurídica de direito público ou (ii) de pessoa jurídica de direito privado prestadora de serviço público.

Ocorre que a conduta praticada pelas organizações sociais não poderia ser encartada na primeira hipótese do art. 37, § 6º, da Constituição da República, pois essas entidades têm natureza jurídica de direito privado. Do mesmo, não se poderia enquadrá-las como pessoas jurídicas de direito privado prestadoras de serviços públicos.

Deveras, não há falar em prestação de serviços públicos pelas organizações sociais, porquanto as atividades por elas desempenhadas não são serviços exclusivos do Estado, isto é, os que só poderiam ser prestados por particular quando seu exercício lhe fosse transferido, por meio de concessão, permissão ou autorização, após licitação pública, nos termos do art. 175 da Lei Maior.

Como já explanado, os serviços prestados pelas organizações sociais estão abertos à livre iniciativa; logo, não são de titularidade exclusiva do Estado. Ainda, saliente-se que a organização social não se submete a processo licitatório para receber do Estado o aparato necessário ao desempenho da atividade de cunho social,[44] demonstrando, de forma clara, que não se está diante da prestação de serviços públicos.

---

42. Idem, p. 120.
43. Marçal Justen Filho, *Comentários à Lei de Licitações e Contratos Administrativos*, 9ª ed., São Paulo, Dialética, 2002, p. 34.
44. Consoante explicado no capítulo anterior, a não-abertura de processo concorrencial para que a entidade qualificada como organização social possa receber bens e servidores públicos viola os princípios da isonomia e da moralidade administrativa.

Como, então, sustentar que, na hipótese vertente, a responsabilidade do art. 37, § 6º, da Constituição da República é aplicável às organizações sociais? Por não encontrarmos na doutrina resposta a esse questionamento, formulamos a seguinte proposição.

Os princípios basilares da hermenêutica assinalam que o intérprete não se deve prender à letra da lei, mas sim ao seu espírito. Deve-se, pois, procurando a intenção que animou sua inserção na ordem jurídica, projetar seus efeitos para hipóteses que nem ao menos poderiam ser imaginadas no momento de sua criação.

Isso por uma razão muito simples: o legislador pretende regular uma dada situação a partir de fatos que dele são conhecidos.

Criada a regra de Direito, ela se desprende da vontade do legislador e ganha vida própria. No entanto, a finalidade que animou sua criação se perpetua de modo indelével. Isso justifica e embasa a denominada interpretação teleológica.

Logo, uma situação fática não conhecida ou impraticável à época de criação de uma regra jurídica poderá ser por ela disciplinada, se for abarcada em seu espírito.

Imaginando hipótese inversa, mas que adota idêntica premissa, Black, em sua obra sobre a interpretação das leis, enfatiza que: "Uma lei deve ser interpretada em consonância com seu espírito e razão; as Cortes têm poder para declarar que um caso conformado à letra da lei não é por ela alcançado quando não esteja conformado ao espírito e à razão da lei e da plena intenção legislativa".[45]

Assim, quando os constituintes conceberam a responsabilidade extracontratual do Estado tomaram em consideração as formas do exercício das atividades estatais existentes à época.

Ocorre que a figura *sui generis* da organização social não poderia, evidentemente, ter sido expressamente contemplada no texto constitucional, pois ela simplesmente não existia, surgindo somente 10 anos após a promulgação da Constituição de 1988.

Todavia, como a teleologia do art. 37, § 6º, pretende responsabilizar objetivamente as pessoas que atuam no lugar do Estado, só se pode concluir que essa nova figura jurídica (das organizações sociais) passou, implicitamente, a ser responsabilizada nos termos desse dispositivo.

---

45. Henry Campbell Black, *Handbook on the Construction and Interpretation of the Laws*, St. Paul, Minn., West Publishing Co., 1896, p. 48.

Assim, todo aquele que agir em substituição ao Estado responderá objetivamente pelos danos que causar, já que é esta a intelecção a ser feita a partir do art. 37, § 6º, da CF.

Eis, em nossa opinião, a razão que justifica a responsabilização objetiva das organizações sociais nos termos do art. 37, § 6º, da CF de 1988.

Ademais, essa nossa convicção é reforçada, dado que a posição jurídica do usuário não pode ser debilitada pela transferência dessa atividade à organização social.

Isto porque, se o serviço fosse prestado diretamente pelo Estado ou por pessoa jurídica de direito privado por ele habilitada, o cidadão estaria assegurado de forma ampla pela responsabilização objetiva, já que, para ser ressarcido, apenas deveria provar o nexo de causalidade entre a conduta estatal e o dano dela decorrente, sem a necessidade de comprovação da culpa.

Logo, se o Estado resolve entregar bens, servidores e recursos públicos nas mãos de entidade privada com o fito de se desincumbir de atividade que lhe foi constitucionalmente imposta, esta transferência não poderá prejudicar o usuário do serviço.

Assim, se a organização social, por meio de seus agentes (oriundos do Poder Público ou não), causar danos a terceiro, este não terá a obrigação de perquirir a culpa, seja a do servidor, seja a do serviço, em razão de não ser possível imputar à vítima situação mais gravosa que aquela prevista no texto constitucional, que dispensa a prova da culpa para os atos estatais comissivos.

Em suma, aquele que age substituindo o Estado em seus misteres constitucionalmente impostos deverá ser responsabilizado da mesma forma que este seria se estivesse a prestar o serviço.

Diante do exposto, vê-se que a responsabilidade das organizações sociais é objetiva no que tange aos atos comissivos, e subjetiva na omissão, recebendo, portanto, o mesmo tratamento que é dado ao Estado e às pessoas jurídicas de direito privado prestadoras de serviço público frente aos danos que causarem a terceiros.

V-8.3 Da responsabilidade estatal frente aos danos causados pelos serviços prestados pelas organizações sociais

14. A situação peculiar das organizações sociais não recai apenas sobre sua responsabilidade, que, como dito, ao contrário das demais entidades do Terceiro Setor, é objetiva, nos termos do art. 37, § 6º, da CF.

Com efeito, enquanto o Estado não responde ante os danos causados pelas entidades do Terceiro Setor, o mesmo não ocorre frente às lesões surgidas em decorrência das atividades das organizações sociais.

Assim, o Estado responde ante todos os danos causados pelas organizações sociais.

Sílvio Luís Ferreira da Rocha[46] adota posição mais restritiva que a nossa, e afirma que o Estado só responderá pelos danos causados pelas organizações sociais em duas hipóteses: (i) a lesão ter sido oriunda de ato praticado por agente público cedido à organização social e (ii) a Administração Pública tiver se omitido na fiscalização das atividades dessas entidades.

No primeiro caso o autor afirma que a cessão de servidores não elimina o vínculo existente entre a Administração e o agente. Nas suas palavras: "Há responsabilidade da Administração por atos que o agente (servidor ou empregado) cedido à organização social venha a cometer e que causem danos a terceiros, *ainda que estes atos tenham sido praticados conforme a orientação recebida da organização social* a que o servidor está submetido. Existe nesta hipótese responsabilidade *solidária* entre a organização social e o Poder Público" (grifamos).

Assim, além de ser solidária, a responsabilidade do Estado, neste caso, seria objetiva.

Já na hipótese de omissão causadora de dano a responsabilidade estatal seria subsidiária e subjetiva, sendo necessária, portanto, a prova da negligência estatal.

Fora destas hipóteses, o Estado, segundo o professor, não responde pelos atos das organizações sociais.

Ousamos discordar da respeitável opinião do Mestre, entendendo que o Estado tem responsabilidade por todos os atos das organizações sociais que causarem danos a terceiros, cabendo, evidentemente, ação de regresso contra o causador dos danos, nos casos de dolo ou culpa.

Isto porque, se o Estado deveria ser o encarregado de prestar os serviços que "repassou" para as organizações sociais, não pode se eximir de dever que era, na verdade, seu próprio encargo.

Ora, a transferência de atribuições estatais às organizações sociais não pode ter o condão de exonerar o Estado da sua responsabilidade, premiando, desta forma, este comportamento "liberatório". Se assim fosse, bastaria

---

46. Sílvio Luís Ferreira da Rocha, *Terceiro Setor*, 2ª ed., São Paulo, Malheiros Editores, 2006, pp. 185-188.

que o Estado transferisse todas as suas atividades às organizações sociais para que não respondesse mais por conduta alguma de sua alçada.

Igualmente, nossa interpretação teleológica do art. 37, § 6º, da CF conduz, necessariamente, a esta conclusão, já que albergamos dentro deste dispositivo as organizações sociais.

Além disto, também não admitimos a hipótese de responsabilidade solidária entre a Administração e a organização social, já que os atos causadores de danos provêm diretamente da organização social, e não do Estado; e esta, como se sabe, é alheia à estrutura administrativa.

À falta de legislação específica, o CC reforça nossa posição quando aduz, em seu art. 265, que a solidariedade não se presume, decorre de lei ou da vontade das partes.

Assim, se inexiste lei ou contrato que obrigue a solidariedade entre as partes, não vislumbramos a possibilidade de existir co-responsabilidade entre o Estado e a organização social.

Para nós, a responsabilidade estatal é subsidiária e abrange todas as hipóteses de atos causadores de danos praticados pelas organizações sociais.

Quadra, pois, com perfeição, a observação feita por Celso Antônio no que tange à responsabilidade das empresas estatais prestadoras de serviço público. Diz o autor: "É certo, entretanto, que o Estado, em caso de insolvência delas, responderá *subsidiariamente* pelos débitos que tenham. Isto porque, tratando-se de sujeito prestador de serviços públicos ou obras públicas, *atividades que lhe são típicas, é natural que, exaustas as forças do sujeito que criou para realizá-las, responda pelos atos de sua criatura, já que esta não tem mais como fazê-lo*"[47] (grifamos).

Assim, embora o professor não tenha aplicado seu raciocínio à figura das organizações sociais, outra não poderia ser a conclusão tomada, se utilizada a intelecção que fizemos do art. 37, § 6º, da CF.

Logo, apenas depois de esgotadas as forças da organização social é que o Estado responderia pelos danos causados por estas entidades.

Quanto aos danos causados em decorrência da omissão na fiscalização estatal, estamos com Sílvio Luís Ferreira da Rocha.[48] Neste caso, o Estado responde subjetivamente pelos danos que a ausência de fiscalização vier a causar.

---

47. Celso Antônio Bandeira de Mello, *Curso de Direito Administrativo*, cit., 26ª ed., p. 206.
48. Sílvio Luís Ferreira da Rocha, *Terceiro Setor*, cit., 2ª ed., p. 187.

Isto porque há um *dever* do Estado de fiscalizar o exercício de atividades que envolvam a utilização dos recursos públicos.

Se um dever de realização de conduta estatal (consistente em um fazer) não for cumprido, essa omissão será ilícita e, assim sendo, caberá responsabilização pelos danos dela decorrentes.

Diante do exposto, entendemos que o Estado responde subsidiariamente por todos os danos causados pelas organizações sociais, já que esta é a intelecção a ser adotada frente ao disposto no art. 37, § 6º, da CF.

Conclusões

1. A Constituição de 1988 adotou o modelo de um Estado Social e Democrático de Direito, especialmente preocupado com a realização da justiça social.

2. O Estado Brasileiro tem o dever de fornecer os direitos denominados sociais, que em nossa CF encontram-se albergados no art. 6º.

3. Para poder assegurar o adequado fornecimento dos direitos sociais o Estado tem o dever de intervir na ordem social.

4. O Estado, quando intervém na ordem social, tem como metas a serem obrigatoriamente alcançadas o bem-estar social e a justiça social.

5. Não somente a ordem social, mas também a ordem econômica está voltada para a realização da justiça social – e, conseqüentemente, a concretização de um Estado Social.

6. Considerando que a intervenção do Estado na ordem social tem por finalidade efetivar os direitos sociais previstos no art. 6º da Carta Maior, tem-se que esta se dá por meio das seguintes atividades: (i) prestação de serviços públicos de educação, seguridade social, saúde, assistência social, previdência social, moradia, lazer, acesso ao trabalho e proteção à maternidade e à infância; e (ii) fomento de particulares que atuam no denominado Terceiro Setor.

7. Os direitos sociais têm efetividade máxima, pois a CF de 1988 estabeleceu, no § 1º do art. 5º, que: "As normas definidoras dos direitos e garantias fundamentais têm aplicação imediata".

8. A aplicabilidade imediata dos direitos e garantias fundamentais afastou, de uma vez por todas, o viés programático que era dado a este tipo de norma.

9. A Constituição de 1988 erigiu ao *status* jurídico máximo os direitos sociais quando os colocou como "cláusulas pétreas" no art. 60, § 4º, IV.

10. Embora o art. 60, § 4º, da CF utilize a expressão "direitos e garantias individuais", faz-se necessário interpretação sistemática para incluir dentro desta locução também os direitos sociais (arts. 6º a 11), os direitos de nacionalidade (arts. 12 e 13) e os direitos políticos (arts. 14 a 17).

11. Ainda que não se incluam os direitos sociais na expressão "direitos e garantias individuais", há que se considerá-los como limites materiais implícitos à emenda constitucional.

12. Os direitos sociais insculpidos na Lei Fundamental constituem deveres jurídicos do Estado, do qual este não se pode desvencilhar. Deveres, estes, que se transmudam, *in concreto*, em direitos subjetivos públicos do cidadão à educação, à saúde, ao trabalho, à moradia, ao lazer, à segurança, à previdência social, à proteção à maternidade e à infância e à assistência aos desamparados, nos termos preconizados pelo art. 6º da CF.

13. A teoria da "reserva do possível" somente pode ser invocada quando a matéria em pauta não tenha relação com o mínimo existencial.

14. O mínimo existencial corresponde àquele núcleo essencial que deve ser assegurado para que o cidadão viva com um padrão mínimo de dignidade.

15. Todos os direitos sociais têm um núcleo mínimo essencial atrelado à dignidade da pessoa humana, que deve ser assegurado pelo Estado, na medida em que se trata de dever constitucional.

16. A determinação do conteúdo exato do mínimo existencial enseja muitas dificuldades, o que nos leva a crer que sua delimitação precisa somente poderá ser realizada diante do caso concreto.

17. No tocante ao direito social à educação, a Constituição Federal assegura ser direito subjetivo público do cidadão: (i) a educação infantil; (ii) o ensino fundamental; (iii) a educação especializada aos portadores de deficiência; e (iv) o ensino fundamental oferecido no período noturno.

18. Se o Estado se negar a oferecer quaisquer dos "ensinos" acima mencionados, violará direito subjetivo público do cidadão, o que o autoriza a judicialmente pleitear (i) que lhe seja oferecida vaga em rede pública de ensino ou (ii) que o Estado arque com os valores referentes às mensalidades em escola particular, enquanto não lhe for possível ingressar em escola pública, bem como (iii) o pagamento de danos morais e materiais que, comprovadamente, tiverem sido causados pela negligência estatal.

19. O cidadão faz jus a um serviço público de saúde adequado, consistente na utilização de um tratamento individualizado e condigno, com atendimento médico e hospitalar, fornecimento de medicamentos, aplicação de vacinas e realização de exames das mais variadas espécies, em conformidade com os avanços da ciência médica e independentemente de sua situação financeira.

20. O Estado deve buscar todos os meios, dentro e fora do país, para garantia do mínimo existencial referente à saúde.

21. A negativa do Estado em prestar um serviço médico ou fornecer um medicamento para tratamento de cidadão necessitado confere a este o direito de ingressar em juízo e ver atendido seu pleito.

22. A omissão na prestação dos serviços de saúde bem como sua má prestação ensejam, pois, a responsabilização estatal pelas perdas e danos (materiais e morais) que sua atuação ou omissão tiver causado ao particular.

23. Apenas os segurados ou seus dependentes, quando atenderem às premissas da lei, têm direito ao recebimento do benefício previdenciário, e não todo e qualquer cidadão.

24. O Estado, para assegurar o mínimo existencial no tocante à previdência, tem o dever de, preenchidos os requisitos legais, conceder ao cidadão benefícios previdenciários em valores que permitam sua existência digna.

25. Se o Estado assim não proceder, o particular tem direito subjetivo público de exigir o cumprimento deste direito social em juízo, ficando o Estado responsável pelo pagamento do benefício bem como dos eventuais danos morais e materiais que sua omissão tiver causado ao cidadão.

26. A assistência social é direito do cidadão e dever do Estado, a ser efetivado gratuitamente, visando ao fornecimento dos mínimos existenciais para sobrevivência digna do indivíduo.

27. Para o recebimento do benefício assistencial a que alude o art. 203, V, do Texto Maior, o deficiente ou o idoso (i) devem fazer a prova de que a renda familiar *per capita* seja inferior a um quarto do salário mínimo, consoante prevê a LOAS, ou, ainda, (ii) demonstrar que não conseguem manter o próprio sustento, nem tê-lo provido pela sua família, nos termos constitucionalmente propostos.

28. A omissão ou a má prestação das atividades de assistência social, seja no tocante à concessão dos benefícios, seja por meio do fornecimento dos serviços, dão ensejo à responsabilização estatal, pela qual o cidadão lesado pode, em juízo, obrigar o Estado a agir adequadamente bem como ser indenizado pelos danos materiais e morais que este lhe tiver causado.

29. A proteção à maternidade constitucionalmente garantida engloba todos os aspectos necessários para que a mulher possa gerar ou adotar seus filhos, como saúde, amparo assistencial e garantia de trabalho após o parto ou a adoção.

30. Para assegurar a proteção à maternidade, o Estado tem, além de fiscalizar o cumprimento da legislação trabalhista pelos particulares, o dever de fornecer: (i) o salário-maternidade para as trabalhadoras filiadas à Previdência Social; (ii) o benefício eventual de auxílio à natalidade para as gestantes que dele necessitarem; (iii) assistência gratuita aos filhos e dependentes das trabalhadoras desde o nascimento até cinco anos de idade em creches e pré-escolas; e (iv) os exames do pré-natal e demais serviços necessários à saúde da gestante, de forma gratuita nos hospitais ou postos públicos.

31. O não-atendimento destas imposições constitucionais implica responsabilização estatal, conferindo direito à cidadã de ingressar em juízo pleiteando, conforme o caso, a concessão do benefício previdencial ou assistencial ou a obrigação do Estado de arcar (i) com as mensalidades de uma creche particular para a trabalhadora colocar sua criança ou (ii) com o pagamento dos exames pré-natal realizados em instituições privadas. Tudo isto acrescido, evidentemente, dos danos morais e materiais que forem decorrentes da omissão ou má prestação do Estado.

32. A Constituição determinou como *prioridade absoluta* a proteção das crianças e dos adolescentes.

33. O mínimo existencial que incumbe ao Estado no tocante à proteção da infância é assegurar, com absoluta prioridade, o amparo integral à criança, fornecendo-lhe saúde, com tratamento médico, hospitalar e odontológico, alimentação, educação, lazer, profissionalização, cultura, apoio psicológico, abrigo, assistência, programas de inserção social e benefícios previdenciários (quando for o caso).

34. A omissão ou negativa do Estado em cumprir seu dever constitucional de fornecer os direitos subjetivos da criança enseja sua responsabilização por danos morais e materiais causados bem como, conforme o caso, a obrigação de arcar com os custos dos serviços em entidades particulares, quando o serviço estatal não estiver à disposição do pequeno cidadão.

35. O lazer é também direito subjetivo público do cidadão, e foi constitucionalmente assegurado como tal por conta dos inúmeros benefícios de ordem psíquica, física e social que proporciona.

36. As atividades de lazer contribuem para integração social de adultos e crianças bem como combatem os fatores de marginalização, permitindo que pessoas carentes façam parte de alguma atividade recreativa, esportiva ou cultural que lhes possibilite, além da inclusão social, também o desfrute de um pouco de divertimento, dignificando suas vidas e auxiliando na construção de uma sociedade justa e solidária.

37. Há ampla discricionariedade por parte do Estado na escolha do tipo de lazer que este irá oferecer, não podendo o cidadão exigir que lhe seja fornecido um determinado tipo de recreação.

38. Se o Estado desobedecer ao mandamento constitucional e se quedar inerte no oferecimento do lazer, o particular pode ingressar em juízo ordenando que o Estado lhe forneça alguma atividade de lazer, sob pena de, não o fazendo, ser obrigado a arcar com a atividade escolhida pelo particular, oferecida em alguma instituição privada, bem como indenizar material e moralmente pelos danos que comprovadamente tiver causado pela omissão no oferecimento do lazer.

39. O direito à moradia significa ocupar um lugar como residência para nele dignamente viver.

40. São requisitos necessários para que o direito à moradia seja concretizado nos termos da Constituição Federal, dentro do denominado "mínimo existencial", que a habitação tenha dimensão adequada, com satisfatórias condições de higiene e comodidade, e que resguarde a intimidade pessoal e a privacidade familiar, bem como favoreça a inclusão social e o encontro de um posto de trabalho.

41. A omissão ou negativa do Estado no fornecimento da moradia causa dano (moral e material) ao cidadão, razão pela qual caberá sua responsabilização.

42. O direito ao trabalho, expressamente previsto no art. 6º da CF como direito social, tem natureza peculiar, porque seu provedor direto não é o Estado, mas sim os particulares.

43. A atuação estatal em prol da concreta fruição do direito ao trabalho se dá de forma indireta, pois o Poder Público deve assegurar ao particular meios para que este obtenha um posto de trabalho decente.

44. O Estado, para cumprimento do seu dever de assegurar o mínimo existencial ao trabalhador, precisa: (i) implantar políticas públicas que valorizem o trabalho e visem à erradicação do desemprego; (ii) manter e ampliar a atuação dos denominados "bancos de empregos"; (iii) assegurar a percepção do seguro-desemprego àqueles que preencherem os requisitos legais; (iv) oferecer gratuitamente cursos de reciclagem, formação e profissionalização, para que o cidadão possa se inserir no competitivo mercado de trabalho; e (v) criar "frentes de trabalho" sempre que o interesse público assim o exigir.

45. Se o Estado não oferecer este mínimo existencial constitucionalmente garantido, o particular poderá ingressar em juízo para assegurar seu direito subjetivo público e obrigar o Estado a cumprir seu dever constitucional, sob pena de, não o fazendo, sujeitar-se, conforme o caso, ao pagamento de um curso para qualificação do cidadão em instituição particular ou a arcar com os serviços prestados por uma agência de colocação profissional privada, sem prejuízo da indenização devida aos cidadãos lesados moral e materialmente.

46. O direito social à segurança previsto no art. 6º da CF é sinônimo de seguridade social.

47. Seguridade social não é simplesmente a soma das ações de saúde, previdência e assistência sociais, mas, sim, um quarto direito social que integra ações conjuntas destes direitos.

48. A satisfação material dos direitos sociais dá-se, normalmente, pela prestação dos serviços públicos.

49. A Constituição Federal erigiu algumas atividades à condição de serviço público. O rol, contudo, não é exaustivo.

50. Afora o serviço público de seguridade social, cuja prestação é exclusiva do Estado, todos os demais serviços públicos que efetivam os direitos sociais são serviços públicos não-privativos do Estado, o que possibilita sua prestação por particulares, independentemente de transferência do seu exercício.

51. O serviço público é um instrumento de concretização dos diretos sociais, cuja finalidade última é alcançar a justiça e o bem-estar sociais, prestigiando, ainda, o princípio da isonomia, ao conferir oportunidades àqueles economicamente menos favorecidos.

52. A estática dos direitos sociais é posta em movimento pela dinâmica dos serviços públicos, que realizam na prática os preceitos da Constituição.

53. Quando a Constituição de 1988 alçou à condição de cláusulas pétreas os direitos sociais, quis não apenas proteger esses direitos materiais em si, mas também os instrumentos que os solidificam.

54. São cláusulas pétreas implícitas, portanto, os serviços públicos de educação, saúde, trabalho, moradia, lazer, segurança social, previdência social, proteção à maternidade e à infância e assistência social.

55. O Estado poderá fomentar as atividades dos particulares, mas isto não o desonerará de seus deveres constitucionalmente impostos.

56. Não há um dever constitucionalmente atribuído ao Estado de fomentar as atividades privadas referentes ao Terceiro Setor.

57. As atividades do Terceiro Setor são realizadas de forma voluntária, não sendo possível que o Estado obrigue o particular a desempenhar atividades de benemerência.

58. Se o Estado optar por fomentar determinada atividade, nasce para ele o dever de fiscalizá-la, a fim de verificar se os recursos públicos oferecidos ao particular estão sendo efetivamente empregados na consecução das finalidades de interesse público para os quais foram cedidos.

59. O elemento juridicamente aglutinador de todas as formas de fomento é a possibilidade de concessão de benefício econômico.

60. Embora a legislação estabeleça que a outorga do título de utilidade pública federal é realizada no exercício de competência discricionária, entendemos que, se a pessoa interessada preencher os pressupostos para sua obtenção, o Poder Público não lhe poderá negar a concessão deste título.

61. A subvenção social exige que o particular, com incentivo estatal, possa concretizar, em prol da sociedade, ações voltadas à assistência social, médica e educacional.

62. A contribuição e o auxílio são formas de intervenção do Estado na ordem social, sendo sua concessão vinculada ao alcance de finalidades públicas, cabendo ao Estado fiscalizar a utilização adequada destes recursos públicos na implementação das atividades a que foram destinados.

63. O convênio é o instrumento firmado com o intuito de recíproca cooperação entre os pactuantes, cuja finalidade é o alcance de um interesse comum.

64. O convênio constitui importante meio de intervenção estatal no Terceiro Setor e, por tal, razão deve o Estado exercer fiscalização intensa, para que não haja desvios ou abusos em sua utilização.

65. A nosso ver, inúmeros dispositivos da Lei 9.637/1998, que regula a outorga do título de organização social, padecem de inconstitucionalidade. Dentre eles: (i) a outorga discricionária do título (arts. 1º e 2º, II); (ii) a previsão de que as organizações sociais poderão, após firmado o contrato de gestão, receber bens, recursos e servidores públicos custeados pelo Estado (arts. 12 a 14); (iii) a cessão de servidor, irrecusável para este, à organização social que absorveu pessoa administrativa (art. 22, I); (iv) a extinção de entidades públicas, com a conseqüente absorção de seu patrimônio por uma organização social (arts. 18 a 21); (v) a não-aplicação da Lei de Licitações às aquisições a serem realizadas pelas organizações sociais (art. 17); e (vi) a permissão de ostentação de símbolo público oficial por organização social (art. 22, VI).

66. A outorga do título de organização da sociedade civil de interesse público bem como o termo de parceria são instrumentos jurídicos válidos para a intervenção estatal na ordem social.

67. A omissão na prestação dos serviços concretizadores dos direitos sociais enseja responsabilização estatal, fundamentada na *faute du service*, pelos danos morais e materiais causados aos particulares.

68. O Estado responde objetivamente pelos danos causados por suas condutas comissivas, o que inclui a prestação inadequada dos serviços públicos de educação, saúde, acesso ao trabalho, oferecimento de moradia, lazer, segurança (seguridade social), previdência social, proteção à maternidade e à infância e assistência social.

69. A entidade do Terceiro Setor que não cobrar remuneração pela contraprestação de seus serviços, a nosso ver, responde subjetivamente, nos termos do art. 927 do CC.

70. As entidades do Terceiro Setor, frente aos danos que causarem a terceiros, não são, em hipótese alguma, amparadas pelo Estado, quer solidária, quer subsidiariamente.

71. Ao contrário das demais entidades do Terceiro Setor, a responsabilidade das organizações sociais frente aos danos que causarem a terceiros é objetiva, nos termos do art. 37, § 6º, da CF.

72. Na omissão causadora de danos aos particulares a responsabilidade da organização social é subjetiva, recebendo, portanto, o mesmo tratamento que é dado ao Estado e às pessoas jurídicas de direito privado prestadoras de serviço público.

73. O Estado responde subsidiariamente por todos os danos causados pelas organizações sociais.

BIBLIOGRAFIA

ALCÂNTARA, Maria Emília Mendes. *Responsabilidade do Estado por Atos Legislativos e Jurisdicionais*. São Paulo, Ed. RT, 1988.

ALEXY, Robert. "Colisão de direitos fundamentais e realização de direitos fundamentais no Estado de Direito Democrático". *RDA* 217/67-79. Rio de Janeiro, Renovar, julho-setembro/1999.

——————. *Teoría de los Derechos Fundamentales*. 3ª reimpr. Madri, Centro de Estudios Políticos y Constitucionales, 2002.

AMARAL, Antônio Carlos Cintra do. *Concessão de Serviço Público*. 2ª ed. São Paulo, Malheiros Editores, 2002.

AMARAL, Gustavo. "Interpretação dos direitos fundamentais e o conflito entre poderes". In: TORRES, Ricardo Lobo (org.). *Teoria dos Direitos Fundamentais*. 2ª ed. Rio de Janeiro, Renovar, 2001 (pp. 99-120).

AMARAL FILHO, Léo do. *Previdência Privada Aberta*. São Paulo, Quartier Latin, 2005.

AMARANTE, Napoleão X. do. In: CURY, Munir (coord.). *Estatuto da Criança e do Adolescente Comentado*. 9ª ed., atualizada por Maria Júlia Kaial Cury. São Paulo, Malheiros Editores, 2008.

ANDRADE, Paes de, e BONAVIDES, Paulo. *História Constitucional do Brasil*. 4ª ed. Brasília, OAB Editora, 2002.

ARAGÃO, Alexandre Santos. *Direito dos Serviços Públicos*. Rio de Janeiro, Forense, 2007.

ARAÚJO, Edmir Netto de. *Curso de Direito Administrativo*. São Paulo, Saraiva, 2005.

ARAUJO, Luiz Alberto David, e NUNES JR., Vidal Serrano. *Curso de Direito Constitucional*. 9ª ed. São Paulo, Saraiva, 2005.

ARAUJO, Luiz Alberto David, e RAGAZZI, José Luiz. "A proteção constitucional das pessoas portadoras de deficiência". *Revista do Advogado* 95/42-55. Ano XXVII. São Paulo, AASP, dezembro/2007.

ATALIBA, Geraldo. *República e Constituição*. 2ª ed., 4ª tir. (atualizada por Roseléa Miranda Folgosi). São Paulo, Malheiros Editores, 2007.

——————. "SABESP. Serviço público – Delegação a empresa estatal – Imunidade a impostos – Regime de taxas". *RDP* 92/70-95. Ano 22. São Paulo, Ed. RT, outubro-dezembro/1989.

——————. *Sistema Constitucional Tributário Brasileiro*. São Paulo, Ed. RT, 1968.

AZEVEDO, Damião Alves de. "O título de utilidade pública e sua vinculação à isenção da contribuição previdenciária patronal". *Revista de Previdência Social – RPS* 290/5-11. Janeiro/2005.

AZEVEDO, Plauto Faraco de. *Direito, Justiça Social e Neoliberalismo*. São Paulo, Ed. RT, 1999.

BACELLAR FILHO, Romeu Felipe. *Direito Administrativo e o Novo Código Civil.* Belo Horizonte, Fórum, 2007.

——————— (coord.). *Direito Administrativo Contemporâneo. Estudos em Memória do Professor Manoel de Oliveira Franco Sobrinho*. Belo Horizonte, Fórum, 2004.

BALERA, Wagner (coord.). In: *Curso de Direito Previdenciário – Homenagem a Moacyr Velloso Cardoso de Oliveira*. 4ª ed. São Paulo, LTr, 1998 (pp. 39-40).

BALLERINI SILVA, Júlio César. "Aspectos da tutela do direito à saúde no ordenamento jurídico pátrio – Ponderações sobre relações de direito público e de direito privado". *Revista Interesse Público* 44/161-180. Belo Horizonte, Fórum, julho-agosto/2007.

BANDEIRA DE MELLO, Celso Antônio. "A eficácia das normas constitucionais sobre justiça social". *RDP* 57-58/233-256. São Paulo, Ed. RT, janeiro-junho/1981.

———————. "As bases ideológicas do direito administrativo". In: *Constitucionalismo Social – Estudos em Homenagem ao Ministro Marco Aurélio Mendes de Faria Mello*. São Paulo, LTr, 2003.

———————. *Curso de Direito Administrativo*. 26ª ed. São Paulo, Malheiros Editores, 2009.

———————. "Direito adquirido e direito administrativo". *RTDP* 44/5-17. São Paulo, Malheiros Editores, 2003.

———————. *Discricionariedade e Controle Jurisdicional*. 2ª ed., 9ª tir. São Paulo, Malheiros Editores, 2008.

———————. *Natureza e Regime Jurídico das Autarquias*. São Paulo, Ed. RT, 1967.

———————. "Novos aspectos da função social da propriedade no direito público". *RDP* 84/39-45. São Paulo, Ed. RT, julho-setembro/1986.

———————. *O Conteúdo Jurídico do Princípio da Igualdade*. 3ª ed., 16ª tir. São Paulo, Malheiros Editores, 2008.

———————. *Prestação de Serviços Públicos e Administração Indireta*. 2ª ed. São Paulo, Ed. RT, 1983.

———————. "Teoria Geral do Direito". In: *Interpretação no Direito Tributário*. São Paulo, Saraiva, 1975.

——————— (org.). *Estudos em Homenagem a Geraldo Ataliba 2: Direito Administrativo e Constitucional*. São Paulo, Malheiros Editores, 1997.

BANDEIRA DE MELLO, Oswaldo Aranha. *Princípios Gerais de Direito Administrativo*. 3ª ed., vol. I. São Paulo, Malheiros Editores, 2007; vol. II. Rio de Janeiro, Forense, 1969.

BARCELLOS, Ana Paula de. *A Eficácia Jurídica dos Princípios Constitucionais*. Rio de Janeiro, Renovar, 2002.

—————, e BARROSO, Luís Roberto. "O começo da história. A nova interpretação constitucional e o papel dos princípios no Direito Brasileiro". *Revista Interesse Público* 19/51-80. Porto Alegre, Notadez, 2003.

BARROS, Giselle Nori Barros. *O Dever do Estado no Fornecimento de Medicamentos*. Dissertação de Mestrado. São Paulo, PUC/SP, 2006 (219 pp.).

BARROSO, Luís Roberto Barroso "Da falta de efetividade à judicialização excessiva: direito à saúde, fornecimento gratuito de medicamentos e parâmetros para a atuação judicial". Disponível no *site* do *Migalhas, http://www.migalhas.com.br/mostra_noticia_articuladas.aspx?cod=52582* (acesso em 21.1.2008).

—————. *O Direito Constitucional e a Efetividade de suas Normas*. 5ª ed. Rio de Janeiro, Renovar, 2001.

—————, e BARCELLOS, Ana Paula de. "O começo da história. A nova interpretação constitucional e o papel dos princípios no Direito Brasileiro". *Revista Interesse Público* 19/51-80. Porto Alegre, Notadez, 2003.

BASTOS, Celso Ribeiro, e BRITTO, Carlos Ayres. *Interpretação e Aplicabilidade das Normas Constitucionais*. São Paulo: Saraiva, 1982.

BASTOS, Celso Ribeiro, e MARTINS, Ives Gandra. *Comentários à Constituição do Brasil*. 2º vol. São Paulo, Saraiva, 1989.

BÉNOÎT, Francis-Paul. *Le Droit Administratif Français*. Paris: Dalloz, 1968.

BERARDI, Luciana Andréa Accorsi, e RIBEIRO, Lauro Luiz Gomes (orgs.). *Estudos de Direito Constitucional em Homenagem à Professora Maria Garcia*. São Paulo, Thomson IOB, 2007.

BERCOVICI, Gilberto. "Concepção material de serviço público e Estado Brasileiro". In: TÔRRES, Heleno Taveira (coord.). *Serviços Públicos e Direito Tributário*. São Paulo, Quartier Latin, 2005 (pp. 61-78).

—————. *Constituição Econômica e Desenvolvimento*. São Paulo, Malheiros Editores, 2005.

BEZNOS, Clóvis. *Aspectos Jurídicos da Indenização na Desapropriação*. Belo Horizonte, Fórum, 2006.

BIELSA, Rafael. *Derecho Administrativo*. 6ª ed., t. I. Buenos Aires, Sociedad Anónima Editora e Impressora, 1964.

BLACK, Henry Campbell. *Handbook on the Construction and Interpretation of the Laws*. St. Paul, Minn., West Publishing Co., 1896.

BÖECKENFÖRDE, Ernst-Wolfgang. *Estudios sobre el Estado de Derecho y la Democracia*. Madri, Trotta, 2000.

BOITEAU, Claudie, LACHAUME, Jean-François, e PAULIAT, Hélène. *Droit des Services Publics*. 3ª ed. Paris, Éditions Dalloz, 2004.

BONAVIDES, Paulo. *Curso de Direito Constitucional*. 23ª ed. São Paulo, Malheiros Editores, 2008.

—————. *Do Estado Liberal ao Estado Social*. 8ª ed. São Paulo, Malheiros Editores, 2007.

―――――. *Teoria do Estado*. 7ª ed. São Paulo, Malheiros Editores, 2008.

―――――, e ANDRADE, Paes de. *História Constitucional do Brasil*. 4ª ed. Brasília, OAB Editora, 2002.

BONNARD, Roger. *Précis de Droit Administratif*. 2ª ed. Paris, Librairie du Recueil Sirey, 1935.

BRITTO, Carlos Ayres. "A Constituição e o monitoramento de suas emendas". In: MENDONÇA, Oscar, e MODESTO, Paulo (coords.). *Direito do Estado – Novos Rumos*. t. 1, "Direito Constitucional". São Paulo, Max Limonad, 2001 (pp. 45-67).

―――――. *O Humanismo como Categoria Constitucional*. Belo Horizonte, Fórum, 2007.

―――――. *Teoria da Constituição*. Rio de Janeiro, Forense, 2003.

―――――, e BASTOS, Celso Ribeiro. e *Interpretação e Aplicabilidade das Normas Constitucionais*. São Paulo: Saraiva, 1982.

CALVET, Otávio Amaral. *Direito ao Lazer nas Relações de Trabalho*. São Paulo, LTr, 2006.

CAMBIER, Cyr. *Droit Administratif*. Bruxelas, Maison Ferdinand Larcier, 1968.

CAMMAROSANO, Márcio. "Fundamentos constitucionais do Estatuto da Cidade". In: DALLARI, Adilson Abreu, e FERRAZ, Sérgio (coords.). *Estatuto da Cidade (Comentários à Lei Federal 10.257/2001)*. 2ª ed. São Paulo, Malheiros Editores, 2006.

―――――. *O Princípio Constitucional da Moralidade e o Exercício da Função Administrativa*. Belo Horizonte, Fórum, 2006.

―――――. *Provimento de Cargos Públicos no Direito Brasileiro*. São Paulo, Ed. RT, 1984.

CANOTILHO, J. J. Gomes. *Direito Constitucional e Teoria da Constituição*. 7ª ed. Coimbra, Livraria Almedina, 2003.

CARDONE, Marly A. *Previdência – Assistência – Saúde. O Não-Trabalho na Constituição de 1988*. São Paulo, LTr, 1990.

―――――. "Proteção à maternidade. Licença-paternidade". In: ROMITA, Arion Sayão (coord.). *Estudos em Homenagem ao Professor Amauri Mascaro Nascimento*. vol. I. São Paulo, LTr, 1991 (pp. 274-287).

CARRAZZA, Roque Antonio. *Curso de Direito Constitucional Tributário*. 24ª ed. São Paulo, Malheiros Editores, 2008.

CARRIÓ, Genaro. *Notas sobre Derecho y Lenguaje*. Buenos Aires, Abeledo-Perrot, 1990.

―――――. *Principios Jurídicos y Positivismo Jurídico*. Buenos Aires, Abeledo-Perrot, 1970.

CARVALHO FILHO, José dos Santos. *Manual de Direito Administrativo*. 17ª ed. Rio de Janeiro, Lumen Juris, 2007.

CASTRO E COSTA, Flávio Dino de. "A função realizadora do Poder Judiciário e as políticas públicas no Brasil". *Revista Interesse Público* 28/64-90. Porto Alegre, Notadez, novembro-dezembro/2004.

CAVALCANTI, Amaro. *Responsabilidade Civil do Estado*. Rio de Janeiro, Laemmert & Cia. Editores, 1905.

CAVALIERI FILHO, Sérgio. *Programa de Responsabilidade Civil*. 6ª ed., 3ª tir. São Paulo, Malheiros Editores, 2006.

CECHIN, José. "A moderna gestão na previdência e na assistência social – Principais avanços obtidos na melhoria do atendimento do cidadão". *Conjuntura Social* 13/9-82. N. 2. Brasília, abril-junho/2002.

CHAPUS, René. *Droit Administratif Général*. 13ª ed., t. 1. Paris, Éditions Montchrestien, 1999.

COMPARATO, Fábio Konder. *Direito Público. Estudos e Pareceres*. São Paulo, Saraiva, 1996.

——————. "Ensaios sobre o juízo de constitucionalidade de políticas públicas". In: BANDEIRA DE MELLO, Celso Antônio (org.). *Estudos em Homenagem a Geraldo Ataliba 2: Direito Administrativo e Constitucional*. São Paulo, Malheiros Editores, 1997.

CORREIA, Marcus Orione Gonçalves (coord.). *Previdência Privada: Doutrina e Comentários à Lei Complementar 109/2001*. São Paulo, LTr, 2005.

CORREIA, Marcus Orione Gonçalves, LINS, Carlos Otávio Bandeira, e VILLELA, José Corrêa (coords.). *Renda Mínima*. São Paulo, LTr, 2003.

CRETELLA JR., José. *Comentários à Constituição Brasileira de 1988*. vol. II. Rio de Janeiro, Forense Universitária, 1991.

CUNHA, Fernando Whitaker da, FALCÃO, Alcino Pinto, FRANCO SOBRINHO, Manoel de Oliveira, MELLO, Celso de Albuquerque, e SÜSSEKIND, Arnaldo. *Comentários à Constituição*. Rio de Janeiro, Biblioteca Jurídica Freitas Bastos, 1990.

CUNHA, Sérgio Sérvulo da. "Direito à moradia". *Revista de Informação Legislativa* 127/49-62. Ano 32. Senado Federal/Subsecretaria de Edições Técnicas, julho-setembro/1995.

CURY, Munir (coord.). *Estatuto da Criança e do Adolescente Comentado*. 9ª ed., atualizada por Maria Júlia Kaial Cury. São Paulo, Malheiros Editores, 2008.

DALLARI, Adilson Abreu, e FERRAZ, Sérgio. *Processo Administrativo*. 2ª ed. São Paulo, Malheiros Editores, 2007.

DALLARI, Dalmo de Abreu. In: CURY, Munir (coord.). *Estatuto da Criança e do Adolescente Comentado*. 9ª ed. São Paulo, Malheiros Editores, 2008.

——————. "Normas gerais sobre saúde no Estado Federal Brasileiro: cabimento e limitações". *Revista Latino-Americana de Estudos Constitucionais* 1/121-135. Belo Horizonte, Del Rey, janeiro-junho/2003.

——————. "Os direitos fundamentais na Constituição Brasileira". In: FIOCCA, Demian, e GRAU, Eros Roberto (orgs.). *Debate sobre a Constituição de 1988*. São Paulo, Paz e Terra, 2001 (pp. 49-67).

DELPIAZZO, Carlos E. *Derecho Administrativo Especial*. vol. 1. Montevidéu, AMF Editorial y Librería Jurídica, 2006.

DEVOLVÉ, Pierre, e VEDEL, Georges. *Droit Administratif.* t. I. Paris, Presses Universitaires de France, 1958.

DI PIETRO, Maria Sylvia Zanella. *Direito Administrativo.* 20ª ed. São Paulo, Atlas, 2007.

——————. *Parcerias na Administração Pública.* 5ª ed. São Paulo, Atlas, 2005.

DINIZ, Maria Helena. *Compêndio de Introdução à Ciência do Direito.* São Paulo, Saraiva, 2000.

——————. *Curso de Direito Civil Brasileiro.* 7º vol. São Paulo, Saraiva, 2003; 18ª ed., 4º vol. (" Direito das Coisas"). São Paulo, Saraiva, 2002.

——————. *Norma Constitucional e seus Efeitos.* 5ª ed. São Paulo, Saraiva, 2001.

DUARTE, Clarice Seixas. *O Direito Público Subjetivo ao Ensino Fundamental na Constituição Federal Brasileira de 1988.* Tese de Doutorado. São Paulo, USP, 2003 (328 pp.).

DUEZ, Paul. *La Responsabilité de la Puissance Publique.* Paris, Librairie Dalloz, 1927.

DUGUIT, Léon. *Traité de Droit Constitutionnel.* vol. II. Paris, Ancienne Librairie Fontemoing & Cie., Éditeurs, 1923.

ENTERRÍA, Eduardo García de, e FERNÁNDEZ, Tomás-Ramón. *Curso de Derecho Administrativo.* 12ª ed Madri, Thomson Civitas, 2002.

FACHIN, Luiz Edson. *Estatuto Jurídico do Patrimônio Mínimo.* 2ª ed. Rio de Janeiro, Renovar, 2006.

FALLA, Fernando Garrido. *Tratado de Derecho Administrativo.* "Prólogo" à 1ª ed. Madri, 1958; 11ª ed., vol. II. Madri, Editorial Tecnos, 2002.

FALCÃO, Alcino Pinto, CUNHA, Fernando Whitaker da, FRANCO SOBRINHO, Manoel de Oliveira, MELLO, Celso de Albuquerque, e SÜSSEKIND, Arnaldo. *Comentários à Constituição.* Rio de Janeiro, Biblioteca Jurídica Freitas Bastos, 1990.

FERNANDES, Rodrigo Pieroni, e FERREIRA, Olavo Augusto Vianna Alves. "O direito constitucional à moradia e os efeitos da Emenda Constitucional 26/2000". *Revista de Direitos Difusos* 2 ("Direito urbanístico e qualidade de vida nas cidades"). Agosto/2000.

FERNÁNDEZ, Tomás-Ramón, e ENTERRÍA, Eduardo García de. *Curso de Derecho Administrativo.* 12ª ed Madri, Thomson Civitas, 2002.

FERRARI, Irany. "Maternidade: salário *versus* benefício previdenciário". *Suplemento Trabalhista* 20/95-97. Ano 35. São Paulo, LTr, 1999.

FERRARI, Paola Nery, e FERRARI, Regina Maria Macedo Nery. *Controle das Organizações Sociais.* Belo Horizonte, Fórum, 2007.

FERRAZ, Sérgio, e DALLARI, Adilson Abreu. *Processo Administrativo.* 2ª ed. São Paulo, Malheiros Editores, 2007.

——————(coords.). *Estatuto da Cidade (Comentários à Lei Federal 10.257/2001).* 2ª ed. São Paulo, Malheiros Editores, 2006.

FERRAZ JR., Tércio Sampaio, e LAFER, Celso (coords.). *Direito, Política, Filosofia, Poesia – Estudos em Homenagem a Miguel Reale no seu Octogésimo Aniversário*. São Paulo, Saraiva, 1992.

FERREIRA, Dâmares. "O princípio da dignidade da pessoa humana e os benefícios previdenciários". *RDTrabalho* 105/56-77. Ano 28. São Paulo, Ed. RT, janeiro-março/2002.

FERREIRA, Eduardo Dias de Souza. "A infância no constitucionalismo brasileiro: da indiferença à proteção integral". In: BERARDI, Luciana Andréa Accorsi, e RIBEIRO, Lauro Luiz Gomes (orgs.). *Estudos de Direito Constitucional em Homenagem à Professora Maria Garcia*. São Paulo, Thomson IOB, 2007 (pp. 83-112).

FERREIRA, Olavo Augusto Vianna Alves, e FERNANDES, Rodrigo Pieroni. "O direito constitucional à moradia e os efeitos da Emenda Constitucional 26/2000". *Revista de Direitos Difusos* 2 ("Direito urbanístico e qualidade de vida nas cidades"). Agosto/2000.

FERREIRA, Pinto. *Comentários à Constituição Brasileira*. 1º vol. São Paulo, Saraiva, 1989.

FERREIRA FILHO, Manoel Gonçalves. *Comentários à Constituição Brasileira de 1988*. vol. 1. São Paulo, Saraiva, 1990; vol. 4. São Paulo, Saraiva, 1995.

—————. *Curso de Direito Constitucional*. 33ª ed. São Paulo, Saraiva, 2007.

—————. "Democracia e direitos sociais". In: BERARDI, Luciana Andréa Accorsi, e RIBEIRO, Lauro Luiz Gomes (orgs.). *Estudos de Direito Constitucional em Homenagem à Professora Maria Garcia*. São Paulo, Thomson IOB, 2007 (pp. 313-316).

FIGUEIREDO, Lúcia Valle. *Curso de Direito Administrativo*. 9ª ed. São Paulo, Malheiros Editores, 2008.

FIGUEIREDO, Marcelo. "O controle das políticas públicas pelo Poder Judiciário no Brasil – Uma visão geral". *Revista Interesse Público* 44/27-66. Belo Horizonte, Fórum, julho-agosto/2007.

FIOCCA, Demian, e GRAU, Eros Roberto (orgs.). *Debate sobre a Constituição de 1988*. São Paulo, Paz e Terra, 2001.

FIORINI, Bartolomé A. *Derecho Administrativo*. 2ª ed., t. II. Buenos Aires, Abeledo-Perrot, 1976.

FOIGNET, René. *Manuel Élémentaire de Droit Administratif*. 17ª ed. Paris, Rousseau et Cie., Éditeurs, 1928.

FORTINI, Cristiana. "Organizações sociais: natureza jurídica da responsabilidade civil das organizações sociais em face dos danos causados a terceiros". *Revista Interesse Público* 38/113-121. Porto Alegre, Notadez, julho-agosto/2006.

FRANCO SOBRINHO, Manoel de Oliveira, CUNHA, Fernando Whitaker da, FALCÃO, Alcino Pinto, MELLO, Celso de Albuquerque, e SÜSSEKIND, Arnaldo. *Comentários à Constituição*. Rio de Janeiro, Biblioteca Jurídica Freitas Bastos, 1990.

FREIRE JR., Américo Bedê. "Reserva do possível para quem?". *Revista da Escola da Magistratura Regional Federal* 8/287-293. N. 1. Rio de Janeiro, Escola da

Magistratura Regional Federal, Tribunal Regional Federal-2ª Região (EMARF/ TRF-2ª Região/RJ), 2007.

FREITAS, Juarez. "Responsabilidade civil do Estado e o princípio da proporcionalidade: vedação de excesso e de inoperância". In: FREITAS, Juarez (org.). *Responsabilidade Civil do Estado*. São Paulo, Malheiros Editores, 2006 (pp. 170-197).

─────── (org.). *Responsabilidade Civil do Estado*. São Paulo, Malheiros Editores, 2006.

FRISCHEISEN, Luíza Cristina *Políticas Públicas. A Responsabilidade do Administrador e o Ministério Público*. São Paulo, Max Limonad, 2000.

GASPARINI, Diógenes. "Associação de utilidade pública: declaração". *Cadernos de Direito Municipal – RDP* 77/165-177. São Paulo, Ed. RT, janeiro-março/1986.

GASPARINI, Diógenes. *Direito Administrativo*. 9ª ed. São Paulo, Saraiva, 2004.

GONÇALVES, Ionas Deda. *Direito Previdenciário*. 3ª ed. *Coleção Curso & Concurso*. São Paulo, Saraiva, 2008.

GONÇALVES, Maria da Conceição V. "Assistência social: um componente da seguridade social". *Universidade e Sociedade* 6-10/71-74. Brasília, janeiro/1996.

GORDILLO, Agustín. *Princípios Gerais de Direito Público*. Trad. de Marco Aurélio Grecco. São Paulo, Ed. RT, 1977.

GRAU, Eros Roberto, e FIOCCA, Demian (orgs.). *Debate sobre a Constituição de 1988*. São Paulo, Paz e Terra, 2001.

GROTTI, Dinorá Adelaide Musetti. *O Serviço Público e a Constituição Brasileira de 1988*. São Paulo, Malheiros Editores, 2003.

HARADA, Kiyoshi. *Direito Financeiro e Tributário*. 14ª ed. São Paulo, Atlas, 2005.

HALICARNASSO, Heródoto. *História – Tradução do Grego e Notas de Mário da Gama Kuri*. Brasília, UnB, 1985.

HORTA, Raul Machado. *Direito Constitucional*. 4ª ed. Belo Horizonte, Del Rey, 2003.

HORVATH JR., Miguel. *Direito Previdenciário*. 7ª ed. São Paulo, Quartier Latin, 2008.

HUTCHINSON, Tomás "Principio de legalidad. Discrecionalidad y arbitrariedad". *Revista Jurídica de Buenos Aires*. 1ª ed. Buenos Aires, Abeledo-Perrot/LexisNexis, 2005.

JESUS, Damásio de. *Ação Penal sem Crime*. São Paulo, Complexo Jurídico Damásio de Jesus, 2000 (disponível em *www.damasio.com.br*).

JÈZE, Gaston. *Principios Generales del Derecho Administrativo*. vol. I, trad. argentina da 3ª ed. francesa de 1930. 1948.

JUSTEN FILHO, Marçal. *Comentários à Lei de Licitações e Contratos Administrativos*. 9ª ed. São Paulo, Dialética, 2002.

KELSEN, Hans. *Teoría General del Derecho y del Estado*. Trad. de Eduardo García Maynez. México, Imprensa Universitaria, 1950.

KRELL, Andréas J. *Direitos Sociais e Controle Judicial no Brasil e na Alemanha – Os (Des)Caminhos de um Direito Constitucional "Comparado"*. Porto Alegre, Sérgio Antônio Fabris Editor, 2002.

LACHAUME, Jean-François, BOITEAU, Claudie, e PAULIAT, Hélène. *Droit des Services Publics*. 3ª ed. Paris, Éditions Dalloz, 2004.

LAFER, Celso, e FERRAZ JR., Tércio Sampaio (coords.). *Direito, Política, Filosofia, Poesia – Estudos em Homenagem a Miguel Reale no seu Octogésimo Aniversário*. São Paulo, Saraiva, 1992.

LAUBADÈRE, André de. *Manuel de Droit Administratif*. 18ª ed. Paris, Librairie Générale de Droit et de Jurisprudence, 1967.

LAUBÉ, Vítor Rolf. "Perfil constitucional da previdência social e alguns aspectos da sua atual estrutura". *Revista da Faculdade de Direito de São Bernardo do Campo* 3/210-224. Ano 3. São Bernardo do Campo, 1997.

LEAL, Rogério Gesta. "A efetivação do direito à saúde por uma jurisdição-serafim: limites e possibilidades". *Revista Interesse Público* 38/63-76. Belo Horizonte, Notadez, julho-agosto/2006.

─────────. *Estado, Administração Pública e Sociedade*. Porto Alegre, Livraria do Advogado, 2006.

─────────. "O problema da prestação de serviço público essencial enquanto direito social fundamental e sua contraprestação em face da incapacidade financeira do usuário". *RTDP* 48/195-209. São Paulo, Malheiros Editores, 2004.

LEDUR, José Felipe. *A Realização do Direito ao Trabalho*. Porto Alegre, Sérgio Antônio Fabris Editor, 1998.

LEITE, Celso Barroso. "A previdência social no Nordeste". *Revista de Previdência Social* 249-25/557-558. São Paulo, agosto/2001.

─────────. "Filantrópicas e contribuição social". *Revista da Procuradoria-Geral do INSS* abril/1998. Brasília, MPAS/INSS (pp. 32-36).

─────────. "Trilogia do século XXI: aposentadoria, desemprego, lazer". *Revista de Previdência Social* 204-21/1.101-1.107. São Paulo, novembro/1997.

LINS, Carlos Otávio Bandeira, CORREIA, Marcus Orione Gonçalves, e VILLELA, José Corrêa (coords.). *Renda Mínima*. São Paulo, LTr, 2003.

LOPES, Maurício Antônio Ribeiro. *Poder Constituinte Reformador: Limites e Possibilidade da Revisão Constitucional Brasileira*. São Paulo, Ed. RT, 1993.

LORÉTAN, Rod. *Droit Public et Droit Privé dans le Service Public*. Lausanne, Imprimérie Rapid, 1937.

LUCENA, Cíntia. "Direito à saúde no constitucionalismo contemporâneo". In: ROCHA, Cármen Lúcia Antunes (org.). *Direito à Vida Digna*. Belo Horizonte, Fórum, 2004 (pp. 245-269).

LUNARDELLI, Regina Andrea Accorsi. *Tributação do Terceiro Setor*. São Paulo, Quartier Latin, 2006.

MAGANO, Octávio Bueno. "Revisão constitucional". *Cadernos de Direito Constitucional e Ciência Política* 7/108-ss. São Paulo, Ed. RT, abril-junho/1994.

MARIENHOFF, Miguel S. *Tratado de Derecho Administrativo.* t. II. Buenos Aires, Abeledo-Perrot, 1966.

MARINS DE SOUZA, Leandro. *A Tributação do Terceiro Setor no Brasil.* São Paulo, Dialética, 2004.

MARTINEZ, Wladimir Novaes. *Comentários à Lei Básica da Previdência Social.* 5ª ed. São Paulo, LTr, 2001.

MARTINS, Ives Gandra, e BASTOS, Celso Ribeiro. *Comentários à Constituição do Brasil.* 2º vol. São Paulo, Saraiva, 1989.

MARTINS, Leonardo (org.). *Cinqüenta Anos de Jurisprudência do Tribunal Constitucional Federal Alemão.* Fortaleza, Fundação Konrad Adenauer, 2006.

MARTINS, Sérgio Pinto. *Direito da Seguridade Social.* 24ª ed. São Paulo, Atlas, 2007.

—————. *Direito do Trabalho.* 5ª ed. São Paulo, Malheiros Editores, 1998.

MAXIMILIANO, Carlos. *Hermenêutica e Aplicação do Direito.* 9ª ed. Rio de Janeiro, Forense, 1979.

MAYER, Otto. *Le Droit Administratif Allemand.* v. I. Paris, Giard & E. Brière, Libraires Éditeurs, 1903.

MEIRELLES, Hely Lopes. *Direito Administrativo Brasileiro.* 35ª ed. São Paulo, Malheiros Editores, 2009.

MELLO, Celso de Albuquerque, CUNHA, Fernando Whitaker da, FALCÃO, Alcino Pinto, FRANCO SOBRINHO, Manoel de Oliveira, e SÜSSEKIND, Arnaldo. *Comentários à Constituição.* Rio de Janeiro, Biblioteca Jurídica Freitas Bastos, 1990.

MENDES, Gilmar Ferreira. *Direitos Fundamentais e Controle de Constitucionalidade.* 3ª ed. São Paulo, Saraiva, 2004.

MENDONÇA, Oscar, e MODESTO, Paulo (coords.). *Direito do Estado – Novos Rumos.* t. 1, "Direito Constitucional". São Paulo, Max Limonad, 2001.

MESCHERIAKOFF, Alain-Serge. *Droit des Services Publics.* 2ª ed. Paris, Presses Universitaires de France, 1991.

MIRANDA, Jorge. *Manual de Direito Constitucional.* 3ª ed., t. IV. Coimbra, Coimbra Editora, 2000; 5ª ed., t. II. Coimbra, Coimbra Editora, 2003.

MODESTO, Paulo. "Reforma do marco legal do Terceiro Setor no Brasil". *Revista Eletrônica sobre a Reforma do Estado* 5. Salvador, março-maio/2006.

————— (org.). *Reforma da Previdência. Análise Crítica da Emenda Constitucional nº 41/2003.* Belo Horizonte, Fórum, 2004.

MODESTO, Paulo, e MENDONÇA, Oscar (coords.). *Direito do Estado – Novos Rumos.* t. 1, "Direito Constitucional". São Paulo, Max Limonad, 2001.

MONTESQUIEU. *L'Esprit des Lois.* 9ª ed. (avec des notes de Voltaire, de Crevier, de Mably, de La Harpe). Paris, Garnier Fréres, Libraires-Éditeurs, 1869.

MORAES, Alexandre de. *Constituição do Brasil Interpretada.* 6ª ed. São Paulo, Atlas, 2006.

———————. *Direito Constitucional*. 14ª ed. São Paulo, Atlas, 2004.

MOREIRA, Orlando Rochadel. *Políticas Públicas e Direito à Educação*. Belo Horizonte, Fórum, 2007.

MOREIRA NETO, Diogo de Figueiredo. *Curso de Direito Administrativo*. 14ª ed. Rio de Janeiro, Forense, 2005.

MOREIRA NETO, Diogo de Figueiredo, e PRADO, Ney. "Uma análise sistêmica do conceito de ordem econômica e social". *Revista de Informação Legislativa* 86/121-138. Ano 24. Senado Federal/Subsecretaria de Edições Técnicas, outubro-dezembro/1987.

MORIN, Edgar. *La Méthode 1*. Paris, Éditions du Seuil, 1977.

MORO, Sergio Fernando. "Benefício da assistência social como direito fundamental". *Boletim dos Procuradores da República* 4-39/27-31. São Paulo, julho/2001.

———————. "Questões controvertidas sobre o benefício da assistência social". In: ROCHA, Daniel Machado da (org.). *Temas Atuais de Direito Previdenciário e Assistência Social*. Porto Alegre, Livraria do Advogado, 2003 (pp. 143-160).

———————. "Restrição legal ao direito fundamental ao benefício da assistência social". *Revista de Previdência Social* 249-256/559-565. São Paulo, agosto/2001.

NASCIMENTO, Amauri Mascaro. *Curso de Direito do Trabalho*. 15ª ed. São Paulo, Saraiva, 1998.

———————. "Direito do trabalho: teoria dos modelos e a essencialidade do lazer". In: FERRAZ JR., Tércio Sampaio, e LAFER, Celso (coords.). *Direito, Política, Filosofia, Poesia – Estudos em Homenagem a Miguel Reale no seu Octogésimo Aniversário*. São Paulo, Saraiva, 1992 (pp. 385-390).

———————. "Os direitos sociais na Constituição brasileira". In: *Constitucionalismo Social – Estudos em Homenagem ao Ministro Marco Aurélio Mendes de Faria Mello*. São Paulo, LTr, 2003.

NUNES JR., Vidal Serrano, e ARAUJO, Luiz Alberto David. *Curso de Direito Constitucional*. 9ª ed. São Paulo, Saraiva, 2005.

OLIVEIRA, Gustavo Justino de (coord.). *Terceiro Setor. Empresas e Estado. Novas Fronteiras entre o Público e o Privado*. Belo Horizonte, Fórum, 2007.

OLIVEIRA, José Roberto Pimenta. *Os Princípios da Razoabilidade e da Proporcionalidade no Direito Administrativo Brasileiro*. São Paulo, Malheiros Editores, 2006.

OLIVEIRA, Régis Fernandes de. *Ato Administrativo*. São Paulo, Ed. RT, 1978.

———————. "Serviços públicos e tributação. Natureza jurídica da contraprestação de serviços concedidos e permitidos". In: TÔRRES, Heleno Taveira (coord.). *Serviços Públicos e Direito Tributário*. São Paulo, Quartier Latin, 2005 (pp. 161-211).

PAES, José Eduardo Sabo. *Fundações, Associações e Entidades de Interesse Social*. 6ª ed. Brasília, Brasília Jurídica, 2006.

PANSIERI, Flávio. "Direitos sociais, efetividade e garantia nos 15 anos de Constituição". In: SCAFF, Fernando Facury (org.). *Constitucionalizando Direitos*. Rio de Janeiro, Renovar, 2003.

PAULIAT, Hélène, BOITEAU, Claudie, e LACHAUME, Jean-François. *Droit des Services Publics*. 3ª ed. Paris, Éditions Dalloz, 2004.

PEREIRA, César A. Guimarães. *Usuários de Serviços Públicos*. São Paulo, Saraiva, 2006.

PEREIRA, Mirian Freire. *Direito ao Lazer*. Tese de Doutorado. São Paulo, USP, 2002 (258 pp.).

PEREIRA, Potyara A. P. "Lei Orgânica da Assistência Social/LOAS: sentido e novidade". *Universidade e Sociedade* 6-10/65-70. Brasília, janeiro/1996.

PEREIRA, Tânia da Silva. "A Convenção sobre os Direitos da Criança (ONU) e a proteção da infância e adolescência no Brasil". *Revista de Direito Civil, Imobiliário, Agrário e Empresarial* 16-60/23-39. São Paulo, Ed. RT, abril-junho/1992.

——————. "Infância e adolescência: uma visão histórica de sua proteção social e jurídica no Brasil". *Revista de Direito Civil, Imobiliário, Agrário e Empresarial* 16-62/34-46. São Paulo, Ed. RT, outubro-dezembro/1992.

PIERDONÁ, Zélia Luíza. "Aposentadorias e pensões no regime previdenciário dos servidores públicos depois das Emendas Constitucionais 41/2003 e 47/2005". *Revista de Previdência Social* 314/314-5 a 314-9, 2007.

PIOVESAN, Flávia. "Justiciabilidade dos direitos sociais e econômicos no Brasil: desafios e perspectivas". *Revista de Direito do Estado* 2/55-69. Rio de Janeiro, Renovar, abril-junho/2006.

PONTES FILHO, Valmir. "A inconstitucionalidade da contribuição previdenciária dos aposentados". In: *Direito Público – Estudos em Homenagem ao Professor Adilson Abreu Dallari*. Belo Horizonte, Del Rey, 2004.

——————. "Direito adquirido ao regime de aposentadoria. O princípio da segurança das relações jurídicas, o direito adquirido e a expectativa de direito". *RTDP* 38/57-62. São Paulo, Malheiros Editores, 2002.

PRADO, Ney, e MOREIRA NETO, Diogo de Figueiredo. "Uma análise sistêmica do conceito de ordem econômica e social". *Revista de Informação Legislativa* 86/121-138. Ano 24. Senado Federal/Subsecretaria de Edições Técnicas, outubro-dezembro/1987.

QUEIRÓ, Afonso Rodrigues. "A teoria do 'desvio de poder' em direito administrativo". *RDA* VII/52-80. Rio de Janeiro, Renovar, 1947.

RAGAZZI, José Luiz, e ARAUJO, Luiz Alberto David. "A proteção constitucional das pessoas portadoras de deficiência". *Revista do Advogado* 95/42-55. Ano XXVII. São Paulo, AASP, dezembro/2007.

RAMOS, Marcelene Carvalho da Silva. "O direito fundamental à saúde na perspectiva da Constituição Federal". *A&C – Revista de Direito Administrativo e Constitucional* 22/147-165. Belo Horizonte, Fórum, outubro-dezembro/2005.

RAMOS, Yara Chaves Galdino. *O Direito ao Trabalho e seu Fundamento Constitucional*. Tese de Doutorado. São Paulo, USP, 2005 (205 pp.).

REALE, Miguel. "O direito de não trabalhar". In: *Estudos de Filosofia e Ciência do Direito*. São Paulo, Saraiva, 1978.

RIBEIRO, Júlio César Garcia. "Os fundamentos da previdência social". *Revista de Previdência Social* 253/881-885. Ano XXV. São Paulo, LTr, dezembro/2001.

RIBEIRO, Lauro Luiz Gomes. "Pessoa com deficiência e o direito à educação". *Revista do Advogado* 95/65-73. Ano XXVII. São Paulo, AASP, dezembro/2007.

——————, e BERARDI, Luciana Andréa Accorsi (orgs.). *Estudos de Direito Constitucional em Homenagem à Professora Maria Garcia*. São Paulo, Thomson IOB, 2007.

RIVERO, Jean. *Droit Administratif*. 2ª ed. Paris, Librairie Dalloz, 1962.

ROCHA, Cármen Lúcia Antunes. *Princípios Constitucionais dos Servidores Públicos*. São Paulo, Saraiva, 1999.

——————. "Vida digna: Direito, Ética e Ciência (os novos domínios científicos e seus reflexos jurídicos)". In: ROCHA, Cármen Lúcia Antunes (org.). *Direito à Vida Digna*. Belo Horizonte, Fórum, 2004.

—————— (org.). *Direito à Vida Digna*. Belo Horizonte, Fórum, 2004.

ROCHA, Daniel Machado da (org.). *Temas Atuais de Direito Previdenciário e Assistência Social*. Porto Alegre, Livraria do Advogado, 2003.

ROCHA, Sílvio Luís Ferreira da. *Função Social da Propriedade Pública*. São Paulo, Malheiros Editores, 2005.

——————. *Terceiro Setor*. 2ª ed. São Paulo, Malheiros Editores, 2006.

ROMANO, Santi. *Frammenti di un Dizionario Giuridico*. Milão, Dott. A. Giuffrè Editore, 1953.

ROMITA, Arion Sayão. *O Princípio da Proteção em Xeque e Outros Ensaios*. São Paulo, LTr, 2003.

—————— (coord.). *Estudos em Homenagem ao Professor Amauri Mascaro Nascimento*. vol. I. São Paulo, LTr, 1991.

ROSSI, Sérgio Ciquera, e TOLEDO JR., Flávio C. de. *Lei de Responsabilidade Fiscal*. 3ª ed. São Paulo, NDJ, 2005.

ROTHENBURG, Walter Claudius. "Algumas considerações sobre a incidência de direitos fundamentais nas relações do Estado com empresas e organizações sociais". In: OLIVEIRA, Gustavo Justino de (coord.). *Terceiro Setor. Empresas e Estado. Novas Fronteiras entre o Público e o Privado*. Belo Horizonte, Fórum, 2007 (pp. 87-109).

RUSSEL, Bertrand. *O Elogio ao Ócio*. 4ª ed. Rio de Janeiro, Sextante, 2002.

SAMPAIO, Luiz Augusto Paranhos. *Comentários à Nova Constituição Brasileira*. São Paulo, Atlas, 1989.

SANTOS, Marisa Ferreira dos. "Assistência social – Breves comentários e o benefício de prestação continuada". *IOB – Repertório de Jurisprudência: Trabalhista e Previdenciário* 7/222-226. São Paulo, IOB, abril/2006.

———. "Assistência social – O benefício de prestação continuada". *Revista do Advogado* 95/100-101. Ano XXVII. São Paulo, AASP, dezembro/2007.

———. "Assistência social: benefícios". *Revista do TRF-3ª Região* 48/33. Julho-agosto/2001.

SANTOS, Nilton Kasctin dos. "A estrutura normativa de proteção à infância: breves comentários". *Revista da Ajuris* 29-88/284-299. Porto Alegre, Ajuris, dezembro/2002.

SANTOS, Roberto A. O. "Antecedentes e promessas da Lei Orgânica da Assistência Social. *Revista do TRT-8ª Região* 29-57/67-87. Belém, julho-dezembro/1996.

SARLET, Ingo Wolfgang "A eficácia do direito fundamental à segurança jurídica: dignidade da pessoa humana, direitos fundamentais e proibição de retrocesso social no direito constitucional brasileiro". *RTDP* 39/53-86. São Paulo, Malheiros Editores, 2002.

———. *A Eficácia dos Direitos Fundamentais*. 3ª ed. Porto Alegre, Livraria do Advogado, 1998.

———. "A problemática dos fundamentais sociais como limites materiais ao poder de reforma da Constituição". In: SARLET, Ingo Wolfgang (org.). *Direitos Fundamentais Sociais: Estudos de Direito Constitucional, Internacional e Comparado*. Rio de Janeiro, Renovar, 2003.

———. "Algumas anotações a respeito do conteúdo e possível eficácia do direito à moradia na Constituição de 1988". *RTDP* 42/55-89. São Paulo, Malheiros Editores, 2003.

———. "Algumas considerações em torno do conteúdo, eficácia e efetividade do direito à saúde na Constituição de 1988". *Revista Interesse Público* 12/91-107. Sapucaia do Sul, Notadez, outubro-dezembro/2001.

———. *Dignidade da Pessoa Humana e Direitos Fundamentais na Constituição Federal de 1988*. 4ª ed. Porto Alegre, Livraria do Advogado, 2006.

——— (org.). *Direitos Fundamentais Sociais: Estudos de Direito Constitucional, Internacional e Comparado*. Rio de Janeiro, Renovar, 2003.

SARMENTO, Daniel. "Os princípios constitucionais e a ponderação de bens". In: TORRES, Ricardo Lobo (org.). *Teoria dos Direitos Fundamentais*. 2ª ed. Rio de Janeiro, Renovar, 2001 (pp. 35-98).

——— (org.) *Interesses Públicos "Versus" Interesses Privados – Desconstruindo o Princípio de Supremacia do Interesse Público*. 1ª ed., 2ª tir. Rio de Janeiro, Lumen Juris, 2007.

SCAFF, Fernando Facury. "Reserva do possível, mínimo existencial e direitos humanos". *Revista Interesse Público* 32/213-226. Porto Alegre, Notadez, julho-agosto/2005.

——— (org.). *Constitucionalizando Direitos*. Rio de Janeiro, Renovar, 2003.

SCARTEZZINI, Ana Maria Goffi Flaquer. *O Princípio da Continuidade do Serviço Público*. São Paulo, Malheiros Editores, 2006.

SILVA, José Afonso da. *Aplicabilidade das Normas Constitucionais*. 7ª ed., 2ª tir. São Paulo, Malheiros Editores, 2008.

———. *Comentário Contextual à Constituição*. 6ª ed. São Paulo, Malheiros Editores, 2009.

―――――. *Curso de Direito Constitucional Positivo*. 32ª ed. São Paulo, Malheiros Editores, 2009.

SILVA, Sandoval Alves da. *Direitos Sociais – Leis Orçamentárias como Instrumento de Implementação*. Curitiba, Juruá, 2007.

SOUZA, Fabiana Cássia Dupim. "Educação e dignidade: a libertação como direito". In: ROCHA, Cármen Lúcia Antunes (org.). *Direito à Vida Digna*. Belo Horizonte, 2004.

SOUZA, Sérgio Iglesias Nunes de. *Direito à Moradia e de Habitação*. São Paulo, Ed. RT, 2004.

SÜSSEKIND, Arnaldo. "As convenções da OIT sobre proteção à maternidade e a legislação brasileira". *Suplemento Trabalhista* 113/641-642. Ano 36. São Paulo, LTr, 2000.

SÜSSEKIND, Arnaldo, CUNHA, Fernando Whitaker da, FALCÃO, Alcino Pinto, FRANCO SOBRINHO, Manoel de Oliveira, e MELLO, Celso de Albuquerque. *Comentários à Constituição*. Rio de Janeiro, Biblioteca Jurídica Freitas Bastos, 1990.

TÁCITO, Caio. *Temas de Direito Público (Estudos e Pareceres)*. 1º vol. Rio de Janeiro, Renovar, 1997.

TAVARES, André Ramos. *Constituição do Brasil Integrada*. 2ª ed. São Paulo, Saraiva, 2007.

TOLEDO JR., Flávio C. de, e ROSSI, Sérgio Ciquera. *Lei de Responsabilidade Fiscal*. 3ª ed. São Paulo, NDJ, 2005.

TÔRRES, Heleno Taveira (coord.). *Serviços Públicos e Direito Tributário*. São Paulo, Quartier Latin, 2005.

TORRES, Ricardo Lobo (org.). *Teoria dos Direitos Fundamentais*. 2ª ed. Rio de Janeiro, Renovar, 2001.

TORRES, Sílvia Faber. *O Princípio da Subsidiariedade no Direito Público Contemporâneo*. Rio de Janeiro, Renovar, 2001.

TRINDADE, Édson Silva. "Considerações sobre a estabilidade decorrente de estado gestacional". *Trabalho e Doutrina: Processo Jurisprudência* 20/59-64. São Paulo, Saraiva, março/1999.

TUCCI, José Rogério Cruz e. *A Penhora e o Bem de Família do Fiador da Locação*. São Paulo, Ed. RT, 2003.

TURRI, Márcia Hoffmann do Amaral e Silva. "Temas polêmicos em matéria previdenciária". *Revista do TRF-3ª Região* 74/37-138. São Paulo, Thomson IOB, novembro-dezembro/2005.

VEDEL, Georges, e DEVOLVÉ, Pierre. *Droit Administratif*. t. I. Paris, Presses Universitaires de France, 1958.

VILANOVA, Lourival. *As Estruturas Lógicas e o Sistema do Direito Positivo*. São Paulo, Max Limonad, 1997.

VILLELA, José Corrêa, CORREIA, Marcus Orione Gonçalves, e LINS, Carlos Otávio Bandeira (coords.). *Renda Mínima*. São Paulo, LTr, 2003.

VIOLIN, Tarso Cabral. *Terceiro Setor e as Parcerias com a Administração Pública – Uma Análise Crítica*. Belo Horizonte, Fórum, 2006.

WEINTRAUB, Artur Bragança de Vasconcellos. *Previdência Privada: Atual Conjuntura e sua Função Complementar ao Regime Geral da Previdência*. São Paulo, Juarez de Oliveira, 2002.

ZANCANER, Weida. *Da Responsabilidade Extracontratual da Administração Pública*. São Paulo, Ed. RT, 1981.

ZANCANER, Weida. "Limites e confrontações entre o público e o privado". In: BACELLAR FILHO, Romeu Felipe (coord.). *Direito Administrativo Contemporâneo. Estudos em Memória do Professor Manoel de Oliveira Franco Sobrinho*. Belo Horizonte, Fórum, 2004 (pp. 339-346).

——————. "Razoabilidade e moralidade". In: BANDEIRA DE MELLO, Celso Antônio (org). *Estudos em Homenagem a Geraldo Ataliba 2: Direito Administrativo e Constitucional*. São Paulo, Malheiros Editores, 1997.

——————. "Responsabilidade do Estado, serviço público e os direitos dos usuários". In: FREITAS, Juarez (org.). *Responsabilidade Civil do Estado*. São Paulo, Malheiros Editores, 2006 (pp. 337-352).

ZOCKUN, Carolina Zancaner. "A função social da propriedade e a desapropriação para fins urbanísticos". *RTDP* 33/230-254. São Paulo, Malheiros Editores, 2001.

——————, e ZOCKUN, Maurício. "Natureza e limites da atuação dos tribunais administrativos". *Revista Interesse Público* 44/135-160. Belo Horizonte, Fórum, julho-agosto/2007.

ZOCKUN, Maurício. *Regime Jurídico da Obrigação Tributária Acessória*. São Paulo, Malheiros Editores, 2005.

ÍNDICE ALFABÉTICO-REMISSIVO[49]

A

APLICABILIDADE DOS DIREITOS SOCIAIS: II/11 e 16 e rodapé 26
APOSENTADORIA
- compulsória: II/84 e rodapés 108 e 109
- especial: II/86
- por idade: II/83 e 84
- por invalidez: II/81 e 82
- por tempo de contribuição: II/85 e rodapé 110

ASSISTÊNCIA SOCIAL
- benefício assistencial de prestação continuada: II/96
- benefícios eventuais: II/100
- idoso para percepção do benefício: II/97
- na Constituição de 1988: II/95
- pessoa portadora de deficiência para percepção do benefício: II/98
- programas: II/101
- renda mensal familiar para percepção do benefício: II/99
- serviço público: III/22

ATOS ADMINISTRATIVOS
- de gestão: III/rodapé 62
- de império: III/rodapé 62

AUXÍLIO (Lei 4.320/1964): IV/16
AUXÍLIO POR NATALIDADE: II/107
AUXÍLIO-ACIDENTE: II/90
AUXÍLIO-DOENÇA: II/87
AUXÍLIO-RECLUSÃO: II/92

B

BENEFÍCIO ASSISTENCIAL DE PRESTAÇÃO CONTINUADA
- idoso para percepção do benefício: II/97

---

[49] Os algarismos romanos indicam o capítulo, os arábicos os itens neles contidos ou, conforme indicado, as notas de rodapé.

- pessoa portadora de deficiência para percepção do benefício: **II/98**
- regime jurídico: **II/96**
- renda mensal familiar para percepção do benefício: **II/99**

BENEFÍCIOS PREVIDENCIÁRIOS
- aposentadoria compulsória: **II/84** e rodapés 108 e 109
- aposentadoria especial: **II/86**
- aposentadoria por idade: **II/83** e 84
- aposentadoria por invalidez: **II/81** e 82
- aposentadoria por tempo de contribuição: **II/85** e rodapé 110
- auxílio-acidente: **II/90**
- auxílio-doença: **II/87**
- auxílio-reclusão: **II/92**
- conceito: **II/71**
- na legislação: **II/78**
- pensão por morte: **II/91**
- salário-família: **II/88**
- salário-maternidade: **II/89**

BENEFÍCIOS EVENTUAIS: **II/100**

C

CARÊNCIA (PREVIDENCIÁRIO): **II/82** e rodapés 102 e 103
CLÁUSULAS PÉTREAS
- definição: **I/24**; **II/8** e 9
- serviço público: **III/37**

CONCEITOS INDETERMINADOS: **II/28** e rodapés 51 e 53
CONTRATO DE GESTÃO
- cessão de bens públicos: **IV/22**
- cessão de servidores públicos: **IV/23**
- definição: **IV/20**
- dispensa de licitação: **IV/21**
- fiscalização: **IV/28**

CONTRIBUIÇÕES (Lei n. 4.320/64): **IV/16**
CONVÊNIOS: **IV/17**
CRIME DE RESPONSABILIDADE: **II**/rodapé 73

D

DEPENDENTES: **II/76**
DESCANSO SEMANAL REMUNERADO: **II/118**
DEVER

- de fiscalização: **IV**/5 e 13
- distinção de poder, cf. Santi Romano: **I**/15

DIREITO
- distinção de obrigação, cf. Santi Romano: **I**/15

DIREITO À ASSISTÊNCIA SOCIAL: v. ASSISTÊNCIA SOCIAL
DIREITO À EDUCAÇÃO: v. EDUCAÇÃO
DIREITO À MORADIA: v. MORADIA
DIREITO À PREVIDÊNCIA SOCIAL: v. PREVIDÊNCIA SOCIAL
DIREITO À SAÚDE: v. SAÚDE
DIREITO À SEGURANÇA: v. SEGURANÇA
DIREITO AO LAZER: v. LAZER
DIREITO AO TRABALHO: v. TRABALHO
DIREITOS FUNDAMENTAIS
- de primeira geração: **I**/4; **II**/2
- de quarta geração: **II**/5
- de segunda geração: **II**/3
- de terceira geração: **II**/4

DIREITOS SOCIAIS
- alcance da sua proteção: **II**/10
- aplicabilidade imediata: **II**/7, 11 e 16
- como cláusulas pétreas expressas: **II**/8
- como cláusulas pétreas implícitas: **II**/9
- como dever-direito: **I**/17; **II**/13
- como obrigação-direito: **I**/18
- finalidades: **II**/6
- localização na Constituição de 1988: **I**/26; **II**/1 e 18
- origem: **I**/7
- recusa do Estado no fornecimento: **II**/15 e 17 e rodapé 31

DISCRICIONARIEDADE
- conceito: **IV**/8 e rodapés 19 e 20
- na concessão de títulos: **IV**/9

E

EDUCAÇÃO
- aos filhos da trabalhadora: **II**/106
- aos portadores de deficiência: **II**/50
- como deflagradora da intervenção federal e estadual: **II**/35
- e dignidade: **II**/36
- ensino fundamental: **II**/40 e 42
- ensino médio: **II**/41 e 45

- ensino noturno: **II/51**
- ensino superior: **II/46** e **47**
- formação escolar no Brasil: **II/38**
- infantil: **II/39** e **48**
- localização na Constituição de 1988: **II/34** e **35**
- medidas e legitimados aptos a obrigar o Estado a fornecer: **II/43**
- princípios: **II/37**
- responsabilização do Estado pela omissão: **II/44**, **49** e **53**
- serviço público: **III/23**

EQÜIDADE (SAÚDE): **II/64**
ESTABILIDADE DA GESTANTE: **II/105**
ESTADO DE DIREITO
- na Constituição de 1988: **I/11**
- origem: **I/1**

ESTADO DEMOCRÁTICO: **I/13**
ESTADO LIBERAL
- finalidade: **I/5**
- surgimento: **I/3**
- transição para o Estado Social: **I/6**

ESTADO SOCIAL
- denominações: **I/8**
- finalidade: **I/9**
- na Constituição de 1988: **I/14**
- origem: **I/8**

F

FATOR PREVIDENCIÁRIO: **II**/rodapés 100 e 101
FÉRIAS: **II/119**
FOMENTO
- absorção de pessoa governamental por OS: **IV/25**
- adoção de símbolo oficial por OS: **IV/26**
- auxílio: **IV/16**
- benefícios que o título de utilidade pública pode gerar: **IV/10**
- cessão de bens públicos para OS: **IV/22**
- cessão de servidores públicos para OS: **IV/23**
- conceito: **IV/2**
- concessão de títulos: **IV/6**
- contrato de gestão: **IV/20**
- contribuições: **IV/16**
- convênio: **IV/17**
- dever de fiscalização: **IV/5** e **13**

272 DA INTERVENÇÃO DO ESTADO NO DOMÍNIO SOCIAL

- discricionariedade na concessão de título: **IV/9**
- dispensa de licitação para contrato de gestão: **IV/21**
- faculdade do Poder Público: **IV/4**
- fiscalização do contrato de gestão: **IV/28**
- fiscalização do termo de parceria: **IV/33**
- instrumentos fornecidos pela Lei 4.320/1964: **IV/14**
- organização da sociedade civil de interesse público: **IV/29**
- organização social – *definição*: **IV/18** – *legislação*: **IV/19**
- perda do título de OSCIP: **IV/31**
- princípio da subsidiariedade: **IV/3**
- remuneração de dirigentes da OSCIP: **IV/30**
- rito especial para compras realizadas por OS: **IV/24**
- rito especial para compras realizadas por OSCIP: **IV/34**
- subvenções: **IV/15**
- Terceiro Setor: **IV/1**
- termo de parceria: **IV/32**
- título de utilidade pública federal: **IV/7**
- utilização indevida do título de utilidade pública: **IV/12**

FUNÇÃO ADMINISTRATIVA
- atividades desempenhadas: **III/1**

FUNÇÃO SOCIAL DA PROPRIEDADE: **II/125** e rodapés 210 e 211
FUNÇÕES ESTATAIS
- classificações diversas: **I**/rodapé 7
- na Constituição de 1988: **I/12**
- tripartição de funções: *I*/2

I

INTEGRALIDADE (SAÚDE): **II/63**
INTERVENÇÃO DO ESTADO
- em atos e fatos da vida particular para lhes conferir certeza e segurança jurídica: **III/3**
- na ordem social – *dever*: **I/27** – *finalidades*: **I/29** – *instrumentos*: **I/29**

J

JORNADA DE TRABALHO
- limitação: **II/117**

L

LAZER
- definição: **II/116**

- férias: **II**/119
- limitação da jornada de trabalho: **II**/117
- mínimo existencial: **II**/121
- previsão constitucional: **II**/115
- repouso semanal remunerado: **II**/118
- serviço público: **III**/29
- sob o enfoque econômico: **II**/120

LICENÇA-MATERNIDADE: **II**/104

M

MÍNIMO EXISTENCIAL
- como direito subjetivo público: **II**/32
- como fundamento da República: **II**/30
- como limitação à "reserva do possível": **II**/23, 26 e 31
- definição: **II**/25 e 32 e rodapés 44 e 45
- identificação no caso concreto: **II**/27, 28 e 29 e rodapé 64
- na educação: **II**/43 e 52
- na moradia: **II**/127
- na previdência social: **II**/94
- na proteção à infância: **II**/113
- na proteção à maternidade: **II**/108
- na saúde: **II**/67
- no lazer: **II**/121
- no trabalho: **II**/136
- outras nomenclaturas: **II**/24

MORADIA
- função social da propriedade: **II**/125 e rodapés 210 e 211
- implementação do direito à: **II**/126
- mínimo existencial: **II**/127
- natureza da norma: **II**/124
- previsão constitucional: **II**/123
- serviço público: **III**/28

MORALIDADE ADMINISTRATIVA: **IV**/rodapé 54

N

NORMAS CONSTITUCIONAIS
- classificação: **II**/12 e rodapé 26
- programáticas: II/rodapés 7 e 8

O

OBRIGAÇÃO
- distinção de direito, cf. Santi Romano: **I**/15

ORDEM
- conceito: **I**/21

ORDEM ECONÔMICA
- na Constituição de 1998: **I**/28; **II**/130
- origem e evolução histórica no Brasil: **I**/10

ORDEM SOCIAL
- na Constituição de 1988: **I**/19, 25 e 27
- origem e evolução histórica no Brasil: **I**/10

ORGANIZAÇÃO DA SOCIEDADE CIVIL DE INTERESSE PÚBLICO
- conceito: **IV**/29
- fiscalização do termo de parceria: **IV**/33
- perda do título: **IV**/31
- remuneração de dirigentes: **IV**/30
- rito especial para compras realizadas por OSCIP: **IV**/34
- termo de parceria: **IV**/32

ORGANIZAÇÃO SOCIAL
- absorção de pessoa governamental: **IV**/25
- adoção de símbolo oficial: **IV**/26
- cessão de bens públicos: **IV**/22
- cessão de servidores públicos: **IV**/23
- conceito: **IV**/18
- contrato de gestão: **IV**/20
- dispensa de licitação para contrato de gestão: **IV**/21
- fiscalização do contrato de gestão: **IV**/28
- legislação aplicável: **IV**/19
- responsabilidade estatal por danos por ela causados: **V**/14
- responsabilidade por danos causados: **V**/13
- rito próprio para compras: **IV**/24

P

PENSÃO POR MORTE: **II**/91
PODER
- distinção de dever, cf. Santi Romano: **I**/15
- finalidade: **I**/16

PODER DE POLÍCIA: **III**/2

ÍNDICE ALFABÉTICO-REMISSIVO 275

PREVIDÊNCIA SOCIAL
- alcance: II/77
- aposentadoria compulsória: II/84 e rodapés 108 e 109
- aposentadoria especial: II/86
- aposentadoria por idade: II/83 e 84
- aposentadoria por invalidez: II/81 e 82
- aposentadoria por tempo de contribuição: II/85 e rodapé 110
- auxílio-acidente: II/90
- auxílio-doença: II/87
- auxílio-reclusão: II/92
- benefícios previdenciários: II/71 e 78
- carência: II/82 e rodapés 102 e 103
- dependentes: II/76
- fator previdenciário: II/rodapés 100 e 101
- localização na Constituição de 1988: II/69
- mínimo existencial: II/94
- natureza jurídica: II/70
- pensão por morte: II/91
- salário-de-benefício: II/80
- salário-de-contribuição: II/79 e rodapé 98
- salário-família: II/88
- salário-maternidade: II/89
- segurados: II/73 e 75 e rodapés 96 e 104
- serviço público: III/21
- serviços previdenciários: II/72 e 93

PRINCÍPIO(S)
- conceito: I/23; IV/27
- da adaptabilidade: III/12
- da continuidade: III/19
- da impessoalidade: III/14
- da modicidade: III/17 e rodapé 36
- da moralidade administrativa: IV/rodapé 54
- da motivação: III/16
- da obrigação de desempenho: III/10
- da subsidiariedade: IV/3
- da supremacia do interesse público: III/11
- da transparência: III/15
- da universalidade: III/13
- distinção entre princípios e regras: I/22
- do controle: III/18

276   DA INTERVENÇÃO DO ESTADO NO DOMÍNIO SOCIAL

- posição hierárquica: I/24
- que regem a educação: II/37
- PROGRAMAS DE ASSISTÊNCIA SOCIAL: II/101
- PROIBIÇÃO DE RETROCESSO SOCIAL: II/rodapé 62
- PROTEÇÃO À INFÂNCIA
- comentários ao ECA: II/111
- inimputabilidade do menor: II/112
- mínimo existencial: II/113
- previsão constitucional: II/110
- serviço público: III/30
- PROTEÇÃO À MATERNIDADE
- auxílio por natalidade: II/107
- definição: II/102
- educação aos filhos da trabalhadora: II/106
- estabilidade da gestante: II/105
- licença-maternidade: II/104
- mínimo existencial: II/108
- saúde da gestante: II/103
- serviço público: III/31

R

RELAÇÃO JURÍDICA
- conceito: I/rodapé 38
RESERVA DO POSSÍVEL
- conceito: II/19 e 21
- origem: II/20
- relação com o mínimo existencial: II/23, 26 e 31
- relação com o orçamento: II/22
RESPONSABILIDADE DO ESTADO
- dano indenizável: V/9
- danos causados na prestação dos serviços públicos concretizadores dos direitos sociais: V/11
- danos causados por entidades do Terceiro Setor: V/12
- danos causados por organizações sociais: V/14
- e princípio da legalidade: V/1
- fornecimento da saúde: II/59 e rodapé 82
- na Constituição de 1988: V/8
- omissão na prestação dos serviços públicos concretizadores dos direitos sociais: V/10
- omissão na proteção à infância: II/114

- omissão na proteção à maternidade: **II**/109
- omissão no cumprimento do mínimo existencial: **II**/29 e rodapé 54
- omissão no direito ao lazer: **II**/122
- omissão no direito ao trabalho: **II**/137
- omissão no fornecimento da educação: **II**/43, 49 e 53
- omissão no fornecimento da saúde: **II**/68
- responsabilidade objetiva: **V**/3 e 7
- responsabilidade subjetiva: **V**/2 e 6

RULE OF LAW: **I**/rodapé 2

S

SALÁRIO MÍNIMO: **II**/rodapé 29
SALÁRIO-DE-BENEFÍCIO: **II**/80
SALÁRIO-DE-CONTRIBUIÇÃO: **II**/79 e rodapé 98
SALÁRIO-FAMÍLIA: **II**/88
SALÁRIO-MATERNIDADE: **II**/89
SAÚDE
- antes da Constituição de 1988: **II**/55
- como deflagradora da intervenção federal e estadual: **II**/57
- como dever do Estado e direito do cidadão: **II**/61
- da gestante: **II**/102
- eqüidade: **II**/64
- integralidade: **II**/63
- localização na Constituição de 1988: **II**/56 e 57
- mínimo existencial: **II**/67
- omissão no fornecimento: **II**/68
- para estrangeiros: **II**/62
- prestação pela iniciativa privada: **II**/66
- princípios: **II**/37
- relação com o direito à vida: **II**/54 e 65
- responsabilidade pela prestação do serviço: **II**/59 e rodapé 82
- serviço público: **III**/24
- universalidade: **II**/61

SEGURADOS: **II**/73 e 75 e rodapés 96 e 104
SEGURANÇA
- como seguridade social: **II**/139 e 140
- conceito: **II**/138

SEGURIDADE SOCIAL:
- conceito: **II**/139
- diversidade da base de financiamento: **II**/147

- eqüidade na forma de participação do custeio: II/146
- gestão quadripartite: II/148
- irredutibilidade do valor dos benefícios: II/145
- na Constituição de 1988: II/140
- preexistência de custeio: II/149
- princípios: II/141
- seletividade e a distributividade na prestação de serviços e benefícios: II/144
- serviço público: III/25 e 35
- uniformidade e equivalência dos benefícios e serviços: II/143
- universalidade da cobertura e do atendimento: II/142

SEGURO-DESEMPREGO: II/134
SERVIÇO(S) PÚBLICO(S)
- como cláusula pétrea: III/37
- como concretizador dos direitos sociais: III/26
- como instrumento de realização de direitos sociais: III/4
- conceito: III/7 e rodapés 23 e 25 a 28
- crises: III/6 e rodapés 18 a 22
- de assistência social: III/22
- de direito ao trabalho: III/27
- de educação: III/23
- de lazer: III/29
- de moradia: III/28
- de prestação obrigatória e exclusiva: III/36
- de previdência social: III/21
- de proteção à infância: III/30
- de proteção à maternidade: III/31
- de saúde: III/24
- de seguridade social: III/25 e 35
- na Constituição de 1988: III/20
- não-privativos: III/34
- origem: III/5
- princípio da adaptabilidade: III/12
- princípio da continuidade: III/19
- princípio da impessoalidade: III/14
- princípio da modicidade: III/17 e rodapé 36
- princípio da motivação: III/16
- princípio da obrigação de desempenho: III/10
- princípio da supremacia do interesse público: III/11
- princípio da transparência: III/15
- princípio da universalidade: III/13
- princípio do controle: III/18

- princípios: **III/9**
- privativos: **III/33**
- regime jurídico: **III/8** e rodapés 25 a 28
- titularidade: **III/32**

SERVIÇOS PREVIDENCIÁRIOS: **II/72** e 93
SISTEMA
- conceito: **I/20**

SISTEMA ÚNICO DE SAÚDE: v. SUS
SUBVENÇÕES: **IV/15**
SUS: **II/58** e rodapé 80

T

TERCEIRO SETOR
- conceito: **IV/1**
- responsabilidade pelos danos causados: **V/12**

TERMO DE PARCERIA
- conceito: **IV/32**
- fiscalização: **IV/33**

TÍTULOS
- benefícios que pode gerar: **IV/10**
- como atividade de fomento: **IV/6**
- de utilidade pública federal: **IV/7**
- dever de fiscalização: **IV/13**
- discricionariedade na sua concessão: **IV/9**
- remuneração de dirigentes: **IV/11**
- utilização indevida: **IV/12**

TRABALHO
- flexibilização das normas trabalhistas: **II/132** e rodapé 233
- frentes de trabalho: **II/135**
- implementação do direito ao trabalho: **II/133** e 135
- mínimo existencial: **II/136**
- na Constituição de 1988: **II/128**
- natureza peculiar do direito ao trabalho: **II/14**, 129 e 131
- seguro-desemprego: **II/134**
- serviço público: **III/27**

U

UNIVERSALIDADE
- da cobertura e do atendimento: **II/142**
- na previdência: **II/74**
- na saúde: **II/61**

* * *

01298

GRÁFICA PAYM
Tel. (011) 4392-3344
paym@terra.com.br